DROEMER✷

PETRA BOCK

DER ENTSTÖRTE MENSCH

Wie wir uns und die Welt verändern

Warum wir nach dem technischen jetzt
den menschlichen Fortschritt brauchen

Besuchen Sie uns im Internet:
www.droemer.de

Aus Verantwortung für die Umwelt hat sich die Verlagsgruppe
Droemer Knaur zu einer nachhaltigen Buchproduktion verpflichtet.
Der bewusste Umgang mit unseren Ressourcen, der Schutz unseres Klimas
und der Natur gehören zu unseren obersten Unternehmenszielen.
Gemeinsam mit unseren Partnern und Lieferanten setzen wir uns für eine
klimaneutrale Buchproduktion ein, die den Erwerb von Klimazertifikaten
zur Kompensation des CO_2-Ausstoßes einschließt.
Weitere Informationen finden Sie unter: www.klimaneutralerverlag.de

Originalausgabe Mai 2020
Droemer Verlag
Ein Imprint der Verlagsgruppe
Droemer Knaur GmbH & Co. KG, München
Alle Rechte vorbehalten. Das Werk darf – auch teilweise – nur mit
Genehmigung des Verlags wiedergegeben werden.
Lektorat: Nadine Lipp
Covergestaltung: NETWORK! Werbeagentur, München
Satz: Sandra Hacke
Druck und Bindung: CPI books GmbH, Leck
ISBN 978-3-426-27691-4

2 4 5 3 1

Für Linda und Frederic

Wo aber Gefahr ist, wächst das Rettende auch.

Hölderlin

Inhalt

Vorwort

Liebe Leserin, lieber Leser,

an einem regnerischen Morgen im November 2019 stand ich in einer Seminarpause an einem bodentiefen Fenster und blickte auf die Berliner Friedrichstraße. Junge »Fridays for Future«-Demonstranten zogen vorbei. Sie trugen Plakate und Transparente mit sich, auf denen sie ihrem Ärger Luft machten und ihre Sorgen um die Zukunft der Erde zum Ausdruck brachten. Eine junge Frau sah zu mir hinauf. Unsere Blicke trafen sich. Da hob sie die Hand und winkte mir zu. Sie hätte meine Tochter sein können.

Es gibt Momente im Leben, wo sich auf einmal Erkenntnisse verdichten und sich Jahre zurückliegende Erinnerungen vor unserem inneren Auge abspielen. Wie viele Menschen, dachte ich mir, als die junge Frau weiterging, waren in den vergangenen hundert Jahren durch die Straßen Berlins gezogen, um ihren Sorgen und ihrem Ärger Luft zu machen? Wie oft waren an genau diesem Ort, am Bahnhof Friedrichstraße, der über Jahrzehnte zwei Weltsysteme voneinander trennte, Menschen in Angst und Sorge unterwegs? Nun war alles wieder da.

Ich erinnerte mich an das »rote Telefon«, das mich als Kind so beschäftigt hatte. Ich war etwa zehn oder elf Jahre alt. Damals hielt der Kalte Krieg die Welt in Atem. Ich hatte große Angst davor, eines Tages in einem riesigen Feuerball zu verglühen wie die Menschen in Hiroshima, deren Silhouetten sich als Schatten in die Mauern ihrer zerstörten Häuser eingebrannt hatten. Alles schien so sinnlos angesichts der übermächtigen Bedrohung. In der Schule mussten wir üben, uns vor einer Atomexplosion unter den Schulbänken zu verstecken. Wir wussten, wie vergeblich das im Fall der Fälle gewesen wäre. Und verstanden nicht, warum die Welt so war, wie sie war.

Es hieß, auf den Schreibtischen der Präsidenten der Vereinigten Staaten von Amerika und der Sowjetunion stünde jeweils ein rotes Telefon. Im sogenannten Ernstfall könnten die beiden noch telefonieren, bevor der eine oder beide auf den »Knopf drückten« und der dritte Weltkrieg, ein die Erde vernichtender Atomkrieg, beginnen würde. Ich habe mich damals oft gefragt, warum sie nicht einfach so zum Hörer griffen und miteinander redeten. Warum dieser Wahnsinn sein musste, diese furchtbare Angst und Bedrohung allen Lebens auf der Erde, wo sie doch beide erwachsen waren und alles anders machen konnten.

Etwas Ähnliches mag der damals sechzehnjährigen Greta Thunberg durch den Kopf gegangen sein, bevor sie 2018 in Krakau die Delegierten der Weltklimakonferenz daran erinnerte, dass sie sich doch bitte erwachsen verhalten und ihre Verantwortung für das Leben auf der Erde übernehmen müssten. Wiederholt sich Geschichte?

Heute bin ich selbst lange erwachsen und gehöre einer Generation an, die die Geschicke der nächsten zehn, zwanzig Jahre entscheidend mitprägen wird. Mein ganzes Leben habe ich mich als Wissenschaftlerin und Beraterin mit der Geschichte und den Möglichkeiten menschlicher Veränderung beschäftigt. Es wollte mir nie einleuchten, warum wir nicht andere sein können, reifer, besser, konstruktiver. Und ich meine, einem blinden Fleck auf die Spur gekommen zu sein, den ich in dem vorliegenden Buch aufklären möchte. Er könnte, das ist meine Hoffnung, einen entscheidenden Beitrag dazu leisten, wie wir uns und die Welt endlich zum Besseren verändern können.

Jeder, der heute erwachsen ist, hat weltgeschichtliche Umbrüche erlebt. Viele leiden noch heute darunter. Ich bin fest davon überzeugt, dass wir noch zu unseren Lebzeiten aufhören können mit dem Wahnsinn der Wiederholung der vielen Fehler, die wir innerhalb der menschlichen Zivilisation seit so langer Zeit an uns selbst und anderen Lebewesen begehen. Wir haben heute erstmals nicht nur Anlass, sondern auch die Möglichkeiten dazu.

Es ist die beste Zeit, die es jemals gab, um einen inneren Wandel einzuleiten, der uns nicht nur zu besseren, sondern auch zu glücklicheren, erfüllten Menschen macht. Nicht nur äußerlich, sondern auch innerlich erwachsen. Frei, lebensfreundlich, konstruktiv. Wäre es nicht schön, wenn kommende Generationen uns nicht mehr dazu auffordern müssten? Ich wünsche mir, dass dieses Buch Ihnen, liebe Leserin, lieber Leser, Erkenntnisse und Inspiration dazu bringt. Möge es Ihnen Anregung bieten, grundlegende Fragen mit anderen Augen zu betrachten und neue, kreative Lösungen zu entwickeln. Auf uns, die heute Lebenden, kommt es an. Lassen Sie uns aus unserer recht übersichtlich bemessenen Zeit auf dieser faszinierenden Erde etwas Besonderes machen. Etwas, auf das wir selbst und die, die nach uns kommen werden, stolz sein können.

Petra Bock
Berlin, im Januar 2020

Einführung:
Auf der Suche nach
einem neuen Paradigma

Reisenden, die auf der Autobahn vom Elsass in Richtung Lyon unterwegs sind, begegnet kurz vor der Stadt Belfort eines der typischen touristischen Hinweisschilder, die gewöhnlich eine Sehenswürdigkeit ankündigen. Dieses Schild ist aber merkwürdig, weil das, worauf es hinweist, nicht sichtbar ist und dennoch die größten Auswirkungen auf das Leben und die Landschaft eines ganzen Kontinents hat. Tief unter der Erdoberfläche verläuft eine Linie, eine Wasserscheide, die sich von Gibraltar bis Moskau quer durch den europäischen Kontinent zieht. Je nachdem, auf welcher Seite ein Regentropfen zu Boden fällt, entscheidet sich, in welchen Fluss und schließlich in welches Meer er fließen wird, ob ihn seine Wege in die Meere des Nordens oder in die des Südens führen werden.

In diesem Buch geht es um ein Ereignis, das ebenfalls in der Tiefe verborgen ist und in seinem Charakter und seinen Auswirkungen auf alles, was das Leben in dieser Zeit und in Zukunft betrifft, nicht weniger weitreichend ist: Es geht um die geistigen Fundamente unseres bisherigen Menschseins. Um die Frage, wie wir diese besser verstehen und verändern können, um uns in diesem Jahrhundert wieder zurechtzufinden und unserem eigenen Leben, ebenso wie allem Leben auf der Erde, eine neue Chance zu geben.

Ich werde zeigen, dass menschliches Denken bis heute einem sehr zwiespältigen Paradigma folgt, das aus einer Epoche der menschlichen Zivilisation stammt, die heute zu Ende geht. Dieses Paradigma hindert uns daran, in einer anderen Qualität zu denken und erfolgreiche Antworten auf die Fragen zu finden, die uns dieses Jahrhundert in bislang beispielloser Weise stellt.

Es polt uns dagegen mit geradezu mathematischer Präzision auf Konflikte, auf ein sinnloses Ringen um Dominanz, auf zerstörerische Denkweisen und Strategien, auf ein Verhalten, mit dem wir uns und anderes Leben niedermachen. Es zwingt uns dazu, unsere Probleme zu vertiefen, statt sie endlich gemeinsam zu lösen.

Denken,
das aus der Zeit gefallen ist

Ausgangspunkt meiner Überlegungen ist, dass sich alles um uns herum innerhalb eines knappen Jahrhunderts fundamental verändert hat und weiterhin verändern wird, die menschliche Denkweise in ihrer Ausrichtung und grundlegenden Logik aber bislang gleich geblieben ist. Der technische und wissenschaftliche Fortschritt hat seit etwa einer menschlichen Lebensspanne alles, buchstäblich alles verändert, aber unser Denken, unsere Überzeugungen und Lebensstrategien haben sich in ihren Grundlagen nicht verändert.

In unseren Köpfen existiert ein feines Geflecht von Überzeugungen, Regeln und Ängsten, die einem Rahmen entstammen, der uns suggeriert, wofür wir das Leben zu halten haben. Alles, was wir wahrnehmen, denken, fühlen und tun, stammt aus diesem unsichtbaren Rahmen, einem fundamentalen Frame, der wahrscheinlich durch den letzten großen Klimawandel und damit zu Beginn der menschlichen Zivilisationen vor rund 12 000 Jahren entstanden ist. Dieser Rahmen prägt und steuert das menschliche Denken – über Kulturen hinweg – bis heute. Wir können uns diesen Rahmen, dieses mentale Paradigma vorstellen wie einen inneren Kompass, der uns immer wieder gleich ausrichtet, selbst dann, wenn uns diese Ausrichtung längst in die Irre führt. Es stammt aus einer anderen Zeit, ist für andere Lebensbedingungen gemacht und kann unter den heutigen Umständen nur immer größeren Schaden anrichten. Vielen scheint es, als ob die Zeit aus den Fugen geraten sei, doch in Wirklichkeit ist das menschliche Denken aus der Zeit gefallen. Wir orientieren uns mental an einem Paradigma, das uns unsere Gegenwart weder verstehen noch bewältigen lässt.

Wir brauchen einen neu verstandenen Humanismus

Das Panorama, das ich in diesem Buch entfalte, ist naturgemäß kein kleines. Es ist sogar, zugegeben, sehr ambitioniert. Doch ich meine, es ist Zeit, ein denkerisches Wagnis einzugehen, denn niemals zuvor stand so viel auf dem Spiel wie heute. Niemals haben wir als Einzelne und im kollektiven Maßstab so sehr an der Wirklichkeit vorbeigelebt wie heute. Nach dem technischen brauchen wir deshalb den menschlichen Fortschritt. Wir brauchen einen *humanistic turn,* eine Wende zum Menschen hin und über ihn hinaus. Wir müssen uns der Frage zuwenden, was Menschen heute und in Zukunft brauchen, um erfüllte und konstruktive Lebewesen zu sein, die eine sehr herausfordernde und komplexe Rolle in einer sehr komplexen und aus dem Lot geratenen Welt innehaben. Alles, was wir denken, tun und erschaffen, auch unsere Technologien, sollte sich dieser Frage stellen: Wie kann es uns gelingen, uns zu einer individuell wie kollektiv erfüllten, konstruktiven Spezies zu wandeln? Wie können wir uns und die Welt verändern? Wir brauchen Visionen davon, wie sich Leben im 21. Jahrhundert entfalten kann, eine pragmatische Utopie, wie wir desaströse Denk-, Fühl- und Verhaltenscodierungen der bisherigen menschlichen Zivilisation des Holozäns endgültig hinter uns lassen können und neue Formen des Lebens und Zusammenlebens auf der Erde finden.

21

Ein Denken neuer Qualität

Was wir heute also brauchen, sind keine neuen, gut gemeinten Banalitäten und einfachen Erklärungsmuster. Wir brauchen ein Denken neuer Qualität. Eine von Grund auf offene, fluide und lebensfreundliche Denkweise, die die unerhört neuen Bedingungen unserer Zeit, nämlich konstanten Wandel und die Explosion von Komplexität, abbilden und flexibel auf sie reagieren kann, ohne einen ganz bestimmten roten Faden, eine Art Rückgrat elementarer und höchst wirksamer Werte jemals zu verlieren. Einfach gesagt geht es für uns darum, schneller und wirksamer zu werden als die Veränderung selbst und dazu dem menschlichen Denken ein neues Paradigma zugrunde zu legen, das sich vom alten diametral unterscheidet.

Das würde uns erlauben, kulturübergreifend in einer sich beschleunigenden Komplexität zu navigieren, ohne die Orientierung zu verlieren. Wir könnten menschliche Werte stärken, statt sie immer mehr zu verlieren. Wir müssen uns in die Lage versetzen, unsere Kräfte so effektiv zu bündeln wie niemals zuvor, und eine vollkommen neue Qualität des Zusammenlebens und -arbeitens ermöglichen. Wir brauchen dazu einen gemeinsamen ethischen Nenner, der niemandem mehr erlaubt, sich hinter kulturell begründeten Befindlichkeiten zu verschanzen, wo es doch in Wirklichkeit längst darum geht, erstmals in der Geschichte der Menschheit eine gemeinsame humane Sprache zu finden, die den wahren Verhältnissen und ihrer ungeheuren Dynamik auf unserem kleinen Planeten entspricht. Was wir ebenso wenig zulassen dürfen, ist, dass die Interessen von Extremisten jeder Couleur, auch nicht jener aus den digitalen Zentren, diktieren, was in diesem Jahrhundert auf diesem Planeten passiert.

Wir kommen nicht darum herum, uns weiterzuentwickeln. Wir müssen von gestörten zu entstörten Menschen werden. Ich glaube, es ist an uns heute Lebenden, uns aus den Fesseln der Un-

reife zu befreien und zu voll ausgereiften psychoemotional stabilen erwachsenen Menschen zu werden. Erwachsenen, die sich
ernsthaft auf Augenhöhe begegnen und sich mehr Offenheit und
Kooperationsfähigkeit abverlangen als alle Generationen vor uns.
Es gibt nichts Wichtigeres, als uns selbst und die nächsten Generationen mitzunehmen in den menschlichen Fortschritt. Wir
müssen stark sein und offen. Stärker und offener als jemals zuvor.
Denn es geht heute um nicht weniger als das Glück des Menschen, die Zukunft unserer Spezies und das Leben der gesamten
Biosphäre.

Ich bin überzeugt davon: Mit einem neuen Denken haben wir
die Kraft dazu. Die Kraft und die Fähigkeit zu weitaus besseren
Ideen. Wie diese gebaut sein müssen, um den großen Fragen unseres Jahrhunderts standzuhalten und dieses wieder zu gestalten,
statt sich von ihm hin und her werfen zu lassen, darum geht es in
diesem Buch.

Vom Closed Mind zum Open Mind

Was ich zu sagen habe, wird manchem ungewöhnlich und im
besten Sinne des Wortes fragwürdig erscheinen, weil es tatsächlich neu ist. Es muss aufstören, verwirren oder sogar Widerstand
erzeugen, denn wenn es das nicht täte, wäre es nicht neu. Wenn es
aber nicht neu wäre, könnte es uns keine Antworten auf die absolut neuen und ebenso drängenden Fragen unserer so fremdartig
neuen Zeit geben. Zu neuen Denkweisen gehören auch Begriffe,
die neu sind oder mit neuem Sinn belegt werden. Das beginnt in
diesem Buch mit den Begriffen der Störung bzw. der Entstörung,
die weder psychopathologisch noch technisch gemeint sind, obwohl die Prinzipien und Muster, die ich darin ausmache, auch in
psychopathologischen oder technischen Phänomenen zu finden
sind.

Ich schlage vor, menschliches Denken und Verhalten danach zu beurteilen, ob es Entfaltung auf individueller und kollektiver Ebene ermöglicht oder blockiert, ob es störend oder entstörend wirkt. Es bedeutet konkret die Frage, ob wir einem Open Mind oder einem Closed Mind folgen und wie genau diese Alternativen aussehen. Entstörtes Denken ermöglicht ein kooperatives und im konstruktiven Sinne kreatives Denken. Gestörtes Denken verschließt die menschliche Denkweise für Veränderungen und nutzt sein kreatives Potenzial vor allem dazu, von Grund auf ungerechte Pseudostabilitäten zu erzeugen, menschliche Freiheit und Entfaltungskraft zu zerstören und alles Leben auf der Erde auszubeuten, statt sich entfalten zu lassen. All diese Überlegungen sind verbunden mit der Frage nach einem neuen Menschenbild, für das es aus meiner Sicht höchste Zeit ist.

Ich unternehme in diesem Buch den Versuch, den psychoemotionalen Reifegrad von Menschen zur Unterscheidung von menschlichen Entwicklungspotenzialen zu nutzen. Dieser Zugang geht weg von äußerlichen Merkmalen und hin zu inneren Haltungen und Fähigkeiten, die grundsätzlich jeder Mensch ausprägen kann, die also in ihrem Potenzial tatsächlich konsequent egalitär sind. Wir müssen in diesem Jahrhundert erwachsen werden. Erwachsen sein heißt, sich von Allmachtswünschen und Ohnmachtsängsten zu lösen und individuell bis auf die Ebene der Spezies einen anderen Grad verantwortlicher Wirksamkeit zu erreichen.

Der menschliche Reifegrad

Manchmal ist es nicht einfach, sich damit zu konfrontieren, wie sehr wir heute, von der ganz normalen Alltagssituation bis in die höchsten Ebenen der Weltpolitik hinein, in einem für unsere Spezies mehr als fragwürdigen Reifegrad denken und handeln. Die

Geschichte der Weltklimakonferenzen seit 1992 ist nur ein Beispiel dafür. In wechselnden Rollen behindern und blockieren sich die Vertreter der Nationen. Bis heute feilschen sie um Ausnahmen und Sonderrechte, steigen wie beleidigte Kinder aus, ändern ihren Kurs und die Bündnisse, als ob sie nicht verstehen würden, dass es nicht um ein Spiel geht, das irgendeiner allein gegen die anderen gewinnen könnte.[1] 2018 forderte die Jugendliche Greta Thunberg die Delegierten auf, sich endlich wie Erwachsene zu verhalten. Und sie hat recht. Nicht nur auf die Klimaproblematik bezogen. Unsere Zeit verträgt nichts weniger als unreife Persönlichkeiten an den Spitzen unserer Gesellschaften. Im 21. Jahrhundert reisen wir mit hoher Geschwindigkeit. Und jeder weiß, dass bei bestimmten Geschwindigkeiten die Fehlertoleranzen schwinden. Wir müssen hinschauen, wen wir da wählen und wem wir es aus welchen Gründen recht machen wollen. Es geht nicht mehr ums Prinzip, sondern um die Möglichkeiten allen Lebens in einem beispiellosen Jahrhundert, für das wir, ob wir wollen oder nicht, als heute lebende Generationen die Verantwortung tragen.

Wir brauchen Denkfolgenabschätzung

Über die Frage des menschlichen Reifegrades gelangen wir zu einem zeitgemäßen Verständnis menschlicher Intelligenz, die wir heute, ganz im Sinn der Neurowissenschaften als *embodied intelligence* bezeichnen können. Körper, Gefühl und Verstand gehören zusammen; sie sind weder voneinander getrennt noch werden sie gegeneinander ausgespielt. Gedanken erzeugen Gefühle, und Gefühle vermögen Gedanken zu beeinflussen. Es ist wichtig, dass wir nicht nur eine Technik-, sondern auch eine Denk- und Kommunikationsfolgenabschätzung betreiben und eine lebensfreundliche Rationalität entwickeln. Wer intensiv mit Menschen arbeitet, weiß, wie extrem sensibel sie auf kleinste Signale reagieren, wie schnell Angst und Misstrauen entstehen und wie kraftvoll dagegen Vertrauen und gegenseitiger Respekt wirken. Wir sind an einem Punkt der menschlichen und erdgeschichtlichen Entwicklung angelangt, an dem wir alle mentalen Kräfte bündeln und jede Idee auch daraufhin prüfen müssen, was sie mit Menschen und anderen Lebewesen in einer ganzheitlichen Perspektive macht. Es macht einen Unterschied, ob wir die Zukunft als Katastrophenszenario ausmalen, uns gegeneinander aufhetzen und verlangen, dass Köpfe rollen, oder ob wir uns als menschliche Gemeinschaft verstehen, in der buchstäblich jeder Einzelne zählt und die mit ihrer außerordentlichen Intelligenz und Kreativität gemeinsam ein beispielloses Jahrhundert zum Besseren gestaltet. Wir, die wir heute leben, und diejenigen, die unmittelbar nach uns folgen, haben die Kraft und die Möglichkeit dazu. Erstmals in der menschlichen Zivilisationsgeschichte.

Nach vorne denken

Gehen wir auf die Ebene der Ideen und Konzepte, die wir in diesem Jahrhundert entwickeln müssen, dann stelle ich in diesem Buch die Forderung, weniger zu *re*konstruieren und stattdessen zu *pro*konstruieren. Wirklich neue Ideen zu entwickeln, die für eine sehr bewegte Zukunft taugen, statt nach Ideen zu suchen, die sich schon in der Vergangenheit nicht bewährt haben. Während Rekonstruktion die Aufgabe hat, bereits Gedachtes oder Gemachtes wieder sichtbar zu machen, wagt die Prokonstruktion, also das Weiterführen und Vorausdenken, das Unbekannte und geht das Risiko ein, die menschliche Entwicklung wieder als Fortschritt zu begreifen, ohne in die Fehler einer allzu optimistischen Moderne zurückzufallen, wie es heute wieder zahlreiche sogenannte Technikvisionäre tun. Es ist Zeit, eine bereits Jahrzehnte während Retroschleife zu verlassen, in der wir Antworten bei Denkern suchen, die unter völlig anderen Zeitumständen gelebt haben. Karl Marx ist tot. Die großen Religionsgründer auch. Die Qualität eines Denkens ist so eng mit den Zeitumständen des Denkenden verwoben, dass der Rückgriff auf alte Konzepte wohl die eine oder andere Inspiration bereithalten mag, niemals aber neue Lösungen für völlig neue Probleme. Es bleibt uns nichts anderes übrig, als selbst zu denken, neu zu denken.

Eine neue Zivilisation braucht neue Begriffe

Da die bisherige menschliche Zivilisation heute deutlich an ihre Grenzen gekommen ist, besteht mein Vorschlag darin, sie in Richtung einer alles Leben auf dem Planeten umfassenden Vivilisation weiterzuentwickeln. *Vivilisation* ist ein Begriff, der sich aus dem lateinischen Verb *vivere,* leben, ableitet. Wenn wir Humanität wieder ernst nehmen, werden wir nicht anders können, als die Einsichten, die Natur durch uns als intelligente Lebewesen gewinnt, im Sinne eines umfassenden Verständnisses von Vivilisation umzusetzen, also in einer tatsächlich existierenden, aber gänzlich neu verstandenen Gemeinschaft alles Lebenden auf diesem Planeten. Ein neuer, entstörter Humanismus überwindet sich selbst, nicht etwa indem er den Menschen überwindet oder durch Datenströme und Algorithmen ersetzt, wie es Transhumanisten oder Dataisten in Yuval Noah Hararis Weltbestseller »Homo Deus« denken, sondern indem wir von einem erweiterten Begriff allen Lebens ausgehen, menschliches Leben inklusive. Ein entstörter Humanismus ist damit auch ein radikaler Humanismus, weil er im Wortsinn an die Wurzel geht (von lat. *radix,* Wurzel, Ursprung) und den Sinn ebenso wie die Möglichkeiten des Menschseins in diesem Jahrhundert neu definiert. Er

27

bedeutet konsequente und nicht verhandelbare Menschlichkeit, eine klare Linie der Konstruktivität, Ausweis einer reifen, aus sich heraus starken und alles andere als naiven Humanität. Um genau das geht es heute: eine neue, reife und tatsächlich ernst gemeinte Menschlichkeit, die Möglichkeiten eröffnet und, wo es sein muss, Grenzen setzt. Wir brauchen sie überall auf der Welt und in allen Bereichen menschlichen Daseins mehr als jemals zuvor.

Begriffliche Neuschöpfungen, die ich an einigen Stellen vorschlage, entspringen nicht einer Vorliebe für Schlagwörter oder verklausulierender Wichtigtuerei, sondern dienen dazu, das bisher wenig, unscharf oder nicht Gedachte zu einer größeren Klarheit zu bringen. Wie Wittgenstein sagte, existiert für uns Menschen nur das, was wir benennen können, neues Denken braucht deshalb auch neue Begriffe.

An einigen Stellen habe ich mich bewusst für englische Begriffe entschieden, weil die englische Sprache einen deutlich größeren und zugleich präziseren Rahmen für Überlegungen rund um mentale Fragen ermöglicht als die deutsche. Auch hier geht es nicht darum, penetrant trendy zu sein, sondern die besonderen Potenziale einer anderen, weltweit bekannten Sprache zu nutzen, um noch präziser zu bezeichnen, worum es geht.

Mein Hintergrund

Bevor wir tiefer in die aus meiner Sicht relevantesten und aufregendsten Fragen unserer Zeit einsteigen, möchte ich, wie es in der Wissenschaft guter Brauch ist, die Hintergründe offenlegen, aus denen heraus ich zu meinen Schlüssen komme. Was ich zu sagen habe, ist kein beliebiges oder gar esoterisches Weltbild, von denen wir heute so viele haben, sondern die Frucht einer nunmehr fünfundzwanzigjährigen Arbeit als Wissenschaftlerin und

Beraterin in zahlreichen für das Verständnis unserer Zeit überaus relevanten Kontexten. Ich habe als Historikerin und Politikwissenschaftlerin viele Jahre lang an der Freien Universität Berlin in der Transformationsforschung die großen Systemumbrüche des 20. Jahrhunderts untersucht und analysiert. Ich habe mich damit beschäftigt, wie aus Demokratien Diktaturen und aus Diktaturen Demokratien werden, welche Rolle Ideen und Ideologien dabei spielen und was das mit den Menschen macht, die diesen Wandel erleben. Eine Zeit lang habe ich mich intensiv in Zusammenarbeit mit meinem Doktorvater Peter Steinbach und den Wissenschaftlern an der Gedenkstätte Deutscher Widerstand in Berlin mit den Voraussetzungen persönlichen Engagements in unfreien Gesellschaften beschäftigt. Das sind Fragen, die heute wieder überaus aktuell sind:

Was passiert im Kopf und im Herzen von Menschen, wenn sie sich nach einem »starken Mann« an der Spitze der Regierung sehnen und Freiheitsrechte freiwillig abgeben? Und welche Umstände sind nötig, damit Menschen sich zu freien, selbstbewussten Bürgerinnen und Bürgern entwickeln, Mut entwickeln, selbstwirksam werden und die Geschicke ihres Lebens und ihrer Gesellschaften in die Hand nehmen? Wie denken sie? Welche Überzeugungen haben sie? Was machen sie anders? Kurz: Was stärkt Menschen? Was hilft ihnen, als Individuen zu wachsen, selbstwirksam zu sein und sich ebenso als sozial kompetente Mitglieder einer menschlichen Gesellschaft zu entfalten?

Nach meiner Zeit an der Universität habe ich in der Wirtschaft Unternehmen in tief greifenden Change-Prozessen begleitet. Ich habe Reden geschrieben und Manager gecoacht, die sich selbst und ihre Teams durch schwerwiegende Umbrüche führen mussten. In diesen Jahren durfte ich erstmals unmittelbar persönlich erleben, was Umbrüche mit Menschen machen, welche Strategien gut sind und welche weniger.

Ein Ansatz aus der Praxis

Seit fast zwanzig Jahren berate ich nun Menschen aus den verschiedensten Kontexten, die beruflich wie privat eine höhere Lebensqualität, mehr Sinn, mehr Erfolg und mehr Erfüllung in ihrem Leben suchen, und ich begleite Teams, meistens Führungsmannschaften, die einen menschlichen Kulturwandel in ihren Organisationen gestalten. Ich habe in diesen Jahren eine Methode der Gesprächsführung entwickelt, die Veränderungen für Menschen in unseren freien, reichen Gesellschaften enorm erleichtert, und darüber einige Bücher geschrieben, die auch in anderen Ländern und Kulturen der Welt gelesen werden.[2]

Es wird heute häufig noch unterschätzt und missverstanden, doch es ist das Arbeitsfeld des Coachings, das absolut essenzielle Probleme unserer Zeit zum Gegenstand hat und, wenn es seriös und fundiert ausgeführt wird, sehr wirksame, vielleicht sogar die derzeit wirksamsten Ansätze bietet, mentale Welten zu erkennen und zu verändern. Dass es ein fundamentales Paradigma im menschlichen Denken gibt, habe ich in den Tausenden Gesprächen mit Menschen unserer Zeit beobachtet, die in Deutschland, Österreich, der Schweiz oder Norditalien leben und damit in den reichsten und freiesten Ländern des frühen 21. Jahrhunderts. Gerade hier offenbaren sich die Grenzen des alten Denkrahmens am deutlichsten, weil er sich geradezu himmelschreiend von den völlig anderen Umständen wirtschaftlich und politisch weit entwickelter Gesellschaften unterscheidet. Er erscheint so offensichtlich und überdeutlich, weil er Menschen dazu bringt, sich mit Überzeugungen und Ängsten zu konfrontieren, die ganz sicher nichts mehr mit der Lebenslage in den freien und reichen Gegenden der Erde zu tun haben. Der alte Denkrahmen bietet uns keine Orientierung mehr, sondern manövriert uns in die immer gleichen Probleme und Blockadeschleifen. Er wird zum sinnlos wiederholten mentalen Ritual, das längst seine Bedeutung und Wirksamkeit verloren hat.

Sein Leben inmitten von Freiheit und Fülle zu verändern ist deshalb kein Luxusproblem, sondern ein sehr ernstes und weithin unterschätztes, das vor allem westliche Gesellschaften betrifft und hellhörig machen sollte.

Einfach gesagt fehlen uns auf weiten Strecken bis heute die mentalen Fähigkeiten und innovative, für das reale Leben brauchbare Konzepte. Mit Folgen, die nicht nur uns selbst, sondern auch andere leiden lassen. Vieles, was durch westliche Gesellschaften zerstört wird, entstammt einem tiefen Bedürfnis nach Kompensation, einer inneren Leere, die wir endlich auf andere, konstruktive Weise füllen müssen.

Alles in ein neues Licht setzen

Die kommenden Seiten verlangen Ihnen den Mut ab, sich auf Neues einzulassen. Sie fordern auf, möglicherweise irritierenden Gedanken konsequent zu folgen und sich überraschen zu lassen, was sich vor unserem inneren Auge verändert, wenn wir alles, was wir bisher kennen, in ein neues Licht stellen. Der Philosoph Martin Heidegger hat den Begriff des *Entbergens* geprägt, und genau das unternehmen wir, wenn wir die Dinge entstört betrachten. Es entbergen sich dann andere Wahrheiten und Möglichkeiten, die wir vorher so gar nicht sehen konnten, weil sie im Dunkel eines anderen Denkens lagen.

Doch ab diesem Punkt können wir alles, was wir kennen, in einer gestörten und in einer entstörten Variante denken: unser eigenes Leben und seine Herausforderungen, die Familie, die Wirtschaft, Politik, Demokratie, Fragen der Religion oder der Technologie. Buchstäblich alles ist in beiden Richtungen, diesseits und jenseits der neuen Trennlinie denkbar und wird zu ganz und gar anderen Einsichten und Ergebnissen führen.

Wie dieses Buch aufgebaut ist

Das Buch beginnt mit meinem Blick auf unsere Zeit, ihre beispiellosen Probleme, ihre gigantischen Herausforderungen und ihre zum Teil irrwitzigen Paradoxien, wie sie sich mir als Wissenschaftlerin und Beraterin zeigen. Danach wagen wir einen Blick auf die Zukunft, wie sie sein könnte, wenn wir sie aus einem anderen Denkrahmen heraus verstehen, bevor ich vorstelle, wie der alte Denkrahmen im Moment noch aussieht und warum er uns nicht mehr weiterbringt. Ich werde erklären, woher das alte, heute gestörte Denken kommt, welche Aufgabe es einmal hatte, warum es uns weit gebracht hat, aber heute nicht mehr weiterbringt, um im Anschluss daran ein neues Denken vorzuschlagen, das in meiner Arbeit mit Menschen und Organisationen bereits praktisch erprobt ist und uns grundlegend neue Perspektiven und Handlungsmöglichkeiten eröffnet. Danach werde ich zeigen, wie uns die Transformation in dieses neue entstörte Denken gelingen kann, was es dazu braucht und wie wir nicht nur uns selbst, sondern auch die Welt in eine positive Richtung verändern können.

Greta Thunberg hat den Satz geprägt »There ist no planet B«. Es ist wahr, wir haben keine zweite Erde. Aber ich meine, wir können und sollten genau heute damit beginnen, den Prototypen einer anderen menschlichen Zivilisation zu entwickeln. »Let's create planet B!« ist das Motto des Abschlusskapitels. Ich werde zeigen, wie es gelingen kann, welche wegweisenden Projekte es dazu heute schon gibt, und Vorschläge machen, was jeder Einzelne von uns tun kann sowie was die Entscheider von heute tun können, um die Vision einer anderen, besseren Welt Wirklichkeit werden zu lassen.

Wie gut das Neue, Entstörte auch immer sein mag, so ist es zunächst irritierend, stößt uns aus lieb gewonnenen Gewissheiten, wo wir doch eine stark nach Sicherheit suchende Spezies sind. Das Neue kann uns beunruhigen, selbst dann, wenn wir wissen, dass es die bessere Wahl ist. In Tausenden Gesprächen konnte ich erleben, wie schwer es ist, sich zu verändern, solange das alte Paradigma in unseren Köpfen aktiv ist, welches Feuerwerk an Ängsten, Bedenken und Blockaden es auslöst. Sobald wir es aber erkannt und durch ein neues, unserem Zeitalter Angemessenes ersetzt haben, ist Veränderung nicht mehr schwer. Sie gehört dann zu unserem Leben wie die Luft zum Atmen. Wandel ist dann etwas Natürliches, etwas Willkommenes. Wir nehmen ihn an und bereichern ihn mit unserer unvergleichlichen menschlichen Kreativität. Was vor uns liegt, könnte nicht aufregender sein. So, wie sich der Weg eines jeden Regentropfens in den unsichtbaren Wasserscheiden der Erde entscheidet, entscheidet sich in dem feinen Geflecht unserer tief liegenden Überzeugungen, wie dieses Jahrhundert verlaufen wird. Im Gegensatz zu einem Regentropfen kann jeder von uns seine eigene Wahl treffen.

1
Warum wir nach dem technischen den menschlichen Fortschritt brauchen

In der westlichen Welt haben wir einen Grad an Wohlstand, Sicherheit und Langlebigkeit erreicht, der historisch gesehen beispiellos ist. Wir leben in Demokratien, genießen Rechtssicherheit. Wir sind frei. Die wenigsten von uns denken noch darüber nach, welche Anstrengungen es Generationen vor uns gekostet hat, da hinzukommen, wo wir heute von Geburt an stehen.

Während Menschen in anderen Teilen der Erde immer noch täglich ums Überleben kämpfen, haben wir andere Sorgen. Wir essen uns krank und sitzen uns schief. Wir trainieren, wie wir gut schlafen können, und einige von uns unterziehen sich Schönheitsoperationen, weil sie nicht ertragen können, so alt auszusehen, wie wir es erst heutzutage werden können. Medizinisch gesehen haben wir die großen Epidemien im Griff. Was aber explodiert, sind die psychischen Krankheiten. Jedes Jahr erkrankt jeder vierte Europäer an einer Angststörung oder Depression.[3] Unser Alltag ist so bequem wie nie, doch laut Prognosen der Weltgesundheitsorganisation (WHO) werden die meisten Menschen ab 2020 an den Folgen von chronischem Stress erkranken.[4] Depressionen sollen dabei die zweithäufigste Todesursache sein. Die Symptome zeigen sich auch da, wo sich viele Menschen, wie in Indien oder China, erst seit Kurzem einen westlichen Lebensstil leisten können.[5] Gerade dort, wo Menschen äußerlich alles haben, klafft eine merkwürdige innere Lücke auf.

Was heißt Lebensqualität?

Dass Geld allein oder ein gutes Bruttosozialprodukt nicht glücklich macht, ist keine Neuigkeit. Schon 1990 haben die Vereinten Nationen nicht mehr die wirtschaftlichen Rahmendaten, sondern die Qualität des Lebens zum Richtwert menschlicher Entwicklung bestimmt.[6] Mit der Lebensqualität sind die Entfaltungsmöglichkeiten gemeint, die ein Mensch hat, unabhängig davon, wer er ist, wo er herkommt und lebt. Viele kluge Köpfe, unter ihnen Wissenschaftler und Denkerinnen von Weltruf, haben sich in den letzten dreißig Jahren Gedanken gemacht, wie sich diese neue Ausrichtung umsetzen lässt[7] – und dabei einen entscheidenden Punkt übersehen. Auch die besten Entwicklungsansätze unserer Zeit legen den Fokus auf Fortschritte im Außen. Auf Versorgung, bessere Infrastrukturen, Bildung, mehr politische Teilhabe, umfangreiche Rechte. All diese Dinge sind ohne Zweifel wichtig. Doch wird außer Acht gelassen, dass sich genau da, wo Menschen all das haben, Probleme zeigen, die anderer Natur sind. Auch die besten Außenumstände schaffen noch keine guten inneren Umstände. Diese sind aber für die tatsächlich empfundene Lebensqualität entscheidend.

Wir wissen mittlerweile viel darüber, was Menschen brauchen, um gesund zu bleiben und sich wohlzufühlen. Gute Beziehungen zu anderen Menschen zum Beispiel.[8] Enge, verlässliche Bindungen zu anderen sind der Schlüssel für Gesundheit und Lebensqualität. Selbstzweifel, Konflikte, Stress oder Einsamkeit lassen die Entzündungswerte im Körper ansteigen, die in unmittelbarem Zusammenhang mit unserem Immunsystem stehen. Inzwischen lässt sich exakt berechnen, wie sich die Lebenszeit eines Menschen verkürzt, wenn er dauerhaften Beziehungsstörungen und anderen psychoemotionalen Überforderungen ausgesetzt ist.[9] Doch unser Lebensstil zeigt alle Parameter, die die Wahrscheinlichkeit erhöhen, dass Menschen sich isoliert, einsam und abgekoppelt fühlen. Die Zahl der Einpersonenhaushalte nimmt zu, Familien brechen immer früher auseinander, und die meisten Menschen haben das Gefühl, dass der Leistungsdruck am Arbeitsplatz steigt,[10] obwohl es Unternehmen in den deutschsprachigen Ländern rein materiell niemals so gut ging wie in den letzten Jahren. Alles nur Luxusprobleme? Innere Not zeigt sich in äußerlich bestens gestellten Regionen anders als dort, wo Hunger, Krieg und täglicher Terror herrschen. Weniger kameratauglich, aber nicht minder leidvoll, wenn wir die Würde eines Menschen nicht gegen die eines anderen ausspielen wollen.

Die Wahrheit ist: Wir sind so frei und reich wie nie und dennoch nicht glücklich. Das materielle Schlaraffenland, in dem wir heute leben und von dem unsere Vorfahren geträumt haben, ist für viele ein Ort der Einsamkeit, des Leistungsdrucks, der chronischen Sucht nach Kompensation, ein dauerndes Zuviel und ein Gefühl von Ausweglosigkeit. Es ist ein Ort, der umso verrückter erscheint, weil wir im Grunde wissen, dass es uns noch niemals so gut ging wie heute. Sehr viele haben mit ihren Familien in den letzten fünfzig Jahren einen rasanten sozialen Aufstieg erlebt. Und trotzdem will sich das Glück irgendwie nicht einstellen.

Menschen machen sich inmitten der besten Außenumstände immer noch selbst und gegenseitig das Leben zur Hölle. Das beginnt mit den vielen dauernden Unzufriedenheiten, die zum Teil selbst gemacht sind, aber dennoch wehtun. Meckern ist an der Tagesordnung, Freundlichkeit selten. Bagatellen eskalieren blitzschnell zu Streitereien, an denen sich ganze Familien entzweien. Doch das alles ist nur die Spitze des Eisbergs zwischenmenschlicher Probleme, mit denen wir uns herumschlagen.

Immer noch werden Frauen, Kinder und auch Männer in ihrem Zuhause verprügelt, psychisch und körperlich misshandelt und missbraucht. Es wachsen Mobbing, Ausgrenzung und neuerdings auch politische Gewalt.

Die ohnehin hohe Zahl psychischer Erkrankungen wächst besonders stark unter den ganz Jungen und den Alten. Ein Viertel der Achtzehn- bis Fünfundzwanzigjährigen leidet unter einer Angsterkrankung oder Depressionen.[11] Zwischen 2005 bis 2016 ist ihre Zahl in dieser Altersgruppe um 76 Prozent angestiegen. Ein Viertel der über Fünfundsechzigjährigen in Deutschland leidet unter psychischen Beeinträchtigungen, die von Fachleuten als behandlungsbedürftig eingeschätzt werden.[12] Nach einer Studie des Robert Koch-Instituts[13] nimmt fast ein Viertel der Sechzig- bis Neunundsiebzigjährigen Psychopharmaka ein. Eine nicht unerhebliche Zahl von ihnen trinkt zusätzlich in riskantem Maße Alkohol. Alleinstehende sind davon noch häufiger betroffen. Das alles geschieht in einer Gesellschaft, die in den nächsten drei Jahrzehnten eine beispiellose Alterung vor sich hat und in bisher nicht gekannter Weise auf die jüngere Generation angewiesen ist. Die Infrastruktur ist da, vieles ist gut geregelt, zum Teil besser als im Rest der Welt, und dennoch funktioniert etwas nicht. Die inneren Werte und Traditionen der alten Gesellschaften sind zusammengebrochen, aber wir haben noch keine Idee davon, was diese Lücke füllen könnte. Zu viele Menschen bleiben auf der Strecke. Wenn wir ehrlich sind, wissen wir noch nicht, wie wir inmitten einer beispiellosen Qualität von Äußerlichkeiten eine innere und vor allem eine zwischenmenschliche herstellen können. Wir wissen noch nicht, wie wir als freie Menschen, in einer Welt, die uns täglich mehr abverlangt, individuell und in Gemeinschaft wirklich zufrieden sein und gut zusammenleben können.

Wir kämpfen gegen uns selbst

All das erlebe ich in meiner täglichen Arbeit mit Menschen wie in einem Brennspiegel. Ich habe innerhalb von rund zwanzig Jahren mit Tausenden im Einzelsetting oder in Teams Gespräche über ihr Leben, ihre Wünsche und ihre beruflichen Herausforderungen geführt. Einige von ihnen gehören einer Elite aus Wirtschaft, Gesellschaft und Politik an, andere nicht. Was sie einander ähneln lässt, ist das Gefühl, in einem Leben festzustecken, das nicht zu ihnen passt. Zu viele Pflichten, zu viele Möglichkeiten und keine Ahnung, wofür es sich zu leben lohnt. Manche empfinden ihr Leben wie ein Hamsterrad. Die Sehnsucht nach einer anderen Qualität ist groß. Die Freiheit und die Möglichkeiten wären da. Doch es gibt tausend Gründe, die sie daran hindern, ihr Leben zu verändern. Es sind vor allem innere Gründe, nicht so sehr äußere.

Es ist ein Feststecken in Ängsten, eine Anpassung an Erwartungen, die es zum Teil gar nicht mehr gibt oder die im heutigen Leben einfach keinen Sinn mehr ergeben. Es gibt viele Ideen. Sie umzusetzen aber erfordert Mut und eine gute Portion Unerschrockenheit. Und genau daran fehlt es.

Ich habe mit Menschen gearbeitet, die jederzeit einen neuen Job finden würden und dennoch in krank machenden Umständen weiterfunktionieren, weil sie Angst haben, etwas Neues zu wagen und wenn es nicht klappt, eines Tages »unter der Brücke« zu landen. Ich habe mit Frauen gesprochen, die als Erste in ihrer Familie einen Doktortitel führen und alles dafür getan haben, in einflussreiche Positionen zu kommen. Doch sie fordern sich gleichzeitig ab, perfekte Partnerinnen, Hausfrauen und Mütter zu sein. Die Überforderung ist vorprogrammiert. Vielen Männern geht es nicht anders. Auch für sie steigt der Stresspegel: erfolgreich und topfit sein, blendend aussehen, ein perfekter Vater und stets ein verständnisvoller Partner sein. Und gleichzeitig ein ganzer Kerl, der sich nimmt, was er will. Aber wie soll das zusammengehen? Nach außen hin ist in unseren Tagen so vieles anders geworden. Im Inneren haben wir noch große Probleme damit.

Es gibt zu viele Ideale, die sich widersprechen. Zu viele Wünsche und Möglichkeiten und keinen klaren Kompass, nach dem man sich richten könnte. Dauernde Ambivalenzen aber kosten Kraft.

Zu viele Doppelbotschaften

In der Arbeitswelt sieht es nicht anders aus. Sehr viele gut ausgebildete junge Frauen und immer mehr Männer haben Angst vor den nächsten Karriereschritten, weil sie befürchten, dass es sie schlichtweg überfordert, alles unter einen Hut zu bringen, was ein lebenswertes Leben ausmachen könnte. Früher gab es ein Hauen und Stechen um die wenigen Führungspositionen. Heute ist es in vielen Unternehmen ein immer größeres Problem, sie überhaupt zu besetzen. Frei nach dem Motto: Stell dir vor, es gibt Führungspositionen und keiner will sie haben. Und was heißt heute eigentlich weiterkommen? Noch mehr arbeiten? Wofür? Manager berichten von aufreibenden Statusspielen, sinnlosem Wettbewerb und chronischem Druck, der auch dann nicht weniger wird, wenn die Zahlen bombastisch sind. Die schöne neue Arbeitswelt ist an vielen Orten nichts weiter als eine rhetorische Blase, die mit der gleichen dogmatischen Unerbittlichkeit gefüllt wird wie die Managementkonzepte der 1980er- und 1990er-Jahre.

Man soll agil sein und zugleich auf seine Gesundheit achten, sich Zeit für sich selbst nehmen. Aber selbstverständlich nur dann, wenn ansonsten alles reibungslos läuft. Man soll offen sein, Vertrauen schenken, Wissen teilen. All das aber lässt sich nicht verordnen. Vor allem dann nicht, wenn die eigentlichen Spielregeln dahinter andere bleiben. Das viele Gute, das man heute unter dem Stichwort »New Work« propagiert, führt allzu oft zu seinem Gegenteil, weil viele nicht beachten, dass all die neuen Reden auf der psychoemotionalen Ebene Menschen, die ein völlig anderes Mindset haben, enorm viel abverlangen. Viele glauben nicht, was sie da hören. Sie fühlen sich sogar verschaukelt und noch weniger sicher in einer unechten, pseudoheilen Welt, in der man, zusätzlich zu dem Druck, der ohnehin herrscht, gut drauf sein muss. Dauernd wird Veränderung gefordert und dabei völlig übersehen, dass es nichts gibt, was Menschen mehr an ihre inneren und äußeren Grenzen bringt als Veränderung. Selbst ein

Platzwechsel von einem Schreibtisch zum anderen kann ganze Abteilungen in Unruhe versetzen. Ein Manager, mit dem ich einmal gearbeitet habe, hat seine langjährige Büromanagerin verloren, weil er sie gebeten hatte, ihre mittlerweile üppig wachsenden Zimmerpflanzen lieber mit nach Hause zu nehmen.

Unsere inneren Systeme sind immer noch auf Stabilität ausgerichtet, und in einer Welt, in der so vieles auseinanderbricht, wird diese Neigung gerade da stärker, wo man es vielleicht am wenigsten vermutet. Kein Wunder, dass genau dort, wo Veränderung zum Geschäftsmodell gehört, Menschen mit ganz anderen Methoden bei der Stange gehalten werden.

In manchen Kulturen der New Economy geht es zu wie in einer evangelikalen Sekte: dogmatisch, euphorisch, gläubig. Wer nicht mitmacht, mit dem stimmt etwas nicht. Solche Methoden sind nicht neu, Menschen nutzen sie seit Jahrtausenden, um sich und andere auch gegen Widerstände zum Funktionieren zu bringen. Mit »New Work« hat das herzlich wenig zu tun.

Zu den inneren Ambivalenzen kommen äußere Doppelbotschaften. Auf der einen Seite soll das Arbeitsklima lockerer werden, auf der anderen Seite sehen wir auf allen Kanälen, dass der globale Wettbewerb härter, die Welt immer unsicherer und unberechenbarer wird. Angst und Panik lassen Menschen aber noch stärker festhalten, und irgendwann schalten sie einfach ab, stellen sich tot oder werden aggressiv.

Die Suche nach Halt

Vor allem die Jüngeren, mit denen ich spreche, sind gespalten zwischen den vielfältigen Lifestyle-Hypes, die in den sozialen Medien vermarktet werden, den Erwartungen einer Aufstiegs- und Leistungsgesellschaft und ganz anderen Bedürfnissen: Liebe, Familie, Zugehörigkeit, Natur. Wie bringt man das alles zusammen? Manche Ältere dagegen glauben, sie hätten ihr Leben lang alles richtig gemacht, sich für die Firma oder die Familie aufgeopfert. Und dann stehen sie auf einmal ohne alles da. Ohne Aufgabe, ohne Partner, ohne Familie. Was früher Sicherheit bot, ist nun ersatzlos gestrichen. Es ist heute so leicht geworden, sich zu trennen. Von Ehepartnern, von Mitarbeitern, von Freunden, von den Eltern, Geschwistern, sogar von den eigenen Kindern. Man verabschiedet sich schnell von jeder Art persönlicher wie sozialer Verbindlichkeit, einfach von allem, was manchmal auch Unbehagen bereitet und uns mehr abverlangt, als Erwartungen zu haben. Doch man wird ebenso leicht selbst abgekoppelt. Viele Menschen wissen nicht einmal, was sie falsch gemacht haben, und keiner kann ihnen sagen, wie es jetzt weitergeht. Unterstützung? Fehlanzeige. Selbst die »Professionellen« sind mit der Schlagzahl der Einzelschicksale überfordert. Auf einen guten Psychotherapeuten wartet man in Großstädten mittlerweile mindestens ein Jahr. Die WHO prangert seit Jahren an, dass zu wenig Geld fließt, um psychische Erkrankungen zu bekämpfen. Aber liegt es wirklich am Geld?

Es ist paradox. Technisch sind wir so weit wie nie zuvor. Wir philosophieren über künstliche Intelligenz und greifen mit ausgefuchster Gentechnologie immer stärker in die Natur ein. Demnächst sollen Vertreter unserer Spezies den Mars besiedeln, dabei wissen wir nicht einmal, wie man hier auf der Erde eine vernünftige Beziehung führt.

Die Sehnsucht nach einer anderen Qualität

Doch die Sehnsucht nach etwas anderem wächst. Es ist nicht die Sehnsucht nach noch mehr technischem Fortschritt, noch mehr Konsum, noch mehr Gadgets und Must-haves, die viele Menschen heute bewegt, sondern die tiefe Sehnsucht nach einer gefühlt und gelebt anderen Qualität des Lebens. Der Markt für Lebenshilfe boomt.

In den sozialen Medien haben Lebenshilfegurus Hochkonjunktur, und sogar die Titelseiten von Nachrichtenmagazinen versprechen, das Geheimnis eines gelungenen Lebens zu lüften. Doch häufig erscheint es wichtiger, gut zu wirken, als gut zu leben. Neben den Fake News gibt es auch Fake Lifes, in denen Menschen für ihre Follower einen idealen Lebensstil inszenieren, auf Südseeinseln über den Sinn des Lebens philosophieren und damit ein Millionenpublikum erreichen, das sich hineinträumt in diese andere Welt und im Stillen fragt, warum es selbst immer noch in trostlosen Büros hockt und auf ein anderes Leben wartet. Man möchte so gerne anders leben. Und fühlt sich dennoch gefangen in dem, was man hat.

Wer offen dafür ist, sucht Sinn in fernöstlichen Praktiken: Meditation, Achtsamkeit, ein bisschen Yoga oder eine streng geregelte Ernährung. Es ist nichts dagegen einzuwenden. Es sind alte Überlebenstechniken, die funktionieren, weil Unglück nicht neu ist in der menschlichen Geschichte. Irgendwann fällt auf, dass der Rückzug ins Innere nur eine Atempause bringt, aber nichts an dem ändert, was einen täglich aus der Bahn wirft. Es ist eigenartig: Unsere Systeme sind genau das, was die UNO für optimal hält und worum wir überall in der Welt beneidet werden. Deutschland und die Schweiz sind regelmäßig unter den Top Ten, wenn Menschen beurteilen sollen, welche Länder die weltweit höchste Lebensqualität haben.[14] Warum aber fühlt es sich so suboptimal an?

Sind alle Träume ausgeträumt?

Was Menschen im Innersten bewegt, zeigt sich auch in Gesellschaft und Politik. Irgendetwas stimmt nicht. Es wird viel von Gerechtigkeit und Chancengleichheit gesprochen. Doch auch wenn der Wohlstand für alle gestiegen ist, klafft die Schere zwischen Arm und Reich weiter auseinander. Einer internationalen Studie zufolge hat die Verteilung der Vermögen und Einkommen in Deutschland, einem der reichsten Länder der Welt, im Jahr 2017 den Stand des Jahres 1913 erreicht.[15] Wir könnten die Liste der Paradoxien und Inkongruenzen noch sehr lange weiterführen. Es ist uns klar, dass wir mit unserem Lebensstil die Erde zerstören. Wir wissen alles. Alles über gesunde Ernährung, über die Klimaerhitzung und das Artensterben, über Fairness und Ausbeutung. Wer es noch nicht weiß, kann danach googeln. Wie wir jedoch damit umgehen, steht auf einem anderen Blatt. Die meisten Menschen sind schlichtweg überfordert. Ohne starke Abwehrmechanismen, ohne Verdrängen, Verleugnen oder Schuldzuweisungen würde man das alles gar nicht aushalten.

Der Stress steigt, und der Toleranzpegel fällt. Wenn alles zu viel wird, werden wieder Sündenböcke gesucht. Einmal sind es die Ausländer, dann der Islam, die Rechten, der Kapitalismus. Bei alldem handelt es sich um das, was der Philosoph Sokrates als »Scheinwahrheiten« bezeichnet hat. Allzu bequeme monokausale Erklärungsmuster, die sich nach zwei, drei Fragerunden sehr schnell in Luft auflösen. Aber irgendwer muss doch schuld sein an der Misere.

So meinen viele heute zu wissen, »was getan werden muss«, und missachten dabei die einfachsten Kommunikationsregeln: den anderen auf Augenhöhe wahrnehmen. Nicht nur senden, sondern auch zuhören. Ausreden lassen. Hinhören und nachdenken, bevor man das Gleiche wiederholt, was man immer schon denkt. Jeder Eheberater könnte es bestätigen: An der eigenen Wahrheit festzuhalten bringt nichts, ebenso wenig wie jede Art von Schuldzuweisung. Das macht die Sache oft nur schlimmer. Beim Thema Klima zum Beispiel gibt es in einem gemeinsamen System Erde niemanden, der nicht auf irgendeine Art im Glashaus sitzt. Warum stellen wir uns in Gesellschaft und Politik noch dümmer an als in unseren eigenen vier Wänden?

Die Wahrheit ist: Es gibt kein Außen mehr, keinen sicheren Platz, von dem aus man selbstgerecht die Dinge beobachten und beurteilen könnte, ohne festzustellen, dass man selbst mittendrin ist in einem komplexen, global vernetzten System, das ganz offensichtlich in immer stärkere Turbulenzen gerät. Das macht Angst und bringt immer mehr Menschen an ihre inneren Grenzen, egal wie hoch das Bruttosozialprodukt und wie gut die Infrastrukturen sind.

Von den Träumen und Werten, die Europa und die USA einmal groß gemacht haben, ist zu Beginn der 2020er-Jahre nicht mehr viel übrig. Pluralismus, Toleranz, ein wacher, selbstbewusster Bürgersinn, Freiheit ohne Egokult und eine Kommunikationskultur, in der man miteinander statt über- und gegeneinander spricht. Es ist das Rückgrat eines solidarischen Gemeinwesens, und es ist der prägende Stil erwachsener und aufgeklärter Politik. Interessiert das noch? Man twittert lieber, lästert, unterstellt, greift an. Kein Wunder, dass sich nicht mehr die Besten in die Politik bewerben. Seit dem Ende des Kalten Krieges ist sie »out«. Wer heute etwas auf sich hält, kümmert sich lieber ums Geschäft. Wer es sich leisten kann, zieht sich zurück in gut abgeschirmte Stadtpalais und Residenzen, schickt die Kinder auf Privatschulen, nimmt am Flughafen die Priority Line und entspannt sich in der VIP-Lounge. Sinnvoller oder erfüllter wird ein Leben im Kreis der »Very Important People« aber nicht. Freiheit, Gleichheit, Geschwisterlichkeit? Was war das noch mal?

Nimmt man ein Land wie Deutschland als Symbol für das stetige Abdriften in irreale Welten, dann spricht noch eine andere Zahl für sich. Dreißig Jahre nach dem Fall der Mauer fühlen sich siebenundvierzig Prozent der Menschen im Osten der Republik innerlich noch der DDR zugehörig.[16] Einer Diktatur, die es seit dreißig Jahren nicht mehr gibt und die umso mehr Anziehungskraft zu entwickeln scheint, je unübersichtlicher die Zeiten werden. Erinnerung malt mit einem goldenen Pinsel, vor allem dann, wenn sich die Gegenwart irgendwie falsch anfühlt.

Alles in allem steht es nicht gut um die »Quality of Life«, die die Vereinten Nationen als Maßstab für menschliche Entwicklung deklariert haben. Dass es gerade dort immer mehr kriselt und die Verwirrung steigt, wo der Traum von Wohlstand und Demokratie für eine große Mittelschicht verwirklicht wurde, ist ein extrem wichtiges Signal. Es ist der kritische Erfolgsfaktor, der entscheidende Parameter für Erfolg oder Misserfolg einer Unternehmung. Wenn wir uns eingestehen müssten, dass der einmal so selbstbewusste Traum der Aufklärung ausgeträumt ist und die Kollateralschäden eines Lebens in Sicherheit, Wohlstand, persönlicher Freiheit und Langlebigkeit innerlich prekär, für unsere Gesellschaften zerstörerisch und für die Umwelt desaströs sind, dann stehen wir in Europa und in der westlichen Welt vor einem Scherbenhaufen.

Sind wirklich alle Träume ausgeträumt, die über wirtschaftlichen Erfolg und immer intelligentere Technologien hinausgehen? Es scheint so. Albträume haben wieder Konjunktur. Pure Dummheit in Form einfachster Ressentiments, obwohl der Bildungsstand im Durchschnitt niemals höher war als heute. Populisten finden wieder Gehör, einfache Wahrheiten sind gefragt, und an den Spitzen politischer Eliten finden sich immer häufiger Menschen eines zweifelhaften Reifegrades. Blogger, Podcaster und Aktivisten, diese sympathischen Kinder der neuen Medienkultur, geraten leicht in Turbulenzen. Viele starten mit großem Elan, wollen ein Zeichen setzen, Menschen in eine neue Richtung bewegen und alles anders machen. Und enden zum Teil in einem geradezu gespenstisch ablaufenden Mechanismus zwischen Lifestylevermarktung für Sponsoren, Dogmatismus oder dem, was man einmal als perfekt inszenierten »Personenkult« bezeichnet hat. Selbst eine Ausnahmepersönlichkeit wie Greta Thunberg kommt gewollt oder ungewollt empfindlich nahe heran an die Ikonografie einer Heiligen oder Prophetin. Aber es ist nicht so, dass alle anderen blind oder dumm wären. Manchmal ist es mittlerweile sogar einfacher, sich radikal einer guten Sache zu verschreiben, als ein ganz normales Leben zu führen. Revolution, das hat schon Bertolt Brecht gewusst, geht immer leichter als die »Mühen der Ebenen«. Er meinte damit das ganz normale Leben, mit dem wir uns bereits unter besten Umständen gefühlt am Rand der Überforderung bewegen.

Ausgerechnet die absolut zentrale Umweltthematik eignet sich wie keine andere für Dogmatismus, Extremismus und als Trittbrett für wirre ideologische Konzepte. Mit der Klimakeule wird alles begründbar, denn überall, wo man mit dem Überleben allen Lebens argumentiert, rechtfertigt der Zweck die Mittel. Doch wo kommen wir dann hin? Fundamentalismus, sowohl religiöser als auch ideologischer, arbeitet mit Weltuntergangsszenarien und meint, die einzige Wahrheit gepachtet zu haben. So nachvollziehbar die Sorgen sind: Ein Rückfall in Freund-Feind-Denken und einfache Ursache-Wirkungs-Schemata ist in einer komplexen, interdependenten Welt schlichtweg falsch und nach den Erfahrungen des 20. Jahrhunderts eigentlich unverzeihlich.

Dennoch findet das Freund-Feind-Denken in allen politischen Lagern immer mehr Anhänger. Für Historiker sind Tendenzen wie diese nicht neu. Wenn Menschen sich radikalisieren, wenn neue Gurus, Propheten und Wanderprediger auftauchen, wenn einfache Erklärungsmuster gesucht werden, die Toleranz sinkt und die Aggression steigt, dann liegt Veränderung in der Luft.

Veränderung erzeugt Stress, und unter Stress setzen Menschen innerlich Scheuklappen auf. Sie können dann keine komplexen und nachhaltig durchdachten Entscheidungen treffen. Was als Stressor identifiziert oder interpretiert wird, soll so schnell wie möglich abgeschaltet werden, egal mit welchen Folgen. Alles, was wir heute an Verwirrtheiten und zunehmender Radikalität erleben, ist ein deutliches Symptom für hochgradigen, individuellen und gesellschaftlichen Stress, ausgelöst von Veränderungen in einem Maßstab, denen wir im Moment noch nicht gewachsen sind.

Leben im Hyper-Change

Was wir zu unseren Lebzeiten erleben, ist tatsächlich eine historische Zäsur. Das Leben unserer Urgroßeltern hat mit unserem heutigen nichts mehr zu tun; einen solch schnellen und radikalen Bruch zwischen den Generationen hat es niemals zuvor gegeben. Seit Mitte des 20. Jahrhunderts hat das Tempo des technischen Fortschritts eine Welle von Veränderungen eingeleitet, die sich rasant entwickelt und mittlerweile verselbstständigt hat. Erdsystemwissenschaftler nennen dieses Phänomen *Great Acceleration,* große Beschleunigung. Wir verdanken ihr alle Annehmlichkeiten eines modernen Lebens und ebenso die gigantischen Probleme, die wir in diesem Jahrhundert zu lösen haben.

Ein neues Erdzeitalter?

Bereits im Jahr 2000 haben Paul J. Crutzen, Atmosphärenchemiker und Nobelpreisträger für Chemie, und der Biologe und Umweltwissenschaftler Eugene F. Stoermer, beide führende Experten einer sich neu formierenden Disziplin der Erdsystemwissenschaften, die relevanten Rahmendaten für die geologische und biochemische Entwicklung der Erde zusammengeführt und der Öffentlichkeit erstmals ein ebenso faszinierendes wie erschreckendes Bild präsentiert: Zentrale Parameter des Erdsystems zu Boden, zu Wasser und in der Luft haben sich verändert, und zwar dermaßen schnell und stark, dass alle mathematisch erstellten Kurven, die dieses Geschehen abbilden, exponentiell ansteigen, etwa so wie ein Hockeyschläger, der auf dem Boden liegt und dessen Schlägerspitze steil aufragt. Der Verbrauch von Düngemittel und Wasser, der Ausstoß von Kohlendioxid, die Fischfangmengen in den Weltmeeren, der Verlust an tropischem Regenwald, die Explosion der menschlichen Bevölkerung in den Städten und auf der Welt insgesamt, das massive Artensterben, die Oberflächentemperatur auf dem Planeten und viele weitere Parameter mehr zeigen,[17] dass etwas fundamental Neues und in seiner Relevanz für alles Leben auf der Erde absolut Entscheidendes im Gange ist. Die Erkenntnisse sind so einschneidend, dass ein ansonsten unaufgeregter Mann wie der Geologe und Paläontologe Jan Zalasiewicz sich zu einer ungewöhnlich plakativen Aussage hinreißen ließ: »Wenn irgendwann in der Zukunft Aliens auf die Erde kommen und sich durch die Sedimente graben, werden sie über unsere Zeit sagen: hier geschah etwas, das die Erde radikal verändert hat.«[18]

Dass das Biosystem der Erde auf einen Kollaps zuläuft, war an sich keine Neuigkeit. Schon der Club of Rome hatte 1972 in seiner Studie »Die Grenzen des Wachstums« auf die Zusammenhänge zwischen Wirtschaft, Lebensstil und Umweltzerstörung hingewiesen und eindringlich vor den Folgen gewarnt. Doch seit Beginn des 21. Jahrhunderts steht es erstmals schwarz auf weiß, dass die Systeme nicht etwa außer Kontrolle zu geraten drohen, sondern bereits außer Kontrolle geraten sind. Forderungen, das Klima zu »schützen« oder das Rad der Entwicklungen irgendwie zurückzudrehen, wirken angesichts dieser deutlichen und unmissverständlichen Aussagen seltsam aus der Zeit gefallen.

Crutzen, Stoermer, Zalasiewicz und andere Naturwissenschaftler hielten bereits im Jahr 2000 die durch menschliches Handeln verursachten Veränderungen für dermaßen tief greifend, dass sie gerechtfertigt fanden, ein neues Erdzeitalter auszurufen, das sie nach dem griechischen Wort für Mensch, anthropos, als das *Anthropozän,* das Erdzeitalter des Menschen, benannt haben. Zalasiewicz leitet die entsprechende Arbeitsgruppe an der hochrenommierten Internationalen Kommission für Stratigrafie. Ihre Aufgabe ist es, nach streng naturwissenschaftlichen Kriterien und jenseits tagespolitischer Aufgeregtheiten erdgeschichtliche Zeitalter zu bestimmen. Offiziell leben wir nach Zählung der Kommission immer noch im Erdzeitalter des Holozäns, das der Eiszeit (dem Pleistozän) folgt und vor etwa 12 000 Jahren mit einer deutlichen Klimaerwärmung begonnen hat. Auch wenn die Kommission noch keine Entscheidung über die Benennung eines neuen Erdzeitalters gefällt hat, ist es unbestritten, dass Geschwindigkeit und Tiefe der Veränderung im Erdsystem beispiellos sind und die Lebensbedingungen auf der Erde fundamental verändert haben.

Doch eine entscheidende Erkenntnis dieser Diskussion, die im deutschsprachigen Raum noch nicht wirklich angekommen scheint, ist fundamental: Die Erdsystemwissenschaftler gehen davon aus, dass bereits im 20. Jahrhundert Domino- und Netzeffekte ausgelöst wurden, die heute nicht mehr den Gesetzen der Linearität folgen. Sie entwickeln sich nicht linear, was im Klartext heißt: Sie lassen eine unendliche Zahl von Szenarien und Prognosen zu. Selbst der leistungsfähigste Computer der Welt wird uns aus rein mathematischen Gründen nur noch eine Antwort ausspucken können: Wir wissen nicht, was wann wie genau passieren wird. Es sind zu viele Variablen, die frei ineinandergreifen können. Es gibt deshalb keinen Königsweg mehr, der uns die Sicherheit geben könnte, das Problem in den Griff zu bekommen.[19] Lösen wir in einer hyperkomplexen Welt ein Problem, tauchen an anderer Stelle zahlreiche neue auf, die man so nicht vorhersehen konnte. Wir können die Folgen unserer Entscheidungen und unseres Handelns nicht mehr verlässlich abschätzen.[20]

Das ist harter Stoff. Der vielleicht härteste, den wir in unserer Lebenszeit intellektuell und emotional verarbeiten müssen. Unsere praktische Vernunft verlangt nach einfachen Ursache-Wirkungs-Erklärungen. Aber die gibt es nicht mehr. Zukunft entwickelt sich im 21. Jahrhundert nach den Gesetzen der Chaostheorie. Das bedeutet auch, dass sich unsere Außenwelt auch ohne uns immer weiter nach nicht mehr voraussehbaren Mustern verändert, egal was wir tun. Das Klima wird sich in einer zeitlich nicht exakt vorhersehbaren Weise ändern, auch dann, wenn wir von heute auf morgen alle CO_2-Ausstöße herunterfahren. Experten wie der Harvard-Klimaforscher Gernot Wagner meinen, es ginge sogar noch schneller, weil die verschmutzte Erdatmosphäre einen paradoxen Temperaturschutz erzeuge.[21] Der Klimawandel sei quasi das »perfekte Problem«. Beschleunigt sich der Wandel nach nicht linearen Mustern, wie es längst der Fall ist, dann bedeutet das also, dass wir mit einem sicher rechnen können: ständigen Veränderungen nach nicht vorhersehbaren Mustern. Kontrolle im bisherigen Sinne gibt es unter solchen Umständen nicht mehr.

Kein Weg zurück

Begreift man diese Zusammenhänge, kommt unser bisheriges Denken an seine Grenzen. Was in der Biosphäre passiert, spiegelt wider, was wir heute in unseren eigenen Leben erleben: unüberschaubar viele Probleme, Herausforderungen und Fragen, auf die wir bisher keine oder nur für Momente überzeugende Antworten finden. Wir können es drehen und wenden, wie wir wollen: Die Büchse der Pandora hat sich lange vor unserer Geburt geöffnet, und wer behauptet, zu wissen, wie man sie mit einfachen Lösungen schließen könnte, verspricht zu viel. Doch wer meint, nun könne alles weitergehen wie bisher, irrt sich ebenso. Denn wenn unsere bisherigen Erwartungen und Strategien nicht mehr zu den Bedingungen einer hyperkomplexen Hochgeschwindigkeitswelt passen, dann greift unser Denken und Handeln ins Leere. Nicht nur die Zeit ist aus den Fugen geraten, sondern auch unser Denken ist aus der Zeit gefallen. Das aber würde bedeuten, dass wir uns mit unseren bisherigen, ohnehin schon lose und locker gewordenen Erklärungsmustern immer weniger orientieren können. Dadurch steigt unser Stressempfinden, und wir greifen, ob wir wollen oder nicht, zu den ältesten und einfachsten

Grundmustern menschlicher Stressbewältigung: *Angriff, Flucht oder Totstellen.* Keine dieser Optionen wird uns weiterbringen, im Gegenteil.

Warum wir uns neu erfinden müssen

Es ist höchste Zeit, dass wir aufwachen und uns in diesem Ausnahmejahrhundert hellwach und beherzt einfinden. Es geht nicht nur um unser eigenes Leben, die großen Probleme, die wir zu lösen haben, stehen direkt vor unserer Tür. Neben den absolut dringlichen Herausforderungen, die durch den Klimawandel entstehen, haben wir noch zahlreiche weitere Herausforderungen zu bewältigen, die wir ebenso ernst nehmen müssen. Die demografische Wende hat begonnen, und die ersten Symptome alternder Gesellschaften zeigen sich. Zunächst auf den Arbeitsmärkten und dann in unseren heute schon überlasteten Gesundheitssystemen. Den eigentlichen Höhepunkt erreichen wir in der gesellschaftlichen Alterung sowohl in Europa als auch in China erst in zwei, drei Jahrzehnten. Das wirft Fragen großer Tragweite auf. Mit großem Eifer und ungebrochenem Fortschrittsoptimismus wird an der Infrastrukturschraube gedreht. Gute Außenbedingungen sind wichtig, ohne Frage.

Menschliche Antworten gesucht

Doch beim Thema Demografie geht es wie bei allem, was uns heute bewegt, um viel mehr. Wir stehen vor Fragen weitreichender ethischer Dimension und vor ganz pragmatischen zwischenmenschlichen Fragen. Wie wollen wir miteinander umgehen, wenn ein großer Teil der Menschen in unseren Gesellschaften auf

Hilfe und Pflege angewiesen ist? Wie wollen wir mit den demografischen Verwerfungen umgehen, die nicht nur unsere Lebenswirklichkeit in unserem jeweiligen Land, sondern in der ganzen Welt umkrempeln werden? Die Erderwärmung ist voll im Gang, und sie wirkt sich ausgerechnet dort am stärksten aus, wo die meisten Menschen geboren werden und zugleich am ärmsten sind. Was sollen sie tun? Und wie wollen wir dem begegnen? Wir brauchen weltweit neben politischen, wirtschaftlichen und infrastrukturellen vor allem *menschliche* Antworten. Menschliche Antworten brauchen wir auch für unseren Umgang mit den Meeren und Böden, mit der Luft, mit Tieren und Pflanzen. Sie werden nicht einfach sein, denn es gibt in einer komplexen, dynamischen und interdependenten Welt keine einfachen Lösungen. Erdsystemwissenschaftler verlangen dringend eine neue Ethik für das Zeitalter, das unseren Namen tragen soll.[22] Aber Mensch, wo bist du? Wo schon die alte Ethik nicht mehr funktioniert, wo sollen wir da eine neue hernehmen? Unsere Vorfahren haben von einem besseren Leben geträumt und gigantische Veränderungen in Gang gesetzt. Für die Folgen haben sie uns keine Bedienungsanleitung mitgegeben.

Es braucht einen inneren Wandel

Wenn wir ehrlich sind, verlangt uns der Wandel, der bereits in vollem Gange ist, viel mehr ab, als wir bislang wahrhaben wollen. Wir können nicht bleiben, wie wir sind. In keiner Hinsicht. Wir sollten es auch nicht, wenn wir unsere eigene Situation ernst nehmen und den Scherbenhaufen betrachten, vor dem wir stehen: Wir sind reich und frei, aber nicht glücklich. Wir floaten durch eine Zeit, die wir immer weniger verstehen. Unsere Werte und Ziele laufen ins Leere. Unsere Umwelt ist eine andere, und unsere Systeme halten den Veränderungen nicht mehr lange stand.

Nach den gigantischen äußeren Veränderungen der letzten siebzig Jahre sind nun wir dran. Wir müssen uns neu erfinden. Als Individuen und als Gesellschaft. Als Angehörige vielfältiger menschlicher Bezüge. Sei es in der Familie, in der Partnerschaft, im Job. Als Bewohner einer Stadt, eines Dorfes oder einer Region. Als Bürger einer Demokratie, Angehörige einer Nation, Religion oder Kultur. Als Subjekte und Objekte in einem globalen Wirtschaftssystem und schließlich als Angehörige einer Spezies in einer gemeinsamen Biosphäre, die wir im Moment viel zu stark belasten und zugleich brauchen, um leben zu können. Es geht also nicht um ein oder zwei radikale Maßnahmen, sondern um eine Veränderung auf der Ebene der menschlichen Zivilisation. Nach dem technischen brauchen wir jetzt den menschlichen Fortschritt.

Der menschliche Fortschritt fängt nicht im Außen, sondern im Inneren an. Er zeigt sich daran, wie wir mit uns selbst und mit dem Leben anderer umgehen und nach welchen Prämissen wir unser Denken und Handeln ausrichten. Der menschliche Fortschritt beginnt mit einem *Inner Change,* einem Paradigmenwechsel in unserem Denken, der uns in die Lage versetzt, unser Leben und unsere Systeme neu zu denken. Wir müssen fast alles anders machen und zugleich das bewahren, was wert ist, bewahrt zu werden. Die Krise im Schlaraffenland ist unsere große Chance.

2
Warum wir eine neue Utopie brauchen und wie sie aussehen könnte

Unsere große Chance ist es, eine positive Vision davon zu entwickeln, wo es mit uns Menschen, mit der Gesellschaft und dem ganzen Planeten hingehen könnte, einen neuen Weg zu suchen, um diese Vision in der Achtung vor der Unterschiedlichkeit, die menschliches Leben ausmacht, zu verwirklichen. Die Visionslosigkeit ist ein Denkfehler, den ich auch im Kleinen täglich erlebe. Sie ist eines der größten Hindernisse für Veränderung. Ganz gleich, ob es sich um Beziehungsprobleme, Job-Themen oder Fragen politischer Tragweite handelt. Wenn man gerne hätte, dass etwas anders ist, bringt es nichts, das Schlimmste an die Wand zu malen und Schuldige für die Misere zu suchen. Erstens weil man sich dadurch selbst lähmt oder in Wut hineinsteigert, die klares Denken verhindert. Außerdem werden sich die anderen, wenn sie es überhaupt merken, wehren. Anschuldigungen führen zu nichts anderem als Abwehr, Rechtfertigung und Gegenthesen. Wut und Hass können durchaus zerstören, aber im Kern verändern sie nichts. Sie schüren neue Konflikte, machen uns blind für die wirklichen Möglichkeiten, lassen uns gegeneinander kämpfen, statt miteinander zu arbeiten. Es ist ein Teufelskreis. Jeder Erziehungsberechtigte kennt ihn. Wir müssen ihn durchbrechen. Wenn wir im eigenen Leben oder in der Welt Veränderung wollen, müssen wir über unseren beleidigten oder verängstigten Schatten springen und darüber sprechen, was wir haben wollen. Was ist unsere Utopie? Wie wäre es, wenn alles richtig gut wäre?

Zugegeben, nach den vielen entgleisten und gescheiterten Utopien des 20. Jahrhunderts sind Visionen einer besseren Zukunft aus der Mode gekommen. Seit dem Zweiten Weltkrieg, und damit zeitgleich mit dem Beginn der Great Acceleration, produzieren wir in der westlichen Welt fast ausschließlich Dystopien. Zukunft ist in den Geschichten, die wir uns in Romanen, Filmen oder Analysen über das Morgen erzählen, vor allem eines: »eine Katastrophe«, wie es Eva Horn in ihrer gleichnamigen Studie diagnostizierte.[23] Positive Aussichten finden wir höchstens da, wo es um Konsum, Technologie oder Unternehmensziele geht. Vielleicht ist das der Grund, warum unser politisches und gesellschaftliches Denken dem technoökonomischen so sehr hinterherhinkt. Der Schriftsteller Max Frisch hat das große Wort der Utopie einmal wohltuend von allem Pathos befreit und ebenso einfach wie erfrischend definiert: Utopie sei etwas, was der Mensch noch nie erlebt hat, aber gerne haben möchte.[24]

Eine Vision oder eine Utopie lässt Menschen nach vorn schauen und nimmt einen Zustand vorweg, den sie persönlich oder als Gesellschaft erreichen möchten. Ohne Vision keine sinnvollen Ziele. Ohne Ziele trudeln wir richtungslos durch eine Zeit voller Turbulenzen. Wir reagieren dann nur noch oder rebellieren, statt klar und selbstbewusst zu handeln. Als Spielball der Ereignisse aber lebt es sich denkbar schlecht in diesem Jahrhundert. Wir brauchen eine neue Idee davon, wofür es sich zu leben lohnt, warum es nicht nur wichtig, sondern auch attraktiv ist, sich neu zu erfinden. Wenn man weiß, warum und wofür, lassen sich auch schwere Phasen besser überstehen.

Ein paar essenzielle Punkte sind nach den Erfahrungen des 20. Jahrhunderts dennoch zu beachten. Eine Utopie für unsere Zeit darf niemanden ausschließen und keine neuen Feindbilder aufbauen. Konflikte haben wir genug. Gewinner wird es keine mehr geben. Eine pragmatische Utopie sollte deshalb Klarheit in die Dinge bringen und uns Lust darauf machen, die Herausforderungen gemeinsam zu bewältigen, ohne Angst davor, wichtige Errungenschaften eines modernen Lebens leichtfertig aufzugeben. Sie sollte deshalb nach vorn und nicht rückwärts denken. Sie muss jeden einschließen, offen für Unterschiede sein und dennoch alle Menschen gleich ernst nehmen. Ohne andere Lebewesen und ohne die Biosphäre als Ganze zu denken, wäre sie heute nicht mehr vollständig. Eine gute Utopie sollte sich darüber hinaus gut anfühlen, ohne die Dinge schönzureden, die schwierig sind und es auch bleiben werden. Sie sollte uns anregen und neugierig machen, in einen guten Zustand bringen. Alles andere wäre von gestern.

Wie könnte es also aussehen, wenn uns der menschliche Fortschritt gelungen ist? In meinem Beruf bin ich häufig gefordert, erste Ideen zur Verfügung zu stellen. Nicht weil ich es besser wüsste, sondern um Denkprozesse anzuregen, Fenster aufzumachen und Menschen Impulse zu geben, an denen sie sich auf ihre Weise »abarbeiten« und ihre eigenen Gedanken machen können. Einfach gesagt geht es darum, von der Problem- in eine Lösungsorientierung zu kommen. Was daraus entstehen kann, ist ein produktiver Dialog, der Blockaden löst und wieder handlungsfähig macht. Verlassen wir also wenigstens für den Moment die uns allen bekannte Angst- und Beschuldigungsschleife und wagen einen Blick in eine bessere Zukunft an einem ganz normalen Tag im Jahr 2050 auf der nördlichen Erdhalbkugel, wenn uns vieles gelungen ist, wonach wir uns heute schon sehnen.

Die Skizze einer neuen Zivilisation

Es ist Hochsommer. In Mitteleuropa herrschen mittlerweile mediterrane Temperaturen. Die Herausforderungen, die Menschen weltweit zu bewältigen haben, sind beispiellos. Die Menschheit ist so zahlreich wie niemals zuvor. Es herrscht Betriebsamkeit. Betrachtet man das Treiben auf der Erde vom Mond aus, zeigt sich ein völlig anderes Bild als dreißig Jahre zuvor. Etwas hat sich verändert. Fundamental. Die Stimmung ist gut. Auch wenn noch lange nicht alles perfekt ist, herrscht eine andere Art von Betriebsamkeit. Wie in einem Bienenstock an einem schönen Sommertag. Sie ist freundlich. Lebensfreundlich. Die Menschen arbeiten Hand in Hand. Sie reden miteinander, hören sich zu, denken nach. Und handeln. Machtkämpfe, dumme Streitereien und Angriffe unter der Gürtellinie sind eine Ausnahmeerscheinung. Gewalt, Kriege, Diktaturen und unreife Präsidenten sind nur noch eine Erinnerung, wenn auch eine peinliche. Die Menschen haben sich verändert.

Ein gigantisches, lebendes Netzwerk

Victoria, unsere Zukunftsheldin, und David, unser Zukunftsheld, sind ein Paar. Wenn die beiden morgens aufwachen, freuen sie sich auf den Tag. Ihr Leben fühlt sich gut an, intensiv und bedeutsam. Victoria und David sind wie jedes Individuum Teil eines aufregenden, weltweiten Netzwerkes menschlichen Lebens auf der Erde. Sie sind sicher. Sie sind frei. Sie haben keine Angst. Wovor auch? Ihr Leben hat Sinn. Sie sind stolz darauf, dass sie einer Spezies angehören, die sich der Aufgabe widmet, sich einzeln und gemeinsam zu entfalten und beste Bedingungen für die Entfaltung und Qualität allen Lebens auf der Erde zu schaffen. Jedes Projekt, jedes Unternehmen und jede Entscheidung auf den vielfältigen, eng vernetzten Kommunikationsebenen des Planeten messen sich an der Frage, ob sie der Entfaltung und Qualität von Leben dienen. Weil sich gesellschaftliche Prioritäten verändert haben, sind auch die Strukturen und wirtschaftlichen Prioritäten andere geworden.

Die Kultur der Vivilisation

Die Menschheit hat einen gewaltigen Sprung gemacht. Verantwortlich dafür ist eine grundlegende innere Wende, ein Paradigmenwechsel im Denken. Sie hat sich von der krisengebeutelten Zivilisation des Holozäns, in der Menschen miteinander konkurrierten, sich und die Natur ausbeuteten und ums Überleben kämpften, zur *Vivilisation* des Anthropozäns entwickelt. Es geht nun um ein gigantisches kooperatives Entfaltungsnetzwerk allen Lebens auf der Erde. Der Begriff der Vivilisation leitet sich vom lateinischen Verb *vivere,* leben, ab und zeigt, worauf sich das weltweite Denken und Handeln nun konzentriert. Lasten werden je nach Stärke und Ressourcen einer Region gerecht geteilt und immer wieder neu überprüft. Die Menschheit hat verstanden, dass es keine isolierten Probleme mehr gibt und dass sie nur dann weiterkommt, wenn sie an einem Strang zieht. Jeden Tag arbeitet eine Erdbevölkerung von mittlerweile zehn Milliarden Menschen daran, die Bedingungen für die Entfaltung und Qualität von Leben für alle Lebewesen auf der Erde zu verbessern.

Beziehungen anderer Qualität

Menschliche Lebensqualität ist im Jahr 2050 nach der großen inneren Wende vor allem eine emotionale Frage. Es geht um die Qualität von Beziehungen, darum, in einem guten Kontakt zu sein. Kontakt zu sich selbst, zu anderen Menschen, zu anderen Lebewesen. Victoria und David können sich in verschiedene Projekte ein- und ausklinken. Manche davon sind ihr eigenes individuelles Projekt, andere sind lokal, andere regional, wiederum andere im globalen Lebensnetzwerk angesiedelt. Ihre Arbeit gibt beiden die Möglichkeit, ihre gesamten menschlichen Fähigkeiten einzusetzen und vor allem eines zu sein: kreativ. Victorias und

Davids Tage sind erfüllt mit spannenden Herausforderungen, die sie im genau richtigen Maß fordern und immer weiter lernen und wachsen lassen. Über das Tempo und die Intensität entscheiden sie selbst. Menschen erleben sich in so vielen Facetten, zu denen nicht nur Arbeit und ein intensives Engagement für das gemeinsame Ganze, sondern in gleichem Maße Liebe, Familie, Freundschaften, Sport, Muße, Genuss und Erholung gehören. Diese Beziehungen sind in ihrem ganz persönlichen Lebensnetzwerk ebenso wichtig wie der Kontakt zu den produktiven und politischen Facetten ihres Lebens. Victoria und David entscheiden auch darüber, wo, wie lange und woran sie arbeiten, und geben dazu flexibel Lebenszeit- und Lebensenergiereserven an ihre Arbeits- und Projektpartner frei.

Achtsamer Umgang mit Ressourcen

Ressourcenbewusstsein ist für die Menschen der Jahrhundertmitte des 21. Jahrhunderts eine natürliche Einstellung geworden. Sie gilt nicht nur für den Verbrauch natürlicher Ressourcen, sondern auch für sie selbst. Es ist selbstverständlich, dass sich alle Abläufe und Timings nach den Bedürfnissen von Lebewesen und nicht mehr von Maschinen oder Ideen orientieren. Menschen haben mittlerweile ein sehr gutes Gespür für ihren eigenen Energiehaushalt. Wer es hilfreich findet, kann seine tägliche Energiekurve und die technisch getrackten Kraftreserven in Echtzeit abrufen. Ähnlich steht es mit den Entzündungswerten, diesem wichtigen Parameter für körperliche und psychische Gesundheit. Wer möchte, kann seine Daten freiwillig mit den Unternehmen und Organisationen teilen, für die er oder sie tätig ist. Diese freiwillig gespendeten Daten stehen auch Universitäten und anderen wissenschaftlichen Einrichtungen zur Verfügung, die damit ihre Forschungen zur Verbesserung der Lebensqualität vorantreiben können. Die anderen Kooperationspartner im Lebensnetz wissen somit, wie viel Lebenszeit und Energie ein Mensch noch zur Verfügung stellen kann und auch möchte. Vor allem aber haben die Menschen selbst volle Transparenz darüber, wie es ihnen geht, was noch möglich ist und was nicht. Stress ist damit zu einer Ausnahmeerscheinung geworden. Aggressiv, ängstlich oder apathisch zu sein ist ungefähr so »out«, wie sich mit Drogen zuzudröhnen oder Sachen in sich hineinzustopfen, die krank machen und anderes Leben schädigen.

Der Aufklärungsgrad in der Bevölkerung ist hoch, vor allem deshalb, weil Menschen bereits von klein auf überall auf der Welt geschult werden, jene Konsumgüter, Verhaltens- oder Kommunikationsweisen, die ihnen guttun, von denen zu unterscheiden, die sie selbst und andere schädigen.

Das Prinzip der Konnektivität

Neu ist die Fähigkeit und Gewohnheit der lebensorientierten Konnektivität, die Menschen erst in den 2020er-Jahren gelernt haben. Sie bedeutet, nicht dauernd »online« zu sein und sich mit jedem Ereignis zu identifizieren, sondern sich je nach natürlichem Interesse, Bedarf und Erfordernis zu konnektieren und auch wieder zu diskonnektieren. Technisch, geistig und emotional. Die Welt ist 2050 so komplex und die Kontakte sind so intensiv wie vielfältig geworden, dass Dauerkontakt oder Überidentifikation ein Leben überfrachten und das Stresslevel steigern lassen sowie die Wirksamkeit minimieren würden. Dieser Sinn für die natürlichen Grenzen und die Bedürfnisse der menschlichen Aufnahme- und Verarbeitungskapazität gehört seit einiger Zeit zum Bereich des Menschenschutzes, der ein zentraler Bestandteil des Klima- und Naturschutzes geworden ist. Forschung und politische Praxis sind seit vielen Jahren damit beschäftigt, die

Lebensbedingungen für Menschen so zu verbessern, dass sie sich optimal entfalten und ihr Leben in hoher Qualität führen können.

Kommunikation als Menschenschutz

Menschen und Medien kommunizieren anders. Offen, unvoreingenommen, zutrauend. Bereits in den 2020er- und 2030er-Jahren hat man damit begonnen, kommunikative und psychoemotionale Gewalt als solche zu erkennen, zu definieren und über intelligente Algorithmen aus der digitalen Kommunikation zu löschen. Aussagen, die andere herabwürdigen, beleidigen, aufhetzen oder ein konstruktives und offenes psychoemotionales Klima unter Menschen auf andere Weise beeinträchtigen, werden gelöscht und je nach Schweregrad auch geahndet. Gesetz und Recht haben sich an dieser Stelle im humanen Sinne deutlich weiterentwickelt. Die Veränderungen waren zunächst umstritten, denn es brauchte erst eine messerscharfe Trennlinie zwischen freier Meinungsäußerung und psychoemotionaler Gewalt. Doch diese mühevolle Arbeit hat sich gelohnt. Ebenso wie der neue Straftatbestand des Ökozids, der die vorsätzliche Zerstörung von Lebensräumen oder Vergiftung von Leben, zum Beispiel durch Pestizide, global benennt und unter empfindliche Strafe stellt. Viel zu strafen gibt es aber nicht mehr, weil Menschen durch den inneren Wandel, der weltweit vollzogen wurde, mittlerweile von selbst darauf verzichten, Schaden anzurichten. Es ist eine Frage der Ehre, sich lebensfreundlich zu verhalten. Alles andere ist einfach nur peinlich.

Global und lokal

Ihren Lebensunterhalt verdienen Victoria und David wie alle Menschen über ein differenziertes und weltweit vernetztes Punktesystem, in das jeder Mensch ab seiner Geburt integriert ist. Die sogenannten »Global Life Coins« sind die überall gültige Währung des menschlichen Lebensnetzes auf der Erde. Parallel dazu gibt es lokale Punktesysteme, die sich nur in lokalen oder regionalen Projekten verdienen und ausgeben lassen und dadurch der Wirtschaft vor Ort eine gesunde Basis geben. Regelmäßig wird Victoria und David ein Punktesaldo gutgeschrieben, der ihnen ihre Existenz in der für ihre Lebensregion relevanten Größenordnung sichert, darüber hinaus können sie in den unterschiedlichsten Projekten und Engagements zusätzlich Punkte im lokalen oder überregionalen Lebensnetz hinzuverdienen und damit bezahlen. Existenzängste gibt es nicht mehr, und jeder hat etwas vom zusätzlichen Engagement.

Eine Vielfalt von Projekten und Entfaltungsmöglichkeiten

Victoria und David verdienen ihre Punkte aus verschiedenen Projekten, was ihnen eine Menge Spielraum gibt, ihre Prioritäten so zu legen, wie sie es möchten und wie es zu ihrem Leben passt. Manche Projekte sind gewinnorientiert, andere sozial oder politisch. Victoria folgt am liebsten ihrer Neugierde und ihrem Wunsch, zu lernen, sich in ihren Möglichkeiten und Fähigkeiten zu entfalten und in einem intensiven, konstruktiven Kontakt mit anderen Menschen zu sein. David hat Freude daran, vor allem wissenschaftlich zu arbeiten und tief in die verschiedenen Zusammenhänge des Lebensnetzwerkes einzutauchen. Er hat darüber hinaus ein Handwerk und ein Musikinstrument erlernt und arbeitet einen Teil des Jahres als Tischler, manchmal auch als Musiker. Er liebt es außerdem, mit Kindern zu arbeiten und ihnen Zusammenhänge nahezubringen, wie zum Beispiel den zwischen Natur, Ernährung und Landwirtschaft. Im Moment betreut er ein Projekt, in dem er zusammen mit einer älteren Dame Kindern, die sich freiwillig dazu angemeldet haben, beibringt, Kräuter und Gemüse im innerstädtischen Raum anzupflanzen. Das Wissen über hochproduktive Permakulturen ist weitverbreitet. Die massiv gewachsenen, aber stark entschleunigten Großstädte haben dazu zahlreiche Flächen ausgewiesen und fördern dieses Engagement mit jeweils lokalen Life Coins.

Die Humanwirtschaft, Netze statt Grenzen

Dass niemand mehr Angst um seine Existenz haben muss, macht eine starke und überaus innovative menschliche Wirtschaft möglich. Sie ist ebenso wie die anderen Sektoren menschlichen Lebens auf verschiedenen Organisationsebenen lokal, regional, national und global vernetzt. Die globale Humanwirtschaft, der Nachfolger der konkurrierenden Volkswirtschaften und eines problematischen Kapitalismus des frühen 21. Jahrhunderts, ist die komplexeste Organisationsebene der Ökonomie, ein sogenannter Nexus im gigantischen Netz des Lebens auf der Erde. Es ist eine enge Kooperation der lokalen, regionalen, nationalen und globalen Wirtschaftsräume. Ein hierarchisches Oben vs. Unten, Top vs. Down oder ein Bottom-up-System gibt es nicht mehr, die globale Humanwirtschaft ist eine in sich verwobene, in- und miteinander kommunizierende Netzwerkstruktur, wie ein lebendiges, pulsierendes Netz im dreidimensionalen Raum. Sie bildet die Realität organischen Lebens in der Welt ab.

Wie kam es zu diesem neuen Typus der Wirtschaft? Irgendwann wurde einer relevanten Zahl von Menschen klar, dass das System Erde keine Staatengrenzen kennt und Menschen neue Formen von Gesellschaft und Politik erfinden müssen, die einer sehr bewegten Erde und ihren dauernden Bedingungsschwankungen gerecht werden. Man hat erkannt, dass die Zeit hart abgegrenzter Strukturen in der menschlichen Welt vorbei ist. Die Europäische Union ist ein flexibles Regionalnetzwerk, das mit den anderen Regionalnetzwerken, in denen die menschliche Welt organisiert ist, barrierefrei kooperiert. Globale, regionale, nationale und lokale Netzstrukturen betreuen jeweils unterschiedliche Aufgaben und Entfaltungsräume. Aber alle kooperieren untereinander und sind durch einen ständigen Informationsaustausch und gegenseitige Beratung auf Augenhöhe miteinander verbunden.

Kooperation statt Konkurrenz

Die Kommunikations- und Entscheidungsnetzwerke der globalen Humanwirtschaft entwickeln die Bedingungen für einen barrierefreien und kooperativen Austausch von Gütern, Wissen, Waren, Hilfsgütern und Dienstleistungen, die grundlegend frei und zugleich menschen- und naturgerecht organisiert sind.

Die Zeit, in der Unternehmen oder Staaten miteinander konkurrierten, ist zum Glück vorbei. Branchen und Strukturen haben sich weltweit sinnvoll vernetzt und im Globalnetzwerk Erde Produktionsstandorte dort angesiedelt, wo die Wege kurz sind und sie zur Zahl und Kompetenz der Menschen passen, die genau dort leben. Diese neue kooperative Humanwirtschaft arbeitet Hand in Hand mit dem Nexus Politik, der selbst wiederum in verschiedenen Komplexitätsgraden lokal, national, regional und global vernetzt ist. Das Prinzip der Repräsentation durch Wahl ist in den weltweiten Demokratien ergänzt um eine Kammer, in die Bürgerinnen und Bürger durch Losverfahren auf Zeit entsandt werden. Zusätzlich können sich Menschen je nach Interessengebiet in den verschiedenen Organisationsebenen des Lebensnetzes informieren und engagieren. Allen politischen Entscheidungsnetzen stehen flexible Expertenteams zur Verfügung, die sich jederzeit mit Rat und Feedback einbringen und deren Meinung eingeholt werden kann. Wirtschaft und Politik bilden zusammen ein pulsierendes, lebendiges Netz von gegenseitigen Checks und Balances, die dafür sorgen, dass ein optimales Verhältnis von Flexibilität bei gleichzeitiger Stabilität möglich ist. Qualität ist dabei stets wichtiger als Quantität.

Das Paradigma, an dem sich die Qualität misst, ist immer gleich: die Entfaltung und Qualität des Lebens auf der Erde, von der individuellen bis zur kollektiven Organisationsebene, lokal und global. So können Menschen kulturelle Unterschiede leben und trotzdem einen klaren gemeinsamen ethischen roten Faden haben. Die Wirkung ist beispiellos: Statt Unsicherheit und Ausbeutung herrschen Sicherheit, Kooperation und gemeinsamer Innovationsgeist. Wettbewerb ist zu einem spielerischen Austausch um die besten Ideen und Umsetzungen geworden. Menschen sind nicht nur entspannter und glücklicher, sondern zugleich auch gesünder. Die Entzündungswerte sind niedriger denn je, Herz- und Kreislauferkrankungen selten. Depressionen gibt es so gut wie gar nicht mehr. Verantwortlich dafür sind nicht etwa neue Medikamente, sondern neue humane Systeme, die Menschen zugleich individuelle Entfaltung und menschliche Zugehörigkeit ermöglichen. Die wichtigsten Stressquellen sind ausgeschaltet, denn die Menschheit hat sich vom Modus des Überlebens in den der Entfaltung des Lebens katapultiert. Sie denkt und fühlt anders als in allen Jahrtausenden zuvor.

Neue Werte

Das Recht des Stärkeren kennen Victoria und David nur noch aus Erzählungen ihrer Eltern und Großeltern. Niemand, der bei Verstand wäre, würde die Schutzbedürftigkeit eines Menschen, einer menschlichen Gemeinschaft oder anderer Lebewesen und deren Kreativität für eigene Zwecke ausnutzen. Ebenso wie es keine dubiosen Herrscherclans, Pseudoparteien oder Lobbyisten mehr gibt. Wer es dennoch versucht, sich durch Tricks, Gewalt oder parasitäre Geschäftsmodelle auf Kosten der Entfaltung und Qualität des Lebens einseitig zu bereichern und unberechtigte Kontrolle auszuüben, erfährt deutliche Grenzen. Aber das ist selten. Eine bestimmte Form des Egoismus, die Ende des 20. und zu Beginn des 21. Jahrhunderts noch als »smart« galt und zu Einmannherrschaften, Oligarchien und Unternehmensmonopolen führte, wird im Jahr 2050 zu den menschlichen und ökonomischen Pathologien gezählt. Ein stark ausgeprägter Egoismus gilt als behandlungs- und nicht mehr als förderungs- oder gar bewunderungswürdig.

Was stattdessen zählt und bewundert wird, ist die Fähigkeit, echten Mehrwert für die Entfaltung und Qualität menschlichen wie nicht menschlichen Lebens zu erschaffen. Eigenschaften, die man schätzt, sind Neugier, Mut, Zutrauen, menschliche Reife, die Fähigkeit zu kooperieren, Wissen zu teilen und sich individuell wie gemeinschaftlich zu entfalten. Es wird vorausgesetzt, dass der andere offen und tolerant ist, zuhören kann und sich zu Wort meldet. Führungsqualitäten zeigen Menschen, die andere inspirieren können, die durch ihr Denken und Handeln sichere Räume für die Entfaltung und Qualität von Leben bereitstellen. Sie wissen, dass Hochleistung nur möglich ist, wenn Menschen sicher sind, eine hohe Lebensqualität erleben und sich mit ihren Fähigkeiten und Kenntnissen im Sinne des Ganzen voll entfalten können. Menschen sind 2050 dann mächtig, wenn sie ein Leuchtturm und Magnet für andere und deren Entfaltung sind, wenn sie Ressourcen so bündeln, dass etwas Gutes entsteht, das weit über sie hinausgeht.

Konsequente Lebensorientierung

Immer noch finanzieren Kredite innerhalb der lokalen, regionalen oder globalen Punktesysteme unternehmerische oder politische Risiken vor, bei denen jeder Mensch, wenn er möchte, als Kreditgeber fungieren kann, aber alle Projekte und Unternehmungen müssen ein durch Experten und durch Losverfahren bestimmte Bürgerinnen und Bürger durchgeführtes Lebensfreundlichkeitsscreening passieren, das ihre Förderungswürdigkeit im Sinne der Vivilisation bestätigt. Das bedeutet, dass es keine Waren, Produkte und Dienstleistungen mehr gibt, die Menschen oder anderes Leben schädigen, ausbeuten, in Abhängigkeiten zwingen oder die natürlichen Lebensgrundlagen verletzen. Lebensgrundlagen, die knapp sind oder knapp werden können, wie etwa Süßwasser, werden von der globalen Ebene des Nexus Politik betreut. Sie werden von jährlich wechselnden, durch Losverfahren bestimmte Weltbürgerkammern, von Expertennetzen unterstützt, im Sinne aller Menschen und Lebewesen, die Süßwasser benötigen, sauber gehalten und gerecht verwaltet.

Die billiardenschweren weltweiten Rüstungsausgaben, die in den 2020er-Jahren zunächst noch angewachsen sind, werden zur Mitte des Jahrhunderts längst in einen Weltstrukturfonds investiert, aus dem schließlich das bahnbrechende globale Punktesystem zur Existenzsicherung und Entlohnung jedes Individuums auf der Welt entwickelt wurde und der permanent Lebensrisiken in den verschiedenen Klimazonen der Erde austariert. Es gibt nur noch eine globale Militäreinheit, deren Aufgabe es ist, weltweit Frieden zu sichern und Hilfe bei Umwelt- und anderen Katastrophen zu leisten.

Selbstverständlich nachhaltig

Unternehmen sind in dieser Humanwirtschaft ein Entfaltungs-ort, an dem man sich – neben anderen sozialen oder politischen Projekten – einbringen, engagieren und vernetzen kann. Sie wirtschaften wie alle menschlichen Organisationen ohne Ausnahme nachhaltig, selbstverständlich fair und orientieren sich wie alle Projekte im globalen Lebensnetzwerk am Paradigma der Entfaltung mit dem Ziel einer möglichst hohen Qualität allen Lebens. Organisationen, die Gewinn erwirtschaften wollen, arbeiten weltweit nicht mehr nach dem Prinzip der Gewinnmaximierung, sondern der Gewinnoptimierung. Das bedeutet, dass die Bedürfnisse der Lebewesen Vorrang haben; Ausbeutungsverhältnisse, die Mensch oder Natur keine Zeit mehr lassen, sich zu regenerieren und ihre Lebenszeit als sinnvoll und erfüllend zu empfinden, werden nicht mehr verfolgt.

Transparent und kooperativ

Statt der früheren Geheimdienste, die in der großen psychosozialen Wende der Menschheit schlicht und einfach implodiert sind, gibt es jetzt miteinander vernetzte, transparente und von Einzeleinflüssen unabhängige Informationsdienste für alle. Sie sammeln, bündeln und allokieren, je nach Nexus, Daten, Wissen und Kompetenzpfade, die für die Lebensentfaltung und -qualität wichtig sind. Es ist möglich, lokal, regional, national und global in Echtzeit Fragen zu allen nur denkbaren Themen zu stellen und direkt mit einem kompetenten Ansprechpartner vernetzt zu werden, der sich gerade dafür zur Verfügung stellen möchte. Daten einzubringen und zu teilen ist dabei vollständig freiwillig. Da untereinander ein intensiver Kooperationsgeist, Motivation und Vertrauen herrschen, ist es völlig normal, Daten zu »spenden«

und sich gegenseitig zu unterstützen. Eine neue Wissenschaft, die Humansystemwissenschaft, bereichert mit bahnbrechenden Erkenntnissen. Analog zu den Erdsystemwissenschaften, die Ende des 20. Jahrhunderts entstanden, untersucht sie die Bedingungen und Zusammenhänge menschlicher Lebensqualität auf medizinischer, psychologischer, neurobiologischer und ernährungswissenschaftlicher Ebene. Sie tut dies ebenfalls auf sozialer, politischer, historischer, kulturwissenschaftlicher, juristischer und ökonomischer Ebene. Die Leitfrage, die alle Disziplinen verbindet, lautet: Was hilft, menschliche Entfaltungsmöglichkeiten und Lebensqualität lokal bis global zu verbessern?

Wissenschaften sind in der Mitte des 21. Jahrhunderts ebenso kooperativ und vernetzt wie alle anderen Bereiche des Lebens in der Vivilisation. Die Humansystemwissenschaft berät alle Netze, seien sie dezentral oder zentral organisiert. Ihr Wissen ist für jeden Menschen frei zugänglich und wird auch von den Institutionen und Unternehmen genutzt, die für die menschliche Entfaltung arbeiten.

Den Missbrauch von Daten für lebensfeindliche, diskriminierende Zwecke zu unterbinden oder den Versuch zu ahnden, wenn neue Hierarchien aufgebaut werden, ist ein wichtiges Feld der Gesetzgebung, der Rechtsprechung und der konsequenten Exekution auf allen Organisationsebenen menschlichen Lebens. Aber auch hier gibt es immer weniger Grund für ein Eingreifen. Menschen haben damit aufgehört, sich und andere zu schädigen, denn es widerspricht dem gesunden Menschenverstand. In einer eng vernetzten Welt, in der man sich kennt und schätzt, erreicht man miteinander sehr viel mehr als gegeneinander.

Verschiedene zentrale und dezentrale Organisationsnetze

Auf der globalen Ebene werden diejenigen Informationen und Entscheidungsstränge gebündelt und diskutiert, die das gesamte Erdsystem betreffen. Auf der regionalen, nationalen oder lokalen Ebene wird das behandelt und entschieden, was in der jeweiligen Organisationsebene des Lebensnetzes relevant ist. Energieversorgung ist bereits stark dezentral organisiert. Städte und Gemeinden erzeugen klimaneutral vor allem über Sonne, Wind und Wasser ihre eigene Energie. In jedem Haushalt gibt es für jeden erschwingliche Hochleistungsenergiespeicher, die Menschen in aller Welt unabhängig von der Ölindustrie und anderen Energieriesen machen. Alle Bereiche des Lebensnetzes, von lokal bis global, orientieren sich konsequent an der Entfaltung von Lebensqualität, was menschliches wie nicht menschliches Leben einbezieht und dadurch ganz von selbst Naturschutz, der immer zugleich Menschenschutz ist, miteinander verbindet.

Victoria arbeitet derzeit in drei verschiedenen Projekten, die sowohl lokal als auch national und global vernetzt sind. Eines davon ist ein Glanzstück des neuen psychosozialen Engineerings. Anspruchsvolle soziale Aufgaben wie die Integration von Migrierenden in ihre neuen Heimatregionen oder das Miteinander verschiedener Generationen in einer stark gealterten Gesellschaft werden mit konsequent humanen und technisch optimal unterstützten Strategien vorbereitet, umgesetzt, betreut und in einem kontinuierlichen Lernprozess nachbereitet.

Heute arbeitet sie an ihrem derzeitigen Lieblingsprojekt, das auf einem weltweiten, technisch gestützten Ampelsystem basiert, das Migrationsbewegungen bereits viele Jahre im Voraus erkennt und menschengerecht betreut und steuert. Migration ist eine Realität, vor der sich niemand mehr fürchtet. Im Gegenteil. Sie gehört zu den besonders spannenden Herausforderungen, weil sie alle Beteiligten auf jeder Ebene in ihren besten Qualitäten fordert.

Psychosoziales Engineering

Im nächsten Monat sollen dreitausend Menschen aus den heißesten Gebieten Afrikas in Victorias Heimatstadt kommen. Insgesamt verlassen in diesem Jahr aus Klimagründen mehr als hundert Millionen Menschen bereits frühzeitig identifizierte Regionen, in denen die Entfaltung und Qualität von Leben aufgrund kritischer Klimabedingungen nicht mehr sicher möglich ist. Da sich im menschlichen Lebensnetz alle für das Leben auf der Erde verantwortlich fühlen, werden die Menschen weltweit, jeweils solange sie sich ein Bleiben zutrauen, vor Ort unterstützt und danach bestens vorbereitet auf ihrer Reise begleitet und aufgenommen.

Psychosoziale, auf die Eigenarten und Bedürfnisse von Menschen ausgerichtete Kenntnisse und Methoden sind im Jahr 2050 ebenso wichtig wie Technologie. *Psychosoziales Engineering,* das auch als *psychosoziales Framing* bezeichnet wird, ist ein Teil der angewandten Humansystemwissenschaften. Es geht darum, auch die komplexesten Aufgaben menschengerecht zu gestalten. Das bedeutet, auch in schwierigen Lagen konsequent Stress zu reduzieren, Vertrauen aufzubauen, Kooperation zu fördern und nicht nur die körperliche, sondern auch die mentale und soziale Gesundheit im Auge zu behalten. Dafür gibt es speziell ausgebildete Coachs und umfassende, systematische Fortbildungen in allen Bereichen des vivilisatorischen Netzes. Diese Fortbildungen beginnen bereits im Kindergarten und in der Vorschule, sodass jeder Mensch im Jugendalter über die wichtigsten Kompetenzen im psychosozialen Bereich verfügt.

In Victorias mitteleuropäischer Heimatstadt werden die Migrierenden von einer Projektgruppe einheimischer Nachbarn, unter ihnen befinden sich bereits mehrere Jahre zuvor aus der gleichen Region eingewanderte Mitbürger, in Empfang genommen. Einige der Migrierenden sind bereits in ihrem Herkunftsland zu Lehrern, Ärztinnen, Quartiersmanagern und Life-Coachs ausgebildet worden. Die Aufgabe der Projektgruppe ist es, sowohl den neu Ankommenden als auch den Einheimischen einen optimalen Einstieg bzw. ein Zusammenkommen im neuen Entfaltungsraum zu ermöglichen.

Jeder Neuankömmling hat einen etwa gleichaltrigen »Buddy« oder Tandempartner aus dem Kreis der engagierten Einheimischen. Die Vorbereitung für diesen großen Tag des Neubeginns hat bereits Jahre zuvor in der Heimatregion der Migrierenden begonnen. Dort haben sie, koordiniert durch das global vernetzte Migrationszentrum, das die Migrationsströme weitsichtig steuert und migrierende Menschen ebenso herzlich wie kompetent betreut, bereits ihr Wunschland ausgewählt, die Sprache und die kulturellen Besonderheiten in auf ihre individuellen Bedürfnisse ausgerichteten Online-Programmen und regelmäßigen persönlichen Austauschprogrammen erlernt. Die meisten haben die Chance ergriffen und noch in ihrem Heimatland ein umfassendes Aus- und Fortbildungsprogramm absolviert. Viele von ihnen verfügen bereits über eine im neuen Land vollständig anerkannte Berufsausbildung oder sogar einen akademischen Abschluss. Sie können direkt beginnen, in einem der zahlreichen spannenden und nützlichen Aufgabengebiete zu arbeiten.

In Europa und in China ist man besonders bemüht, sich als mögliches Einwanderungsland bei eines Tages Migrierenden zu bewerben, denn die Alterung der europäischen und chinesischen Gesellschaften hat ihren Höhepunkt erreicht. Darüber hinaus ist es nicht nur wichtig, sondern macht einfach Spaß, Gesellschaften mit Menschen aus aller Welt neu zu erfinden, das Beste zu bewahren und gleichzeitig ganz neue Formen eines konstruktiven

Zusammenlebens auf die Beine zu stellen. Dass der Einstieg für alle Seiten so gut klappt, hat auch damit zu tun, dass engagierte Menschen aus der Ankunftsregion ebenfalls mehrmals das Land ihrer neuen Mitbürgerinnen und Mitbürger besucht haben und es in Schulen, Behörden und Unternehmen ausführlich vorgestellt wurde. Für Interessierte gibt es sogar einen völlig neu entwickelten intuitiven Sprachkurs, in dem die Heimatsprache der Neuankömmlinge spielerisch vermittelt wird. Man kennt sich also bereits, wenn der große Tag gekommen ist und für alle in der Region ein neues, aufregendes Kapitel gemeinsamer Lebensgestaltung und Kooperation beginnt.

Victoria ist eine der gut ausgebildeten Lebenslotsen für einen Stadtteil, in dem die Afrikanerinnen und Afrikaner ankommen werden. Ihre Aufgabe ist es, zusammen mit dem Quartiersmanager, der vor fünf Jahren bereits in ihrer Stadt angekommen ist, alle Fragen des täglichen Lebens zu erklären und zu begleiten. Die Auswahl der Schule für die Kinder, Arzttermine und andere Fragen, die im Alltag wichtig sind, werden direkt persönlich oder über ein eigens für die Neuankömmlinge eingerichtetes zweisprachiges digitales Netzwerk ausgetauscht.

Das Prinzip der Konstruktivität

Seit bekannt geworden ist, dass Menschen bereits innerhalb weniger Tage die Qualität und ungeschriebenen Regeln ihres neuen sozialen Umfelds einschätzen können, legt man in den Ankunftsländern besonders viel Wert darauf, dass bereits der Start gut glückt. Auf beiden Seiten herrscht dazu berechtigtes Vertrauen. Man weiß, dass niemand immer nur perfekt ist, dass man sich braucht und es jede Menge voneinander zu lernen sowie miteinander zu erleben und zu bewältigen gibt. Jeder ist engagiert. Die Ankommenden ebenso wie die Einheimischen.

Die Einstellung stimmt. Man ist sich seiner selbst bewusst, kennt und schätzt die jeweilige Herkunft des anderen und ist einander zugleich zugewandt, freundlich und konstruktiv. Es ist diejenige Grundeinstellung, die Konflikte auf ein Mindestmaß reduziert und die die Menschen bereits im Kleinkindalter erlernen.

Digiloge Kommunikation

Neben dem Migrationsprojekt arbeitet Victoria in einer globalen Organisation, die sich um die Wiederansiedlung ausgestorbener Arten auf der Erde kümmert. Weltweit werden dazu längst Daten vernetzt, Wissen geteilt, man weiß, was anderswo gerade wichtig ist, und jeder trägt seinen Teil dazu bei. Informationen, Fähigkeiten und Kompetenzen zu teilen und sich gegenseitig zur Verfügung zu stellen ist unter Menschen, die sich nicht mehr gegenseitig stören oder miteinander konkurrieren, eine Selbstverständlichkeit. Enge technologisch gestützte Vernetzung und viel persönlicher Kontakt geben jedem, egal wer er ist und woher er kommt, die Möglichkeit, sich einzubringen und von anderen für die eigenen Entwicklungsprojekte zu profitieren. Es ist üblich, sich nicht nur digital, sondern auch »live« zu begegnen. Analoge und digitale Kommunikation erleben Menschen in einer guten Mischung, die sie salopp als Prinzip der »Digilogität« bezeichnen. Die Entwicklung einer CO_2-neutralen Mobilität, die ausschließlich auf erneuerbare Energien setzt, macht dies möglich und ist zugleich einer der wichtigsten Entfaltungsbereiche der globalen Humanwirtschaft. Sie entstand durch eine weltweit agierende neue Technologiepolitik. Die Technologie gehört zu den entscheidenden Elementen des Zeitalters, dabei ist die Technik aber für den Menschen und für das Leben da, nicht umgekehrt. Technologien, die die Qualität des Lebens beeinträchtigen, werden weder entwickelt noch hergestellt. Es gibt keinen Markt mehr für sie.

Die Technik ist für den Menschen da

Umso mehr Technologiebedarf gibt es dort, wo stupide oder harte körperliche Arbeit die Lebensqualität beeinträchtigen würde. Tätigkeiten, die Menschen nicht übernehmen möchten oder übernehmen können, ohne langfristig Schaden zu erleiden, erledigen intelligente Roboter. In der Pflege zum Beispiel, einem der wichtigsten Arbeitsbereiche Mitte des 21. Jahrhunderts, übernehmen Roboter längst schwere Hebearbeiten und alltägliche Handreichungen. Dafür ist der Kontakt, den alte Menschen zu anderen Menschen haben, um ein Vielfaches intensiver und erfüllender als in der Zeit, als Victoria geboren wurde. Insgesamt hat sich die Lage für ältere Mitmenschen massiv verbessert. Sie sind durch umfangreiche neue Technologien und Verkehrsplanungen bis ins hohe Alter mobil, profitieren von umfassenden psychosozialen Gesundheitsprogrammen und Wohnprojekten, die mit Herz und Verstand geplant und von engagierten Teams betreut werden. Einsamkeit, Fehlernährung und Bewegungsmangel sind passé, jeder hat Raum für sich, aber niemand ist allein.

Psychoemotionale Kompetenz

Auch Kinder werden bestens umsorgt, betreut und gefördert. Erziehung und Bildung haben in den vergangenen dreißig Jahren eine Revolution erlebt. Sie gehören wie natur- und menschenfreundliche Technologien und der gesamte Bereich der psychosozialen Gesundheit zu den ganz großen Entwicklungsfeldern der neuen Zeit. Jeder Mensch hat ein umfassendes Recht auf Bildung und eine Erziehung, die selbst wiederum auf Entfaltung und Qualität des eigenen Lebens sowie auf die Förderung der Entfaltung und Qualität anderen Lebens ausgerichtet ist. Ziel ist es, sich persönlich und gemeinschaftlich entfaltende Kinder jeden Geschlechts und jedweder Herkunft zu offenen, neugierigen und kooperationsfreudigen erwachsenen Menschen heranreifen zu lassen, die nicht nur über wichtige, altersentsprechende Kenntnisse und Kompetenzen, sondern vor allem über eine bislang nicht vorstellbare Bandbreite von psychoemotionalen Fähigkeiten verfügen. Bereits in den ersten zwölf Jahren ihres Lebens lernen Kinder, wie Konflikte entstehen, wie man sie löst und wie man menschengerecht kommuniziert und miteinander umgeht. Sie wissen, wie sie ein gutes Gefühl für sich selbst bekommen und auch in schwierigen Phasen halten können. Besonderen Wert legt man in Bildung und Erziehung im gesamten globalen Lebensnetz darauf, das Gefühl eines jeden Menschen für Selbstwirksamkeit zu stärken und zugleich die Fähigkeit von Geben und Nehmen auszuprägen. Es sind wichtige Kompetenzen, die Menschen dafür brauchen, sich selbst und andere in ihre Gemeinschaften zu integrieren. Denn Integration heißt für alle Seiten, zu kooperieren, ohne sich zu verlieren. Kinder und Jugendliche wissen außerdem, dass Menschen unterschiedlich sind und dass es vollkommen unerheblich ist, in welchem Körper oder welcher Region ein Mensch geboren wurde. Unvoreingenommen zu sein ist ebenso wie Neugierde und Entdeckergeist eine menschliche Fähigkeit, die Kinder bis zum Beginn etwa der mittleren Kindheit bereits mitbringen. Neu ist, dass man ihnen diese unbewussten Kompetenzen nicht mehr abtrainiert, sondern sie zu einer intellektuell fundierten, bewussten und lebendigen Kompetenz für das ganze Leben macht.

Kinder werden zur Jahrhundertmitte ab einem bestimmten Alter sehr viel ernster genommen, erfahren jedoch auch frühzeitig deutliche Entfaltungshilfen, die zunächst, wie bei Erwachsenen auch, als klare Grenzen erfahren werden. Wo individuelle Entfaltung früher unterbunden oder sogar verboten war, kann sie sich nun entwickeln. Wo ein Gefühl für gemeinsame Bedürfnisse fast schon verschwunden war, blüht es jetzt wieder auf. Das bedeutet, dass jede menschliche Kultur ein neues und zugleich individuelles Gesicht zeigt. Die Menschheit ist untereinander nicht mehr feindselig und fragmentiert, sondern in allen Aspekten des gigantischen, sich weltweit entfaltenden Netzes des Lebens zugleich individuell und verbunden. Sie ist kooperativ, lebensfreundlich und auf eine bestimmte Art auch selbstdiszipliniert. Die Zeit, in der man meinte, sich als »Krone der Schöpfung« alles herausnehmen zu können, ist lange vorbei.

Leben, egal welches, nicht mehr zu diskriminieren und in Bewertungshierarchien zu bringen ist eine zentrale Fähigkeit einer Menschheit, die sich 2050 bereits als »entstört« empfindet. Ein entstörter Mensch zu sein bedeutet, Haltungen und Denkweisen zu pflegen, die die Entfaltung und Qualität von Leben, jedes Lebens, schützen und fördern. Es bedeutet, in Verbundenheit und durch Anerkennung sein volles individuelles Potenzial zu entfalten und eine hohe individuelle wie kollektive Lebensqualität zu erleben. Es bedeutet, zu einem erwachsenen, in seinen Fähigkeiten und Möglichkeiten voll entwickelten Menschen heranzureifen, der sich bis ins hohe Alter selbst entfaltet und sich im Sinne allen Lebens in den verschiedenen Ebenen des Lebensnetzes auf der Erde einbringt und engagiert.

Einmal hat David seinen Großvater gefragt, womit dieser atemberaubende Wandel eigentlich begonnen habe. Seine Antwort war: »Als immer mehr Menschen verstanden haben, dass wir nicht bleiben können, wie wir sind. Als uns klar wurde, dass wir uns entstören müssen.«

3
Warum wir uns entstören müssen: Das alte Denken und seine Logik

Es ist nicht so, dass wir heute keine Ideen hätten, vieles von dem, was Victoria und David in dieser utopischen Skizze erleben, steht heute schon im Raum. Was gute Ideen im Moment noch behindert, sind wir selbst. Wenn wir Ideen haben, fehlt uns das Zutrauen. Nicht bei technischen Visionen, da trauen wir uns fast alles zu. Wohl aber bei menschlichen. Gernot Wagner, der skeptische Klimaforscher mit dem »perfekten Problem«, meint, es gebe durchaus Ideen, wie man die Klimaerwärmung möglicherweise verlangsamen könnte. Die eigentliche Herausforderung sei, dass die Menschheit dazu an einem Strang ziehen müsste. Genau das aber sei unrealistisch.[25]

Probleme mit Veränderung

Wie kommt es, dass wir uns zutrauen, zum Mond zu fliegen, den Mars zu besiedeln oder den Klimawandel zu verlangsamen, aber nicht an uns glauben, wenn es darum geht, uns selbst zu verändern? In der Tat ist Veränderung für Menschen schwer. Sehr schwer. Selbst dann, wenn es um positive Dinge geht. Wenn Menschen mit etwas konfrontiert werden, das ihr bisheriges Vorstellungsvermögen überschreitet, schalten sie innerlich zunächst ab. Wenn sie mit einer einschneidenden Veränderung oder einer lebensverändernden Nachricht konfrontiert sind, zum Beispiel einem Todesfall, einer Trennung oder Kündigung, gehen sie im ersten Moment davon aus, dass das, was sie hören, nicht wahr ist. Es ist sogar unerheblich, ob die Veränderung positiv oder negativ ist. Wer beispielsweise von einem Millionengewinn erfährt, ist zunächst ebenso ungläubig wie ein Mensch, dem die Nachricht vom Tod eines nahestehenden Menschen überbracht wird. Menschen denken unwillkürlich, es handele sich um einen Scherz, eine Verwechslung oder ein Missverständnis. An dieser Tendenz der Verneinung erkennt man zuverlässig, ob es sich um eine tatsächlich tief greifende Veränderung handelt oder eine nur leichte Varianz innerhalb des Bekannten. Heute werden diese Verdrängungs- und Verleugnungstendenzen, die eigentlich eine normale Erstreaktion auf Stressoren sind, zu einem weitverbreiteten Verdrängungsmechanismus. Wir müssen in kurzer Zeit viel zu viel aufnehmen und bewältigen, und das führt immer öfter dazu, dass wir uns nicht mehr darüber verständigen können, was Realität und was sogenannter Fake ist.

Ich erlebe in meiner täglichen Praxis, mit welchen psychischen und intellektuellen Herausforderungen Menschen konfrontiert sind, wenn sie mit neuen Bedingungen umgehen oder sich selbst verändern müssen. Selbst die größten Haudegen und die erfahrensten Managerinnen geraten an ihre Grenzen, wenn das bisher Gewohnte in sich zusammenfällt oder etwas wirklich Unbekanntes, manchmal bislang Unvorstellbares ansteht. Die meisten fangen erst an, sich zu bewegen, wenn sie mit dem Rücken zur Wand stehen. Auch dann, wenn es darum geht, positive Ziele und Lebensträume zu verwirklichen. Einer meiner Gesprächspartner fasste den Entschluss zu einer Weltumsegelung, die er schon seit langer Zeit gerne machen wollte, erst, als er bei einem Unfall beinahe gestorben wäre.

Worum es auch immer geht: Veränderung löst enormen Stress aus. Ein eigenartiger Mechanismus setzt ein: Eine unfassbar starke Kraft versucht, die Menschen im Gewohnten festzuhalten, selbst wenn die vermeintliche Komfortzone schon längst zum Schleudersitz geworden ist. Andere treten die Flucht nach vorne an, bauen aber, ohne es zu merken, das Neue nach dem gleichen Muster auf wie das Alte. Für meine Arbeit als Coach war es unerlässlich, diesem Phänomen näher auf die Spur zu kommen, denn im Kern werde ich von meinen Klienten gebucht, um erfolgreiche Veränderungen zu begleiten.

Die Angst vor Instabilität

Es gibt ein Modell aus der Chaosforschung, das einfach erklärt, was passiert, wenn Menschen mit Veränderungen konfrontiert sind.[26] Es zeigt eine Sinuskurve, zu deren Linken eine Kugel in Ruheposition ist. Wenn wir uns verändern, ist es so, als ob die Kugel über den Scheitelpunkt der Sinuskurve wandern müsste, um zu seiner Linken in der neuen Position erneut zur Ruhe zu kommen. Um auf den Scheitelpunkt der Kurve zu gelangen, muss die Kugel zunächst eine Menge Energie aufwenden. Und das ist etwas, was lebende Systeme nicht gerne haben, weil Energie lebenswichtig ist und effizient eingesetzt werden möchte. Ist die Kugel aber schließlich auf dem Scheitelpunkt angelangt, ist sie für einen Moment ohne jeden Halt. Das ist der Punkt der maximalen Instabilitat. Nur wenn ein Organismus diesen Punkt erreicht, beginnt ein Lern- und Veränderungsprozess im Inneren, der ihn über den Scheitelpunkt der Kurve trägt. Sich erfolgreich zu verändern und dadurch zu lernen bedeutet also, für einen kurzen Moment alle Sicherheiten zu verlieren. Wir kippen eine bestimmte Zeit lang ins Chaos, um über einen Prozess der inneren Reorganisation schließlich eine neue Ordnung zu finden. Es ist dieser Prozess der inneren Reorganisation, den jedes lebende System, jeder Mensch, jedes Tier, jede Pflanze erfährt, wenn es sich verändert, wenn es geboren wird, wenn es wächst und lebt, bis zu dem Punkt, an dem es stirbt. Zu leben und zu wachsen hat also immer mit der wiederkehrenden Bewältigung

81

von Chaos zu tun. Das ist ein anstrengender Prozess, kein Spaziergang.

Häufig ist dieser Prozess blockiert. Wahrscheinlich sind wir Menschen die einzige Spezies, die es schafft, Veränderungen zu blockieren, selbst dann, wenn sie längst anstehen. Die Kugel setzt sich dann entweder gar nicht in Bewegung oder sie wird wie von einem Magneten zurück in die Ausgangsposition gezogen. Manchmal organisieren wir uns nur scheinbar neu und kreieren in Wirklichkeit jenseits des Scheitelpunktes Situationen und Systeme, die den alten aufs Haar gleichen. Neue Verpackung, gleicher Inhalt. Das lässt sich nicht nur bei Beziehungsproblemen, sondern auch in Unternehmen beobachten, die zwar nach außen die Etiketten wechseln, den häufig schmerzhaften inneren Lernprozess aber scheuen. So auch bei politischen Umbrüchen. Die Systeme und das Personal verändern sich äußerlich. Die Prinzipien von Herrschaft, Unterordnung und spezifischen Verteilungsungerechtigkeiten bleiben jedoch gleich. Neuer Wein in alten Schläuchen. Es ist, als ob uns ein bisher nicht bewusstes Programm immer wieder in alte Fahrwasser treiben würde. Mit Gernot Wagner könnten wir sagen, es handele sich um ein weiteres »perfektes Problem«. Wir müssen uns verändern, sind aber Meister darin, genau das nicht zu tun. Wir stören und blockieren uns. Auch und gerade dann, wenn es darauf ankommt, zum Beispiel in Stresssituationen konstruktive menschliche Fähigkeiten abzurufen. Irgendetwas in uns hält uns offensichtlich auf einer zu niedrigen Stufe unseres Entwicklungspotenzials.

Gestörtes Denken

Erinnern wir uns: Greta Thunberg ermahnte 2018 die Weltpolitik-Elite, sich endlich zu verhalten wie Erwachsene. Doch Menschen verhalten sich genau dann, wenn es um etwas wirklich

Wichtiges geht, eben nicht erwachsen, ganz unabhängig von ihrem Lebensalter. Unter Stress rufen sie ein Notprogramm ab, das einer anderen Logik folgt als einer lebensfreundlichen Vernunft. Es ist ein Denken, in dem es um Oben oder Unten, Macht und Unterordnung geht. Es ist dabei unerheblich, ob es sich um Themen unserer Alltagsbewältigung oder die ganz großen Themen der Weltgeschichte handelt. Wir stören uns. In unseren eigenen Leben und bis auf die globale Ebene. Ich nenne dieses Denken gestörtes Denken, denn wir stören und sabotieren uns damit gegenseitig und selbst. Es lässt uns die falschen Prioritäten setzen und bringt uns in innere Zustände, die alles andere als günstig sind. Es macht uns zu gestörten Menschen zwischen Schwäche und Aggression, weitab von unserem eigentlichen Potenzial und dem, was wir heute brauchen, um unser eigenes Leben und die Erde endlich zu einem guten Ort zu machen.

Den Code entschlüsseln

Wie dieses Denken aussieht, ist mir in einem Vierteljahrhundert professioneller Gespräche und intensiver Zusammenarbeit mit Tausenden von Menschen in Veränderungssituationen bewusst geworden. Ich habe ein Denkmuster, ein Set von Überzeugungen, Gedanken und Gefühlen gefunden, mit denen wir uns selbst sabotieren, weil sie uns zwingen, in sehr ängstliche oder aggressive Verhaltensweisen zurückzufallen, und zwar genau dann, wenn wir eigentlich ein ganz anderes Potenzial abrufen müssten. Weil viele Menschen diese Gedanken und Gefühle kennen und sich fragen, wie sie sie aus eigener Kraft überwinden können, habe ich darüber vier Bücher unter dem provokanten Titel MINDFUCK[27] geschrieben, die heute in unterschiedlichen Kulturen und vielen Sprachen der Welt gelesen werden. Es scheint etwas zu sein, das wir möglicherweise alle kennen und teilen. Ich halte es für das entscheidende Hindernis, uns zu verändern und uns individuell wie als Spezies in eine sehr viel bessere, lebensfreundlichere Richtung zu entwickeln.

Die Entdeckung der Störungsmuster in unserem Denken

Aufgefallen ist es mir eher zufällig. In den Nullerjahren führte ich auf einem Flug nach London ein zunächst ganz unkompliziertes Gespräch mit meinem Sitznachbarn. Er erzählte mir, er sei Investmentbanker und fliege jede Woche in die britische Hauptstadt, um dort einen Job zu erledigen, der ihm zwar viel Geld, aber keinerlei Freude bringe. Er wirkte abgespannt und müde, genervt von seinem Leben und irgendwie auch von sich selbst. Als ich ihn fragte, was er denn tun würde, wenn er frei wäre, verwandelte er sich. Er erzählte mit leuchtenden Augen von einer Weltreise, die er mit seiner Frau unternehmen würde, und von dem Traum, ein eigenes kleines Unternehmen rund um den Radsport zu führen, seiner Leidenschaft. Er sprudelte vor Ideen, blühte geradezu auf. Dann hielt er kurz inne und war erneut wie ausgewechselt. Er richtete sich auf, senkte die Stimme, wurde hart und verschlossen und sprach, als ob er sein eigener Aufpasser wäre: Das alles sei doch nichts weiter als ein Luftschloss, wo käme man denn hin, wenn man einfach tun würde, was man wolle, seine Kinder seien noch in Ausbildung und das Leben nun mal kein Wunschkonzert. Er habe keine Wahl und müsse weiter in London arbeiten, auch wenn es ihm keinen Spaß mache. Dann wendete er sich recht barsch von mir ab und vertiefte sich in eine Zeitung. Erst bei der Landung wechselten wir wieder ein paar unverfängliche Worte, tauschten Visitenkarten aus und verabschiedeten uns, als ob dieser kleine emotionale Ausbruch niemals stattgefunden hätte.

Dieses Gespräch ließ mich nicht los. Dieser Mann hatte alles, was er brauchte, um eine freie Wahl zu treffen: finanzielle Mittel, eine klare Vision und die nötigen Kompetenzen, um sie zu verwirklichen. Doch er offenbarte in einer denkbar kurzen Gesprächssequenz jenen merkwürdigen Denk- und Haltungswechsel, der typisch ist, wenn Menschen sich innerlich an eine Grenze heranwagen und das Gewohnte infrage stellen. Sie durchleben dann eine Art inneren Wetterumschwung. Dieses kurze Aufbäumen zeigt sich, wenn Menschen mit einer Veränderung liebäugeln, sich aber zu wenig Spielraum zugestehen, wenn sie sich zwingen, in einem Leben zu funktionieren, das sie nicht glücklich macht. Wenn sie nach Regeln leben, die sie sich bei vollem Bewusstsein nicht aussuchen würden und denen sie trotzdem folgen. Natürlich gibt es auch heute keinen Zwang, sich selbst zu verwirklichen oder glücklich zu sein. Aber die Art, *wie* Menschen, trotz vieler Möglichkeiten, ihr Potenzial nicht ausschöpfen und in einer paradoxen Resilienz ein unzufriedenes Leben weiterführen, ist überaus relevant. Denn sie zeigt, wie wir uns innerlich steuern und Veränderungen unterbinden, auch dann, wenn wir sie für notwendig oder sogar positiv halten.

Die Logik innerer Unfreiheit

Die gleiche merkwürdige Inkongruenz zwischen Innen und Außen fiel mir auf, als ich kurze Zeit später mit einer beruflich sehr erfolgreichen Frau arbeitete. Sie war etwa Mitte fünfzig und hatte ein Patent für die Früherkennung einer schweren Erkrankung entwickelt. Der Grund, der sie zu mir führte, war, dass sie keine Geldgeber für die Umsetzung ihrer Idee finden konnte. In der Regel stimmt etwas mit der Argumentation oder Präsentation nicht, wenn ein Profi ihres Kalibers Probleme hat. Doch ihre Argumente waren stichhaltig, die Präsentation hervorragend und die Erfindung von außerordentlicher Relevanz. Es gab nichts, was man hätte verändern oder verbessern können. Nachdem sie mir alles vorgestellt hatte, fragte ich sie, einer spontanen Idee folgend, was ihr durch den Kopf geht, wenn sie den Raum betritt, in dem ihre potenziellen Geldgeber sitzen. Ich bat sie, nicht lange zu überlegen und mir ihre ersten Impulse zu verraten. Ihre Antwort war erstaunlich. Sie meinte frei heraus, sie denke jedes Mal, sie habe das Geld nicht verdient. Nicht wegen der Idee, sondern wegen ihrer Person. Man würde sie für zu alt halten und für gierig. Es sei im Grunde vermessen von ihr, ein eigenes Projekt einer solchen Tragweite aufzubauen und damit unter Umständen sehr bekannt und sogar reich zu werden. Als ich sie fragte, wer das denn dürfe, antwortete sie spontan: Männer und Konzerne.

Während sie sprach, war aus der selbstbewussten und gestandenen Wissenschaftlerin ein hilfloser Mensch geworden. Ihre Schultern waren eingesunken, ihr Blick zu Boden gerichtet, die Stimme brüchig. Sie erschrak selbst über das, was sie gerade laut ausgesprochen hatte. Denn es war offensichtlich, dass es kein äußeres Hindernis war, das sie bremste, sondern ganz eigenartige Überzeugungen und eine destruktive Form des Selbstgesprächs, mit dem sie sich selbst in die Schranken wies und ihre Ziele sabotierte.

Wie wir mit uns selbst sprechen

Meine Klientin hatte etwas mit mir geteilt, das zum Intimsten unseres Lebens gehört: den inneren Dialog, die Art, wie wir mit uns selbst sprechen und was wir uns sagen, wenn wir mit Herausforderungen konfrontiert sind. Wenn es ernst wird, offenbart sich unsere Beziehung zu uns selbst und zum Leben. Der Ton, die Inhalte und die Logik sind in großen Teilen völlig anders als in unseren guten Momenten. Eine Frau wie meine Klientin hätte sich auf Nachfrage ganz selbstverständlich als emanzipierte, an den Werten von Vielfalt und Gleichberechtigung orientierte Person bezeichnet. In kritischen Momenten aber tauchte bei ihr eine ganz eigene Welt von Gedanken und Gefühlen auf, die wenig mit aufgeklärten, rationalen Argumenten zu tun hat. Wenn Menschen stabil und in ihrer Kraft sind, bleibt diese irrationale Welt häufig unbemerkt. Doch sobald wir innerlich oder äußerlich an Grenzen stoßen, offenbart sich ein Stress-Denken, das den Ausschlag dafür gibt, wie wir uns tatsächlich verhalten.

In den folgenden Jahren begann ich gezielt damit, nach den inneren Vorgängen, den Gedanken, Gefühlen und Bildern zu fragen, die hochkommen, wenn Menschen unter Stress stehen, sich selbst blockieren, wenn sie Probleme haben oder mit Neuem konfrontiert sind. Ich notierte, was sie zu sich selbst sagten, wie sie es sagten und welche Assoziationen sie hatten, bevor oder während sie handelten oder Entscheidungen trafen.

Wenn man genügend Vergleichsfälle gesammelt hat, sieht man deutlich, dass es zwischen allen Menschen und Themen, seien sie noch so unterschiedlich, auffällige Gemeinsamkeiten im Ablauf und der Logik dieses inneren Dialogs gibt. Wenn Menschen innerlich oder äußerlich an Grenzen stoßen, wenn sie unter ihren Wünschen und Möglichkeiten bleiben, denken und fühlen sie inhaltlich ähnlich und drücken sich ähnlich aus. Ihre Körperhaltung verändert sich, sie wirken anders, sprechen und atmen anders. Es ist wie ein kleines, seltsames Schauspiel mit sehr wenigen, aber starken Rollen, das wir im inneren Dialog mit uns selbst spielen, wenn wir Neuland betreten und uns eine Sache wirklich stark fordert. Einmal streng, dann wieder bewertend, als ob es in uns einen innerlich erhobenen Zeigefinger geben würde, der bestimmt, wo es langgeht. Dann wieder überfürsorglich, alles verstehend, sich alles verzeihend, auch wenn es an der Zeit wäre, sich selbst ernst zu nehmen und Dinge anders zu machen.

Menschen, die sich selbst blockieren, wechseln in einen anderen psychoemotionalen Reifegrad, der nichts mit der gestandenen, erwachsenen Person zu tun hat, die sie eigentlich sind. Geht es ans Eingemachte, kann sich auch das edelste Besprechungs-zimmer in einen Kindergarten oder eine autoritäre Erziehungs-anstalt verwandeln. Wo Kreativität, Bewegung und Offenheit gefragt wären, kommt es stattdessen zu einem starren Festhalten, zu einem Stillstand, der oft von einem Rückfall in längst über-wunden geglaubte Denk- und Verhaltensweisen begleitet ist. Was Menschen in diesen Situationen zeigen, ist nicht etwa ein Zeichen psychischer Krankheit, sondern die ganz normale Dyna-mik eines Denkens, das möglicherweise alle Menschen kennen und das mehr Einfluss auf alle Ebenen unseres Daseins hat, als uns bisher bewusst ist.

Denken, Fühlen und Handeln gehören zusammen

Die Denkmuster, die ich beobachten konnte, sind in unserer men-talen Welt als Frames gespeichert, also nicht nur mit Gedanken, sondern auch mit Gefühlen, Bildern, Erinnerungen und daraus abgeleiteten Erwartungen verbunden. Frames funktionieren ein-fach und sind zugleich komplex. Denken wir an das Wort »Ham-mer«, dann sehen wir zugleich einen Hammer vor uns und kon-struieren innerlich die Bewegung des Hämmerns. Ein mentaler Frame bildet also viele verschiedene Sinneskanäle ab und hat da-mit eine sehr viel größere Wirkung auf unser Erleben, als wir es von anderen Sinncodierungen, etwa von den Zahlen, kennen. Wie unser Denken etwas »framed«, ist also entscheidend für die Bilder, Gefühle, die wir damit verbinden, und schließlich auch die Haltungen und Einstellungen, die wir zu einem Thema ein-nehmen.[28]

Wie Frames wirken

Wenn wir unsere Zukunft zum Beispiel bewusst oder unbewusst als drohende Katastrophe framen, dann ruft unser Denken Bilder von Zerstörung, Leid und Verzweiflung ab. Es will warnen und erzeugt Stress. Framen wir Zukunft dagegen als Chance, produziert unser Gehirn andere Bilder und Gefühle. Wir sehen vielleicht Menschen in faszinierenden Städten, in einer intakten, imposanten Natur. Es geht ihnen gut. Sie sehen freundlich aus, offen. Sie arbeiten in schönen und hell gestalteten Umgebungen miteinander, haben Freude an dem, was sie tun. Vielleicht sehen wir starke Persönlichkeiten, die anderen Hoffnung und Mut machen, Pflanzen und Tiere, um die wir uns ebenso ernsthaft wie liebevoll kümmern, eine Menschheit, die sich mag und Verantwortung für alles Leben auf der Erde zeigt.

Bilder wie dieses sehen wir meistens in der Werbung. Schade eigentlich. Denn sie bescheren uns gute Gefühle, machen Lust auf eine gute Zukunft, setzen Endorphine und Dopamin frei, Glücks- und Motivationshormone, die uns in unsere besten psychoemotionalen Zustände bringen. In diesem Zustand sind wir am stärksten. Das sind perfekte Bedingungen, um unser wirklich Bestes zu geben und dabei auch noch glücklich zu sein.

Unser Denken folgt unserem Auftrag

Es ist wichtig zu wissen, dass unser Gehirn auch dann zu dem inneren Auftrag passende Bilder und Gefühle produziert, wenn wir etwas noch gar nicht kennen. Um diesen Mechanismus deutlich zu machen, bitte ich meine Klienten manchmal, als Experiment an das autonome Fahren zu denken. Zuerst sollen sie es als Gefahr betrachten und mir sagen, welche Gedanken und Bilder ihnen durch den Kopf gehen. Danach frage ich sie, was anders ist, wenn sie es als Chance betrachten sollen. Die meisten berichten, dass der erste Auftrag bei ihnen sofort Gefühle der Bedrohung und des Unwohlseins hervorrufe. Manche sagen, autonomes Fahren mache Menschen noch abhängiger von der Technik und den wenigen Firmen, die diese kontrollieren. Sie sehen Bilder von hilflos ausgelieferten Menschen, von Chaos und schrecklichen Unfällen. Die meisten von uns werden bislang noch nie Bilder von einem echten Unfall mit einem autonomen Fahrzeug gesehen haben. Unser Gehirn findet also immer die Bilder und Gefühle, die wir quasi in Auftrag geben. Notfalls erfindet es sie.

Gebe ich meinen Gesprächspartnern aber die Aufgabe, das gleiche Thema als Chance zu begreifen, dann entspannen und öffnen sie sich. Sie berichten davon, Familien zu sehen, die sich von ihrem Fahrzeug entspannt in den Urlaub fahren lassen und während der Fahrt reden, lachen, Spiele spielen. Es entstehen Bilder eines fließenden, sich selbst regelnden Verkehrs. Plötzlich sehen sie noch mehr Vorteile. Ältere Menschen könnten viel länger mobil bleiben, der Stress im Alltag würde sinken, ländliche Regionen könnten viel einfacher und kostengünstiger vernetzt und an Städte angebunden werden, Menschen wären insgesamt sicherer und unabhängiger. Wie wir etwas framen, entscheidet also darüber, welche Bilder, Gefühle und Gedanken wir hervorbringen. Und diese wiederum sind entscheidend für unser inneres Erleben und die Haltung, die wir einem Thema gegenüber einnehmen.

Es gibt einen fundamentalen Frame

Wie Menschen und Gesellschaften grundlegende Themen framen, beeinflusst maßgeblich unsere Lebensrealität und die Art, wie wir das Leben sehen.

Das Denken, mit dem wir uns und andere heutzutage sabotieren, betrifft den wichtigsten Frame. Ich nenne ihn den *Fundamen-*

talframe. Er setzt den mentalen Rahmen unserer gesamten psycho-emotionalen und psychosozialen Orientierung, und er folgt einem Paradigma, das die Leittheorie unseres Verständnisses vom Leben enthält. Ich nenne dieses Paradigma deshalb das Fundamental- oder Lebensparadigma. Ein Paradigma wirkt wie ein mathematisches Axiom. Wir gehen von seiner Gültigkeit aus, ohne es zu hinterfragen. Es ist fix. Es hält unser Denken und Fühlen in einem ganz bestimmten Rahmen und führt dazu, dass wir jede weitere Information zu einem Thema oder eine Situation in einer bestimmten Weise interpretieren und mögliche Alternativen von vorneherein ausschließen, weil sie sich außerhalb des schnellen und bequemen Jetstreams der vom alten Paradigma vorgegebenen Denkbahnen befinden. Vor allem dann, wenn wir unter Stress stehen, prägt dieses fundamentale Lebensparadigma unser Denken und lenkt es in sehr enge kognitive Bahnen. Im gestörten Denken verstehen wir Leben als Überleben. Zu existieren bedeutet dann, alles, was uns begegnet, daraufhin zu »scannen«, ob es für unser Überleben relevant ist. Der Vorgang selbst ist uns dabei meist gar nicht bewusst. Frames gehören zum sogenannten schnellen Denken. Wir kommen ihm aber auf die Spur, wenn wir beobachten, was wir oder andere denken und fühlen, wenn wir in der Krise sind, wenn wir mit etwas wirklich Neuem konfrontiert sind oder uns selbst blockieren. Genau dann zeigt sich der fundamentale Frame und verrät, nach welchen Prämissen wir unser Leben jenseits aller guten Absichten wirklich führen.

Einblick in die tiefste Sedimentschicht unseres Denkens

Nachdem ich in der Veränderungsarbeit mit Menschen genügend Fallzahlen sowie die Aussagen und Eindrücke geclustert hatte, konnte ich deutlich erkennen, dass die Dynamik unserer Selbstblockaden selbst einem klaren und gut nachvollziehbaren Muster folgt. Sie ist nicht willkürlich und nicht zufällig, sondern bedient sich aus einem begrenzten Repertoire anderer Frames, die sich untereinander frei und damit zahlenmäßig gegen unendlich kombinieren lassen. Die Leittheorie über das Leben, das Lebensparadigma, wirkt dabei wie der archimedische Punkt, an dem alle anderen Denk- und Fühlbewegungen »aufgehängt« sind. Das Fundamental- oder Lebensparadigma steuert nicht nur die Bedeutungsselektion des schnellen, sondern auch die des langsamen, reflektierenden Denkens. So ist es in der Lage, eine zivilisatorische Kraft zu sein und menschliche Welten zu kreieren, die in sich stimmig und damit wahr wirken. Wir nehmen dann zum Beispiel »typische« Unterschiede zwischen verschiedenen Geschlechtern oder Kulturen nicht nur vorbewusst an, sondern finden sie auch bei näherem Hinsehen oft bestätigt. Wir bemerken nicht, dass es lediglich die natürliche Folge einer fundamentalen Konstruktion von Sinn und Wirklichkeitserwartung ist, die auch anders sein könnte und dann andere Folgen hervorbringen würde.

Das bedeutet, dass wir Menschen nicht nur, wie wir seit Langem wissen, unsere Wirklichkeit in unserem Mentalsystem konstruieren, sondern dass wir sie im Moment nach einem ganz bestimmten Bauplan konstruieren und so immer wieder herstellen. Die vorbewusst geglaubten Prämissen und die Logik dieses mentalen Bauplans bestimmen darüber, was wir wahrnehmen, wie wir es wahrnehmen und wie wir es interpretieren. Es beginnt bei der Wahrnehmung unseres Selbst, unserer inneren Vorgänge und erstreckt sich ebenso auf die äußeren Vorgänge und die Welt, die wir als äußere Welt wahrnehmen. Die Struktur dieses Bauplans, also des derzeitigen Fundamentalparadigmas, triggert und steuert auch unsere Gefühle, unsere Konstruktion von Sinn, Bedeutung, Wert – schlichtweg allem, was sich in unserer mentalen Welt geistig, emotional und körperlich abspielt.

Die Logik des Überlebens

Verstehen wir die Mechanismen, die das alte Lebensparadigma in uns auslöst, dann haben wir möglicherweise nicht nur den entscheidenden Schlüssel zur Lösung unserer Lebensprobleme, sondern verfügen erstmals über so etwas wie den Algorithmus der bisherigen menschlichen Zivilisation. Das könnte uns die merkwürdigen Wiederholungen in den dunkelsten wie hellen Kapiteln der menschlichen Geschichte erklären. Es würde uns erklären, warum wir weltweit seltsamerweise eben nicht aus der Geschichte lernen und warum sich unsere Probleme bei steigender Komplexität wiederholen und sogar immer weiter auftürmen. Allem Wissen und aller Technik, die wir heute haben, zum Trotz.

Leben als Überleben

Unsere Probleme beginnen damit, dass wir in unserem bisherigen Denken Leben letztlich als Überleben verstehen und jede Information automatisch dahingehend reflektieren, ob und inwieweit sie genau das sichert oder gefährdet. Unsere Wahrnehmung reduziert sich dadurch auf einen sehr engen Korridor, der bipolar angelegt ist: Leben oder Tod, Entweder-oder. Auch wenn es an den Oberflächen einer Konsum- und Lifestylewelt anders erscheinen mag: Diese Konstruktion, die sich aus dem Lebens- als Überlebensparadigma ergibt, ist der Ausgangspunkt der fatalen Enge und der Neigung zum Polarisieren und zum Extremen. Davon wird unser Denken, auch in den modernen westlichen Gesellschaften, bis heute bestimmt. Leben in letzter Konsequenz als Problem des Überlebens zu verstehen ist trotz des durchschnittlich sehr hohen Alters, das wir mittlerweile erreichen, trotz bester medizinischer Versorgung und hervorragender Sicherheitsbedingungen auch in unserem Alltag tief verankert. Wir müssen dazu nicht ständig an den Tod oder andere dramatische Dinge denken.

Wie unsere innere Welt ausgerichtet ist, offenbart sich auch dann, wenn wir uns zu Lebensmodellen zwingen, die nicht zu uns passen, wenn wir uns immer wieder, trotz bester Lebensumstände, unter Druck setzen, uns kleiner oder passend machen, überholte Rollenklischees erfüllen, oder wenn wir, im Gegenteil, immer das letzte Wort haben müssen und Situationen immerzu als Kampf um Dominanz oder Unterordnung, oben oder unten, richtig oder falsch verstehen. Es zeigt sich, wenn wir uns chronisch überanstrengen und meinen, Idealen gerecht werden zu müssen, die uns in Wirklichkeit aber auslaugen, schwächen und unfrei machen, wenn wir funktionieren und uns nicht mehr spüren. Selbst in den Auseinandersetzungen um die einfachsten Banalitäten ganz alltäglicher Beziehungskrisen kann es sich zeigen: deine oder meine Meinung – eine von beiden muss sterben.

Das alte Denken zeigt sich auch dann, wenn wir unser Leben und unsere Sicht auf die Welt chronisch dramatisieren, wenn wir bei der kleinsten Veränderung Angst davor haben, »unter der Brücke zu landen«, wenn wir permanent auf der Suche nach Tätern und Opfern sind, Schuldige suchen, Feindbilder kreieren, verrückten Ideologien folgen, und seien es auch nur Ernährungsideologien. Oder wenn wir meinen, erst dann an uns denken zu dürfen, wenn alle anderen zufrieden sind und die Welt gerettet ist.

Die tiefste Überzeugung dahinter ist, dass es im Kern immer um alles geht. Wir denken an das Schlimmste, weil wir meinen, es dadurch abwehren zu können. Wir gehen fieberhaft alle Eventualitäten durch. Wenn wir aus dem alten Paradigma heraus denken, sehen wir die Mücke und suchen sofort den Elefanten. Häufen sich Probleme und offene Fragestellungen, wie es in unseren hyperkomplexen und multidimensionalen Leben heute der Fall ist, dann geraten wir dauerhaft unter einen gefühlten existenziellen Druck, selbst wenn sich unser Leben eigentlich in ganz normalen Bahnen bewegt. Stress wird dann latent oder offen zum normalen Lebensgefühl.

Oberste Priorität: Sicherheit und Kontrolle

Verstehen wir Leben als Überleben, geht es im Grunde um Leben und Tod. Antrieb ist eine diffuse existenzielle Angst und Sicherheit und Kontrolle die logische Priorität. Wir bevorzugen dann unbewusst das, was uns Sicherheit und Kontrolle verspricht, nicht unbedingt das, was uns vielleicht guttun würde. Wenn wir gewinnen oder dominieren wollen, perfekt und damit anderen überlegen sein wollen, sind wir ebenfalls auf der Suche nach Sicherheit und Kontrolle. Wer überlegen ist, hat die Dinge nicht nur besser im Griff, sondern kommt auch eher an Privilegien, die wiederum mehr Sicherheit geben.

Leben ist dynamisch, es bewegt, entwickelt und entfaltet sich. Sicherheit und Kontrolle dagegen sind statisch. Unser Denken versucht also zwanghaft lebendige Prozesse einzufrieren, Eindeutigkeit und Stabilität herzustellen, wo Leben in Wirklichkeit in ständiger Bewegung, sehr vielschichtig und komplex ist. Das könnte erklären, warum Menschen bisher so schlecht mit Veränderung umgehen, denn Veränderung zwingt in die Bewegung, und diese wiederum könnte die Karten neu mischen und Unsicherheit bringen. Es könnte auch erklären, warum sich modernes Leben, obwohl es zunehmend beschleunigt, so seltsam starr und unlebendig anfühlen kann. Aus einem Überlebens- und Sicherheitsdenken heraus wollen wir Konstanz und Stabilität. Die gibt es aber so gut wie gar nicht mehr. Wenn Denken und Leben verschiedene Wege gehen, driften Realität und Gefühl auseinander. Das aber behindert die Wirksamkeit unseres Denkens, weil es mit einer bewegten Realität noch nicht umzugehen weiß.

Sehr viele Menschen träumen davon, ein für alle Mal »ausgesorgt« zu haben. Ein Lottogewinn wäre toll oder ein passives Einkommen, das sich automatisch einstellt. Der nächste Partner soll »für immer« sein. »Nur noch einmal ungeduldig sein und dann nie wieder« – so beschreibt der Philosoph Peter Sloterdijk das Phänomen der modernen Sehnsucht nach einem einmaligen großen Coup, der uns erlaubt, aus dem Hamsterrad auszusteigen. Das ständige Ringen und die Anstrengung müssen doch irgendwie aufhören! Aber sie hören nicht auf, weil sie der innerste Antrieb sind, den unser Denken kennt. Und je mehr sich um uns herum verändert, weil Traditionen brechen und ganze Wirtschaftszweige sich neu erfinden, desto verzweifelter wird unsere Suche nach Sicherheit.

Gestörtes Denken folgt einem Algorithmus

Dass wir Leben als Überleben verstehen, ist der Ausgangspunkt eines faszinierend ausgeklügelten, sich selbst immer wieder bestätigenden und verstärkenden Denk- und Fühl-Systems, das genau genommen wie eine hochintelligente Software funktioniert und eine eigene Architektur besitzt. Beschreiben wir es mathematisch, dann ist es ein lernender, sich immer wieder selbst herstellender und verstärkender Algorithmus aus Überzeugungen, Gefühlen und inneren Befehlen, über den unser Bewusstsein, von der Überlebensprämisse ausgehend, unsere Wahrnehmung filtert. Es aktiviert dazu verschiedene Frames und verkettet sie nach einer eigenen, gut nachvollziehbaren Logik miteinander. Was herauskommt, sind die vielen Hamsterräder und Paradoxien unseres modernen Lebens: eine rastlose Welt voller Gegensätze, nicht enden wollender Konflikte, schreiend ungerechter Hierarchien und einfacher Schlussfolgerungen, die im merkwürdigen Gegen-

satz zur Komplexität und den eigentlichen Möglichkeiten der tatsächlichen Realität stehen. Mit dem Wissen um diese inneren
Vorgänge und ihre Mechanismen können wir nachvollziehen
und vorhersagen, auf welche Art wir die nächsten Probleme in
unseren Leben und auf der Welt produzieren; zugleich haben wir
den Schlüssel in der Hand, genau das zu beenden.

Drei einfache Denkbewegungen

Die Logik, nach der unser Überlebensdenken funktioniert, ist
einfach zu verstehen. In Überlebenssituationen kommt es darauf
an, sich sehr schnell zu orientieren und im wahrsten Sinne des
Wortes klare, einfache und damit »todsichere« Entscheidungen
zu treffen. Es sind nur drei Denkbewegungen, mit denen das alte
Denken operiert und mit denen wir die Wirklichkeit des Lebens
extrem stark reduzieren, um möglichst schnell Orientierung sowie Sicherheit und Kontrolle zu gewinnen. Erstens, indem wir
aus der Vielfalt der Realität genau zwei Punkte herausgreifen
und als Pole gegeneinander aufbauen. Zweitens, indem wir zwischen diesen beiden Polen eine Rangordnung bilden, und drittens, indem wir zwischen diesen künstlich in Rangordnungen
gebrachten Gegensätzen einfache sogenannte linear-kausale
Schlussfolgerungen ziehen. Was zunächst ein wenig abstrakt
klingen mag, erschließt sich in der Praxis sofort.

Einmal darauf aufmerksam gemacht, können wir uns und anderen förmlich beim Denken zusehen und genau verstehen, wie
wir das machen, wenn wir Probleme hervorbringen und durch
unser Denken und Fühlen noch weiter verstärken. Der Mechanismus zeigt sich immer gleich, indem wir Probleme zuerst sehr
viel größer machen, um sie dann nach einem denkbar einfachen
Mechanismus auf sehr einfache »Wahrheiten« zu reduzieren und
damit die Illusion von Orientierung und Kontrolle in einer in

Wirklichkeit sehr viel komplexeren Welt zu erzielen. Wie geht das genau?

Gegensätze aufbauen

Verstehen wir Leben als Überleben, dann dreht sich alles um die Frage: Leben oder Tod? Da der Umschlagpunkt zwischen Leben und Tod ein absolutes Moment enthält, ist das alte Denken zweipolig, also bipolar und absolut. *Entweder* Leben *oder* Tod. Wir sehen nicht drei, vier oder die in Wirklichkeit unzähligen Möglichkeiten, sondern nur zwei: entweder die eine oder die andere. Nicht die Wirklichkeit, sondern die Logik unseres bisherigen Denkens zwingt uns zu einem Scheuklappendenken. Mit Folgen, die uns die Orientierung erleichtern sollen, in Wirklichkeit aber blind machen für die Vielfalt und die schier unzähligen Möglichkeiten einer viel komplexeren Realität. Obwohl wir viele verschiedene Optionen haben, haben wir Gedanken wie »entweder dieser Job oder keiner«, »entweder Gewinner oder Verlierer«, »entweder jetzt oder nie«. Unser Denken schafft einen sehr engen Korridor und erzeugt damit ein Gefühl von Druck. Es entstehen Dilemmata und Konfliktlinien: Freund oder Feind, richtig oder falsch, schwarz oder weiß, Mann oder Frau, Liebe oder Hass, Like oder Dislike. Durch die Reduktion auf zwei Pole erzeugt das alte Denken eine objektiv falsche Eindeutigkeit, denn es gibt in Wirklichkeit sehr viel mehr Optionen und Zwischentöne, als das gestörte Denken suggeriert. Aber es fühlt sich unter dem Paradigma des Überlebens irgendwie richtig an. Warum? Weil es uns suggeriert, dass wir uns unter dem extremen Stress, den es auslöst, auf die »richtige« Seite schlagen können, dass wir Gegner, Schuldige und Sündenböcke ausmachen, gegen sie kämpfen und uns durchsetzen können, um wiederum Sicherheit und Kontrolle zu erlangen.

Welche Folgen hat das? Wohin wir auch schauen, wir suchen Feindbilder und kämpfen ohne Unterlass. Zuerst einmal gegen uns selbst. Gegen Übergewicht, gegen schlechte Stimmung, gegen den inneren Schweinehund. Was in den Selbstoptimierungskulturen unserer Zeit noch witzig klingen mag, ist es nicht, wenn es ernst wird im menschlichen Leben. Wir kämpfen ohne Unterlass. Gegen den Klimawandel, gegen Armut und Krankheiten, aber auch gegen »Überfremdung« und Andersdenkende, gegen SUV-Fahrer und den Neoliberalismus. Wir folgen auch dann vorbewusst dem Paradigma des alten Denkens, wenn wir uns und anderen Rollen in einem bipolaren Gut-Böse-Schema zuweisen: der Gute oder Böse in einer Beziehung sein, in der Familie, im Team, im eigenen Land, der eigenen Kultur oder als Mensch »an sich«. Selbst wenn wir alles dafür tun, uns auf die Seite des Guten zu schlagen: Es bringt uns nicht weiter, wird nichts verändern und uns darüber hinaus niemals glücklich sein lassen. Einfach weil es einer Denkweise folgt, die Leben im engsten vorstellbaren Korridor interpretiert und damit immer einer Ausrichtung folgt, die Zuspitzung sucht, Konflikte erwartet, die in ihrem Kern als existenziell interpretiert werden. Selbst wenn wir die Guten sind, sind wir nur Teil eines Spiels zwischen Gut und Böse, das wir durch unser Denken selbst herstellen.

Rangordnungen bilden

Haben wir zwei Pole herausgegriffen, setzt im gestörten Denken die nächste Denkbewegung ein: Sie schafft zwischen den Gegensätzen eine Hierarchie. Der eine Pol ist besser als der andere. Der eine ist höherwertiger und steht über dem anderen. Unser Denken ordnet den Unterschieden konträre Werte bei. Dünn sein ist besser als dick sein. Reich sein ist besser als arm sein. Oder umgekehrt. Auf gesellschaftliche Fragen bezogen entstehen dadurch wie von selbst Stereotypen und Hierarchien. Männer sind wichtiger als Frauen, Weiße besser als Farbige. Oder eben umgekehrt. In den letzten Jahren wurden viele dieser Stereotypen hinterfragt. Unter guten Bedingungen kommen wir damit klar. Aber je mehr Veränderung um uns herum passiert und je mehr Informationen wir bekommen, die diese eindeutigen Zuschreibungen dann hinterfragen, desto verwirrter sind wir. Nicht etwa, weil es zu viele Informationen wären, sondern weil unser Denken sich nur dann bequem anfühlt, wenn es mit bipolaren Konstruktionen arbeiten kann. Gestörtes Denken produziert Stress, gegen den es mit einfachen stereotypen »Wahrheiten« angeht. Sobald wir sie in der Realität bestätigt sehen, fühlen wir uns sicherer und entspannen uns. Unser Gehirn belohnt es mit einem angenehmen Neurococktail. So wird das Schema scheinbar bestätigt und biologisch verstärkt, obwohl es die Folge eines Konstrukts ist.

Die Logik des alten Überlebensdenkens kann mit Vielfalt und Komplexität nicht umgehen, und das liegt an den beiden Denkbewegungen, Gegensätze aufzubauen und sie in eine Rangordnung zu bringen. Vieldeutige Situationen werden sehr schnell auf eine konstruierte Eindeutigkeit gebracht.

In Wirklichkeit führt es uns auf die falsche Fährte. Um die zweifelhafte Sinnhaftigkeit dieses mentalen Mechanismus zu verstehen, bringen wir als Beispiel Farben in eine bipolare Rangordnung. Aus dem unendlichen Spektrum von Farben werden zunächst zwei, sagen wir Grün und Blau, herausgegriffen und als Gegenpole zueinander aufgebaut: Grün gegen Blau. Mit dem Vektor der Hierarchisierung legen wir fest, was »besser« oder »höherwertiger« ist. Grün oder Blau? Vielleicht kommen wir zu dem Schluss, dass Blau besser als Grün ist. Wir lenken unsere Aufmerksamkeit automatisch auf Suchbewegungen, die diese Besserstellung von Blau gegenüber Grün begründen. Und werden sie, wie wir in unserem Beispiel zum automatisierten Fahren erlebt haben, auch finden und notfalls erfinden. Alle Extremismen wie Rassismus, Sexismus oder Homophobie, aber auch die ebenso extremen Gegenkonzepte dazu funktionieren nach diesem einfachen Schema. Im alten Denken gibt es nur zwei Alternativen. Wer ist besser? Wer steht höher? Wer darf zuerst? Wer hat den Vorrang? Wer sagt, wo es langgeht? Oder aber: Wer ist schuld? Wer muss haften? Wer muss bestraft werden? Altes Denken ist vergleichend, bewertend, simplifizierend und zwingt uns permanent dazu, Entscheidungen zu treffen. Das könnte wiederum erklären, warum wir so oft nicht froh über die Vielfalt heutiger Möglichkeiten sind, sondern eher gestresst. Wenn unser Denken so programmiert ist, dass alles existenziell wichtig ist und wir uns unbedingt zwischen den Dingen entscheiden müssen, dann erzeugen viele Möglichkeiten Stress.

Warum wir immer weiter aus der Zeit fallen

Die dramatischen Veränderungen der letzten achtzig Jahre bringen ein Denken nach dem Überlebensparadigma an den Rand seiner Kapazitäten. Es wendet sich immer öfter gegen sich selbst. Es ist schlicht nicht leistungsfähig genug, um mit der komplexen und beschleunigten Zeit, in der wir leben, sinnvoll umzugehen. Es stört, blockiert und produziert das Gegenteil von dem, was es eigentlich beabsichtigt. Statt Sicherheit und Kontrolle bringt es uns durch seine enge Anlage ein Gefühl von Desorientierung, Unsicherheit, Stress und Kontrollverlust, je mehr sich im Außen verändert und je mehr Möglichkeiten sich bieten. Aus Sicht unseres Denkens ist die Zeit aus den Fugen geraten. In Wirklichkeit aber ist unser Denken aus der Zeit gefallen. Es ist überfordert. Vor lauter Überlebensdenken verstehen wir in einer hyperkomplexen Welt immer weniger, wie wir unter diesen Umständen überleben sollen.

Einfache Schlussfolgerungen ziehen

Mit dem dritten Vektor sorgt unser bisheriges Denken dafür, dass wir die Realität in einer heute fahrlässigen Weise viel zu einfach interpretieren. Es erzeugt eine einfache Wenn-dann-Logik. Sie suggeriert eine zwangsläufige linear-kausale Abfolge zwischen einer gedachten Ursache und einer Folge, die die Vielfalt realer Möglichkeiten erneut radikal einschränkt. »Wenn A der Fall ist, muss B folgen.« Wenn Blau besser ist als Grün, dann muss Blau auch den Vorrang haben. Wenn wir den CO_2-Ausstoß auf null reduzieren, dann stoppen wir den Klimawandel. Klimawandel ist schlecht, den Wandel zu stoppen gut. Also müssen wir den CO_2-Ausstoß auf null reduzieren. Falsch gedacht, wie wir heute wissen.

Betrachten wir die drei verschiedenen, aber ineinandergreifenden Auswahlprozesse zusammen, die unser Denken im Überlebensmodus vollzieht, dann funktioniert gestörtes Denken bipolar, hierarchiebildend und linear-kausal.

Nehmen wir nun Beispiele, in denen alle drei Bewegungen zusammenwirken, zum Beispiel eine Aussage wie diese: Es gibt nur Freunde oder Feinde. Freunde sind eine Verstärkung, Feinde eine Bedrohung. Wenn du nicht mein Freund bist, dann bist du mein Feind. Bist du mein Feind, dann muss ich dich bekämpfen oder mich zumindest vor dir in Acht nehmen. Nehmen wir als anderes Beispiel die Logik, von der die Diät-Industrie lebt: Menschen sind entweder dick oder dünn. Dünn sein ist auf jeden Fall besser als dick sein. Wenn ich nicht dünn bin, dann bin ich dick, und dann mag mich vielleicht keiner mehr. Nur mit einer Diät kann ich dünn werden oder dünn bleiben. Wenn ich also dünn sein und gemocht werden will, muss ich eine Diät machen. Würden wir keinen Überlebensdruck aufbauen, würden wir sofort sehen, dass beide Beispiele viel zu einfach gedacht sind. Unser Alltag aber, und so viele innere und äußere Konflikte in der Welt, sind genau nach diesem Muster aufgebaut.

Angewandt auf unser Grün-Blau-Beispiel, wird die Willkür dieser Logik besonders deutlich. Nehmen wir an, Farben seien sowohl gefühlvoll als auch intelligent. Mit dem Vektor der Bipolarität greifen wir nun erneut zunächst Grün und Blau aus dem unendlichen Farbspektrum heraus, dann bilden wir eine Hierarchie unter den Eigenschaften und sagen beispielsweise, Intelligenz sei besser als Gefühl (Vektor der Hierarchiebildung). Dann ordnen wir sie den beiden willkürlich herausgegriffenen Farben zu und sagen: Grün ist gefühlvoll, und Blau ist intelligent. Die Verbindung der Vektoren gibt ein eindeutiges hierarchisches Ergebnis zwischen den Farben: Blau ist besser als Grün, weil Grün gefühlvoll ist und Blau intelligent. Es ist ganz und gar unerheblich, mit welchen Beweisen wir begründen, dass Blau intelligenter als Grün oder Grün gefühlvoller als Blau ist, denn wie wir wissen, werden wir immer Gründe finden, notfalls erfinden. Es reicht bereits die fixe Idee, Grün habe mehr mit Gefühl zu tun, und wir werden mental Analogien zwischen der Farbe Grün und dem Gefühl herstellen. Ordnen wir in einem nächsten Schritt die Farben zum Beispiel Menschen mit bestimmten äußeren Merkmalen zu, dann erhalten wir eine handfeste soziale Rangordnung, mit allem Sprengstoff, der darin enthalten ist: Wenn wir Schwarzhaarigen die Farbe Grün und Blonden die Farbe Blau zuordnen, dann sind in der einfachen Logik des alten Denkrahmens Schwarzhaarige weniger gut als Blonde, weil Gefühl weniger zählt als Intelligenz. Verrückt.

Linear kausales Denken innerhalb des alten Denkrahmens schafft also Zusammenhänge und Regeln in unserem Denken, die es unter Umständen gar nicht gibt, die aber eine Funktion innerhalb eines Denkens haben, das Leben als Überleben versteht.

Die Fundamentalhierarchien

Aus dem alten Denken und seiner Logik sind drei grundlegende gesellschaftliche Koordinaten entstanden, die sich bis heute in allen Kulturen wiederfinden und die uns bis heute schwer zu schaffen machen. Es sind die drei *Fundamentalhierarchien,* zwischen den Geschlechtern (Mann und Frau), zwischen dem Göttlichen und dem Menschlichen (Mensch und Gott) und zwischen dem Menschlichen und anderem Leben (Mensch und Natur). An jeder dieser drei von gestörtem Denken produzierten Fundamentalhierarchien entzünden sich bis heute die großen gewalttätigen und grob ungerechten Strukturen, Kriege, Genozide und Ökozide. Selbst Raubkriege um Öl oder andere wirtschaftliche Ressourcen haben mit diesen Fundamentalhierarchien zu tun, denn sie sollen auf eine gestörte Art klären, wer Zugang, Monopole oder Vorrechte in der Ausbeutung natürlicher Ressourcen besitzt.

Schnell, einfach, limitierend

Wenn es doch so verrückt ist, was bringt dieses um jeden Preis Komplexität reduzierende Denken dann überhaupt? Einfache Schlussfolgerungen sind verführerisch schnell und komfortabel. Sie lassen uns vorschnell verstehen. Ein Beispiel: Langsames, abwägendes Denken, das Menschen als gleichwertige Individuen betrachtet, die mit unterschiedlichen Körpermerkmalen wie Geschlecht oder Hautfarbe geboren sind, ist heute zwar für viele Menschen nicht mehr verstörend, aber immer noch anstrengend. Denn diese Art Denken zwingt uns, die Komplexität der Wirklichkeit wahrzunehmen und beizuordnen, statt über- oder unterzuordnen. Das vereinfachte Denken, Denken in schlichten und einfachen »Wahrheiten« oder das Schubladendenken – sie alle ergeben unter dem Paradigma des Überlebens durchaus Sinn, denn diese drei Denkweisen erleichtern die Orientierung in komplexen und latent als gefährlich eingestuften Lebensumständen ungemein. In politischen Konflikten verführen diese allzu schnellen Denkweisen jedoch zu geradezu haarsträubenden Vereinfachungen. Dann sind die Ausländer an allem schuld, oder der Islam oder aber »der Westen« hat Schuld, privilegierte Weiße der westlichen Mittel- und Oberschicht sind dann angeblich allein verantwortlich für Kriege, Ausbeutungen und Not im Rest der Welt. Schuldzuweisungen der einfachsten Machart helfen uns heute nicht mehr weiter, aber sie fühlen sich immer noch irgendwie richtig an. Alle politischen Richtungen haben Grund, sich an die eigene Nase zu fassen und ihre eigenen gestörten »Wahrheiten« als solche zu erkennen und hinter sich zu lassen.

Warum sich schlechte Gefühle so normal anfühlen

Das alte Denken produziert aber nicht nur eine wirklichkeitsverzerrende, weil grob vereinfachende Logik, sondern bringt uns auch emotional in einen unangenehmen Überlebensmodus. Einfach gesagt: Altes Denken fühlt sich nicht gut an. Es macht uns eng, klein, aggressiv oder überdreht. Es sind exakt sieben verschiedene Frames, die sich aus der Überlebenslogik ableiten und die bei jedem Problem, das wir mit uns selbst und in der Welt haben, im Spiel sind. Sie lassen uns unser Leben als Ort missverstehen, in dem es um Gefahren, ständigen Wettbewerb, Druck und Anpassung geht. Auch dann, wenn wir über neue berufliche Möglichkeiten nachdenken oder ganz alltäglich mit Kolleginnen und Kollegen beim Mittagessen sitzen, um Beachtung kämpfen und jedes Wort, das gesprochen wird, auf die Goldwaage legen.

Einzeln und kombiniert sorgen diese Frames für ein Lebensgefühl, in dem Stress, Angst und das Gefühl innerer Unfreiheit dominieren. Weil das Überlebensparadigma immer dann unser Denken bestimmt, wenn wir mit Neuem, mit Konflikten, Gefahren oder unübersichtlichen Situationen konfrontiert sind, werden die Gedanken und Gefühle, die parallel in den sieben Störungsframes ausgelöst werden, immer stärker. Das erzeugt einen psychoemotionalen Teufelskreis, den wir im Einklang mit der Weltgesundheitsorganisation als typische Problematik menschlichen Daseins in unserer Zeit bezeichnen können.

Im Störungsmodus setzen wir uns nicht nur mentale Scheuklappen auf, sondern aktivieren bis zu sieben verschiedene Frames, die zusammen wie ein Störungsmuster funktionieren und uns innerlich in eine bestimmte Richtung lenken. Wir können den Test machen und uns ein beliebiges Problemthema vornehmen, sei es in unserem eigenen Leben, in unserer Gesellschaft oder in der Welt – wir werden eines oder mehrere dieser sieben Muster wiederfinden. Manchmal greifen sie wie Zahnräder ineinander und sorgen dafür, dass wir innerlich und äußerlich stagnieren. In dem Moment aber, in dem wir sie erkennen und ihre Logik verstehen, haben wir bereits einen wesentlichen Teil des Codes in der Hand, mit dem wir uns selbst und andere unter unseren eigentlichen Möglichkeiten halten. Er ist geknackt, verliert seine Evidenz, und wir können ein neues Denken finden.

Die sieben Störungsframes und was sie mit uns machen

Gedanken und Gefühle lösen das gestörte Denken aus und verstärken es. Diese mentalen Blockaden sind mir in der Arbeit mit Menschen zuerst aufgefallen.

Ich erinnere mich an ein Gespräch mit einem jungen Mann, der im falschen Beruf steckte und dem die Panik geradezu ins Gesicht geschrieben stand, als es darum ging, über Alternativen und einen echten Neuanfang nachzudenken. Vom Management bis zu den ganz normalen Angestellten fällt mir auf, wie sehr sich auch die Besten von ihnen unter einen geradezu albtraumartigen Druck setzen. Nach außen wirken sie häufig stabil, aber in dem Moment, in dem sie ihre wirklichen Gedanken und Gefühle offenbaren, zeigt sich, wie sehr sie unter Strom stehen, manchmal hilflos, dann wieder wütend und streng mit sich selbst. Manche meiner Gesprächspartner begeistern sich plötzlich für ein Ziel, und ich kann noch während des Gesprächs beobachten, wie die Euphorie nach kürzester Zeit verpufft und Zweifel, Ängste und Bedenken die Oberhand gewinnen. In den Jahren, in denen ich meine Forschungen begann, ging ich zuerst von etwa dreißig typischen Denk- und Fühlmustern aus. Am Ende waren es genau sieben. Es sind bis heute jene Frames, die immer dann auftauchen, wenn Menschen sich selbst oder andere blockieren.

Die sieben Störungsframes sind: Katastrophendenken, Bewertung, Druck, Misstrauen, Selbstverleugnung, ein Festhalten an starren Regeln und Übermotivation. Jeder einzelne hat es in sich, zusammen wirken sie wie ein Sicherheitscode mit sieben Variablen: so sicher und undurchdringlich, dass wir sie mit der Realität verwechseln.

Leben im Überlebensmodus ist kein Spaziergang und tatsächlich auch kein »Ponyhof«. Es geht darum, um seine Existenz zu kämpfen, sich zu behaupten oder wenigstens so mitzulaufen, dass man nicht unter die Räder kommt. Es ist gefährlich, man muss sich in Acht nehmen. Überall könnten Gefahren lauern und die Dinge katastrophal ausgehen. Man muss sich wappnen, vorsorgen, stark sein, dominant oder so angepasst, dass einem nichts passieren kann. Je mehr man hat, desto besser. Verstehen wir Leben latent immer noch als Überleben, dann ist es auch in freien

Gesellschaften »vernünftig«, sich selbst und andere in Rangordnungen zu bringen und sich richtig einzuordnen, seinen Platz und denjenigen anderer genau zu kennen. Dazu braucht es ein strenges und unerbittliches Bewertungsgefühl für das, was besser oder schlechter, höher oder niedriger ist, ein Wissen um Status und das, was sich jeweils gehört oder nicht. Es kann klug sein, sich kleinzumachen, sich vorauseilend unterzuordnen, anzupassen, zurückzunehmen, weil es Wichtigere, Mächtigere geben könnte, die sich sonst herausgefordert fühlen. Es ist dann attraktiv, einen starken Mann oder eine starke Frau an der Spitze zu wissen, die die Dinge schon regeln werden. Ist Leben Überleben, dann ist es normal, sich und andere auszubeuten. Es ist vernünftig, streng und hart mit sich und anderen zu sein, oder aber selbstaufopfernd, selbstvergessen, bedingungslos altruistisch, wie in einem Rudel, in dem sich der scheinbar Unwichtige für den Wichtigen opfert.

Wenn Leben Überleben ist, dann ist es unerlässlich, Druck aufzubauen, sich und andere zu zwingen und Konsequenzen anzudrohen, wenn man selbst oder ein anderer nicht funktioniert. Notfalls mit Gewalt. Weil Leben im Überlebensmodus heißt, dass zu wenige Ressourcen da sind für zu viele, geht es immer um Konkurrenz, darum, was man hat und wo man in der »Fresshierarchie« steht. Ist Leben Überleben, dann ist es wichtig zu erkennen, wer Freund und wer Feind ist. Vertrauen ist gut, Kontrolle ist besser. Das wusste schon Lenin, der mit dieser Form der Pseudovernunft mit seinen Nachfolgern blutige Weltgeschichte geschrieben hat. Wer überleben will, muss misstrauisch sein, sich überall und ständig absichern. Lieber auf »Nummer sicher« gehen. Nicht einmal sich selbst trauen und noch weniger anderen. Am wenigsten Fremden. Was man nicht kennt, macht ängstlich und aggressiv. Aber manchmal ist man in Festtagsstimmung. Wenn es Hoffnung gibt, dass dieser Teufelskreis aus Angst, Anpassung und Misstrauen durchbrochen werden könnte. Durch eine Idee, einen Gott, eine Technologie, einen Lottogewinn, einen rettenden Menschen, irgendetwas, das Erlösung bringen könnte. Dann wird man euphorisch, gläubig, hingegeben. Oder man trumpft auf, missioniert, rebelliert. Irgendwo muss er doch sein, der Ausweg aus diesem mentalen Hamsterrad, das das Leben so brutal, so kalt und sinnlos erscheinen lässt. Leider hält die Euphorie nicht lange an, dann kommt die Depression. Wieder nicht das Richtige. Wieder eine falsche Hoffnung. Es hat sich doch so gut angefühlt. Und jetzt? Was jetzt?

Es ist genau diese eigenartig antiquierte Innenwelt, die ich auch in den edelsten Büroetagen unserer Zeit wiederfinde. Sie wirkt im Hintergrund, wenn es nicht klappt in der schönen neuen Arbeitswelt. Sie ist es, was Menschen nachts nicht schlafen und grübeln lässt. Sie ist auch da, wenn die Kriege und Pogrome ausbrechen, wenn Menschen wüten und Köpfe rollen, wenn Frauen vergewaltigt und Kinder getötet werden. Immer ist einer oder mehrere der sieben Störungsframes aktiv, wenn wir uns blockieren, nicht von der Stelle kommen, uns gegenseitig aufhalten und beschädigen, uns immer wieder das gleiche Leid antun. Es ist eine Logik, die in unserem inneren Dialog passiert, wenn der Stress steigt und wir aggressiv, traurig oder apathisch werden. Es ist das Denken und Fühlen, wenn wir die »Breaking News« sehen, die uns zeigen, wie gestört die Welt und wir alle heute noch sind.

Eine menschliche Welt im Störungsmodus kennt keine Vernunft. Sie ist nicht aufgeklärt. Sie ist nicht erwachsen und nicht in Balance. Als gestörte Menschen sind wir zu sehr mit uns selbst, unserem Rang, unseren Ängsten und unseren unmittelbarsten Bedürfnissen beschäftigt, um zu sehen, was wirklich um uns herum passiert. Wir rusten auf und beuten aus, auch wenn die Welt daran zugrunde geht. Wir haben keinen Blick mehr für das absolut Paradoxe und Verrückte, was daraus entstehen kann: eine atomare Weltbedrohung wie im Kalten Krieg oder die Zerstörung der Biosphäre, mit der wir uns heute befassen müssen. Wir sind nicht erwachsen und auch nicht bei Trost, solange wir gestört sind.

Die sieben Störungsframes in Aktion sind in der Praxis deutlich zu erkennen. Das ist gut, weil wir sie so auch endlich zu fassen bekommen und damit aufhören, sie mit Vernunft oder gar Notwendigkeit zu verwechseln. Sehen wir sie uns im Detail an, um sie noch schneller und besser zu erkennen, wenn sie bei uns und anderen auftauchen.

1. Störungsframe: Katastrophendenken

Mit Katastrophendenken bewerten wir Neues immer zuerst unter dem Aspekt der größtmöglichen Gefahr, die daraus entstehen könnte. Es fühlt sich an wie Vernunft oder sogar wie Intuition, ist aber eine mentale Strategie, die der Logik der Störung folgt. Wir machen aus jeder Mücke einen Elefanten, lähmen uns mit Horrorszenarien. Ein Leben, das von Katastrophendenken durchzogen ist, fühlt sich nicht gut an. Wir haben Angst, und die Angst wird stärker, je häufiger wir sie nähren. Statt Neues auszuprobieren und Herausforderungen mutig ins Auge zu sehen, bleiben wir lieber in einer Pseudokomfortzone, oder wir schlagen um uns, suchen Schuldige, Sündenböcke, Anlässe zu wüten und zu zerstören. Einfach nur, um Dampf abzulassen und den Eindruck zu haben, etwas gegen die Angst zu tun.

Menschen und Gesellschaften, die so denken, verlieren ihre visionäre Kraft. Sie gestalten nicht mehr aus eigenem Antrieb, sondern reagieren nur noch, kämpfen gegen dies und das, wissen aber nicht mehr, wofür. Das wiederum kostet noch mehr Kraft und gibt uns das Gefühl, noch gefährdeter zu sein, wenn irgendetwas passiert, was unsere Ängste auch noch nährt. In einem komplexen Jahrhundert wie diesem wird noch vieles passieren. Machen wir weiter wie bisher, dann sind vor allem die alternden Gesellschaften bald wie versteinert. Wir kommen nicht weiter mit einer Vollkaskomentalität, mit Abschottung und einer Vogel-Strauß-Politik.

Durch Katastrophendenken verlieren wir eine der wichtigsten menschlichen Fähigkeiten: nach vorne zu schauen, die Chancen zu sehen, stabil zu bleiben und kalkulierte Risiken einzugehen, wenn sich der Einsatz lohnt oder es einfach sein muss, um ein wirklich wichtiges Ziel zu erreichen. Das geht nur, wenn wir erwachsen, mutig, neugierig und klar sind.

2. Störungsframe: Bewertungsdenken

Ist Leben Überleben, dann muss man wissen, wer unten und wer oben, was richtig und was falsch ist. Ein weiteres Element gestörten Denkens ist deshalb notorische Bewertung, die Angewohnheit, alles einem rigiden Bewertungsraster zu unterziehen. Wir sind auf uns selbst und andere bezogen dauerhaft mit einem offenen oder latenten Soll-Ist-Abgleich mit Idealen beschäftigt. Bewertungsdenken hat uns im Griff, wenn wir dauernd vergleichen, in einen ständigen Wettbewerb gehen und uns mit Perfektionismus herumplagen. Sei es wegen der Figur, dem Gehalt, dem Lebensstandard oder dem besseren Gewissen. Wenn wir an uns selbst und anderen immer etwas auszusetzen haben und so lange herumkritisieren, bis alles genau so ist, wie es angeblich sein muss. Bewertungsdenken als Störungsmuster lässt uns nie zufrieden sein, niemals ankommen, niemals das Leben gelassen und souverän anpacken. Alles wird extrem und setzt uns unter dauerhaften Stress, denn gut ist nie gut genug, und genug könnte sowieso immer noch mehr sein.

Im zwischenmenschlichen Bereich wirkt Bewertungsdenken wie Gift, weil es den sicheren Raum, den Menschen für ein gutes Miteinander brauchen, zerstört. Lästern, herumkritisieren und abkanzeln – es gibt weniges, was Lebensfreude und Leistungsfähigkeit so sehr einschränkt. Es untergräbt unsere Individualität. Wir neigen dann dazu, uns anzupassen und gleich zu machen, statt die Vielfalt zu leben, die uns und andere auszeichnet. Unser Denken wird eng statt weit, es verliert an Kreations- und Innovationskraft, weil es in einem sehr engen Rahmen gefangen ist, immer mit der Angst gepaart, nicht zu gefallen. In den sozialen Medien finden wir es im engen Raster der Likes und Dislikes, der Shitstorms und Weswegen-auch-immer-Shaming-Attacken. All das macht Menschen innerlich und äußerlich unfrei, eng und klein. Und es macht unsere Gesellschaften impotent. Wir müssten davor mindestens ebenso vehement warnen wie vor dem Rauchen. Bewertungsdenken hat uns auch dann im Griff, wenn wir jammern, meckern, neidisch und negativ sind, weil es doch angeblich stimmt, wir es außerdem gewohnt sind und die anderen es auch so machen. Es zeigt sich auch dort, wo wir uns egoistisch und asozial verhalten, Sonderrechte für uns beanspruchen und das auch noch wortreich begründen. Weil wir angeblich besser sind, es verdient und hart dafür gearbeitet haben oder, umgekehrt, irgendwie Opfer sind. Als Störungsmuster hat Bewertungsdenken übrigens nichts zu tun mit gesundem Qualitätsbewusstsein oder der Liebe zum Detail, sondern ist ein Instrument, mit dem man sich und andere in Oben-Unten-, Richtig-Falsch-Kategorien presst.

Für Demokratien ist das überaus schädlich. Es führt dazu, dass wir uns zurückziehen, anderen das Feld überlassen, uns nicht einbringen in eine lebendige Demokratie, weil wir uns dazu entweder selbst oder andere nicht gut genug finden oder Angst haben, von anderen bewertet zu werden. Somit überlassen wir unser Gemeinwesen denjenigen, die abgestumpft genug sind, nichts mehr an sich heranzulassen oder sich blind nach diesen Mustern zu inszenieren und ihre Meinungen nach den Like- und Dislike-Fähnchen im Wind zu drehen. Wir untergraben mit Bewertungsdenken das, was menschliche Gesellschaften stark macht: Augenhöhe, Respekt, echte Solidarität und einen erwachsenen Umgang miteinander. Nennen wir es einfach entstörte Menschlichkeit in Gesellschaften, in der sich Menschen gemeinsam um ihre Belange kümmern und nicht mehr in Oben und Unten, Richtig oder Falsch einteilen. In autoritären Gesellschaften zeigt sich der Störungsframe des Bewertungsdenkens in einer rigiden Pseudomoral, engstirnigen Vorschriften und Riten, lebensfeindlicher Sexualmoral und massiver Abwertung, Gewalt und sozialem Druck, wenn ein Mensch aus der Reihe zu tanzen droht.

Global gesehen führt gestörtes Bewertungsdenken unter anderem zu den eigenartigen Kulturvergleichen, Kraftmeiereien und unfruchtbaren Fragen, wer besser oder schlechter, gut oder böse sei, wer angeblich zuerst kommen müsse auf dieser Welt. Es zeigt sich außerdem in den vielen Ritualen, mit denen wir versuchen, unsere Probleme und Sorgen voreinander zu verbergen, das Gesicht zu wahren und nicht über das zu sprechen, was uns alle angeht: dass Menschen überall auf der Welt innerlich immer unglücklicher und kränker werden. Und dass wir auf die entscheidenden Fragen unserer Zeit noch keine stimmige Antwort haben: Wie wollen wir leben auf diesem Planeten, auf dem es ganz schön eng und turbulent wird in diesem Jahrhundert?

Katastrophen- und Bewertungsdenken sind mentale Strategien, die Leistungsfähigkeit und Lebensqualität bereits stark einschränken. Aber es sind nur zwei der insgesamt sieben Muster, die im Störungsmodus ineinandergreifen.

3. Störungsframe: Druck

Wenn Leben Überleben heißt, dann stehen wir automatisch unter Druck. Druck ist eine mentale Strategie, gezielt Stress zu erzeugen, um alle inneren wie äußeren Ressourcen auf ein Ziel hin zu aktivieren. Wir bauen uns, einfach gesagt, eine Wenn-dann-Zange und malen uns die furchtbaren Konsequenzen aus, die passieren, wenn wir nicht schaffen, was angeblich sein muss. Wenn ich diesen oder jenen Wagen nicht fahre, bin ich ein Versager. Wenn ich nicht bis zum dreißigsten Lebensjahr zweifache Mutter und verheiratet bin, bin ich eine Verliererin. Wenn ich nicht alles gebe und perfekt aussehe, liebt mich mein Partner nicht. Wenn ich mich nicht perfekt ernähre, altere ich frühzeitig, werde nicht mehr geliebt und sterbe einsam. Wenn ich nicht alle Bälle perfekt jongliere, die ich mir unter Außendruck selbst aufgehalst habe, dann bin ich nichts wert.

Gestörtes Denken ist im Spiel, wenn wir uns irreale Termine, neudeutsch *Deadlines,* übersetzt Todeslinien, aufstellen und dabei vergessen, was wirklich wichtig ist im Leben. Wenn wir uns und andere behandeln wie Maschinen, auf die man einfach draufhaut, wenn es einmal nicht so klappt. Druck ist ein wirksames Mittel, um sich selbst und andere zum Funktionieren zu bringen. Wir alle beherrschen es gut und wenden es meist zuerst bei uns selbst an. Wir verlieren damit etwas ganz und gar Wesentliches: unser natürliches Gefühl für unsere eigenen Ressourcen und Timings. Wir sind Lebewesen und verfügen über die fantastische Fähigkeit, unsere eigenen Energien immer wieder zu erneuern, wenn wir sie wahrnehmen und unsere körperlichen und psychischen Bedürfnisse beachten. Dauerdruck und permanentes Wichtigsein- oder Perfektsein-Müssen untergräbt diese Fähigkeit der Re-Kreation. Druck macht krank. Er ist nicht einfach da. Wir stellen ihn mental her und geben ihn auch an andere weiter. In alternden Gesellschaften wird er zu einer Bürde, die Menschen noch früher aus einem aktiven Leben katapultiert und damit uns selbst und alle schädigt.

Im Zusammenleben von Menschen gehört Druck zu den ältesten Strategien. Er ist eigentlich, wie alle Störungsframes, eine Überlebensstrategie, die wir im äußersten Notfall brauchen. Wenn ein Raubtier hinter uns her ist oder ein Blitz in unmittelbarer Nähe einzuschlagen droht, ist es sicherlich empfehlenswert, recht zügig in Gang zu kommen. Aber heute? Was soll das?

Weil Druck starke, ressourcenfressende Leistungshebel in Gang setzt, wird er schon lange als Macht-, Disziplinierungs- und Ausbeutungsinstrument missbraucht. Keine Pyramide wäre je gebaut worden, kein Bewässerungsgraben fertiggestellt, wenn nicht Druck gepaart mit Angst vor fürchterlichen Konsequenzen bei der Hand gewesen wären. Bis heute werden in allen Regionen der Welt nicht nur Rohstoffe und Lebensgrundlagen ausgebeutet und verschlissen, sondern auch Menschen. Bei Menschen funktioniert das nur mit Druck.

Aber auch in unseren äußerlich komfortablen Industriegesellschaften greifen wir weiterhin auf dieses Muster zurück, was besonders gestört ist, weil wir unter anderen, Druck-losen Umständen sehr viel produktiver wären und viele psychische und körperliche Krankheiten verhindern könnten. Druck ist in den westlichen Gesellschaften längst zu einem internalisierten Lebensgefühl geworden. In anderen Gegenden erledigt das die Religion, »Vater Staat«, die Sittenpolizei, die Partei oder der »starke Mann« und seine Anhänger.

Überall auf der Welt meinen viele Menschen immer noch, man müsse erst einmal Druck aufbauen, wenn man etwas erreichen will. Das geht in Familie, Erziehung und Schule bereits los. Und setzt sich dann über ein Leben lang fort.

Die Frage ist: Wollen wir weiter in einer Welt leben, in der wir meinen, Menschen unter Stress setzen zu müssen, damit sich etwas bewegt? Irgendetwas sollte uns nach dreieinhalbtausend Jahren doch von den Pharaonen und Gottkönigen der Frühzeit unterscheiden.

Menschen sind am produktivsten, wenn sie sich sicher fühlen und genügend psychoemotionale Ressourcen zur Verfügung haben, wenn sie Einfluss auf die Gestaltung ihrer Zeit und ihrer Tätigkeiten haben, wenn sie sichere Bindungen und Zeit für Erholung und Rekreation erleben. Vor allem in den reichen, freien

Gesellschaften können wir uns nicht weiter davor drücken, unsere wichtigsten Erkenntnisse endlich auch in Alltag und Politik ernst zu nehmen: Ruhig bleiben, klar werden, miteinander reden, gemeinsame Visionen und Ziele entwickeln – das wäre das nächste Level von Gesellschaft, die unter sehr komplexen Bedingungen echte Fortschritte erzielt. Wir brauchen wieder ein sicheres Gespür für lebensfreundliche Timings, für eigene und fremde Ressourcen.

Mit Katastrophendenken, notorischer Bewertung und Druck haben wir bereits einen hochwirksamen Psychococktail der Potenzialunterdrückung. Er bringt uns dazu, zu funktionieren, statt uns zu entfalten und immer wieder zu rekreieren, statt auszubrennen. Noch vollständiger wird das Bild der Störung mit der nächsten Strategie: Selbstverleugnung, einem Erbe, das die Herkunft des gestörten Denkens aus autoritären und hierarchischen Gesellschaften besonders offensichtlich macht, aber immer noch unseren Alltag prägt.

4. Störungsframe: Selbstverleugnung

Heißt Leben Überleben, dann muss man lernen, sich selbst zu vergessen und unterzuordnen. Selbstverleugnung ist ein Störungsmuster, bei dem wir uns, unsere Interessen und Bedürfnisse reflexartig hinter die anderer stellen. Wir fragen uns dann zuerst, worauf andere ein Recht haben, was sie wollen oder brauchen könnten, bevor wir an uns denken. Häufig führt es dazu, dass man den Mund hält, auch wenn man ihn eigentlich aufmachen sollte. Dass man nicht für sich selbst einsteht und auf eine leichtfertig bescheidene Art in den Hintergrund tritt, statt als aufrechter Mensch sein eigenes, mutiges Leben zu leben. Es ist eine grundfalsch verstandene Form der angeblichen Rücksichtnahme, die häufig mit der Angst vor Konflikten einhergeht. Wir trauen uns nicht zu, uns durchzusetzen, haben Angst davor, den Kürzeren zu ziehen, und finden Gründe, warum vorauseilende Anpassung die angeblich klügere Wahl wäre. Meist erwarten wir von anderen dasselbe und schwanken zwischen kindischer Bewunderung und beißender Kritik, wenn ein Mensch sich etwas zutraut, was wir uns nicht einmal zu denken erlauben.

Sich selbst zu verleugnen ist in autoritären Gesellschaften und allen von Religionen bestimmten Gesellschaften allererste Bürgerpflicht. Man soll und darf sich nicht wichtig nehmen, soll fraglos funktionieren, für alle da sein, nur nicht für sich selbst. Dieser Störungsframe der Selbstverleugnung ist heutzutage in einer merkwürdigen Parallelwelt immer noch aktiv, obwohl wir viel mehr über das Problem des Egoismus sprechen. Dabei übersehen wir aber, dass die meisten Menschen zu einer seltsam schweigenden Mehrheit gehören, viel zu wenig Position beziehen und nicht gelernt haben, offen für sich einzustehen. Menschen, die mit einem weiblichen Körper auf die Welt kommen, bekommen diese Einstellung bis heute bevorzugt eingetrichtert. Doch auch Männer kennen sie und opfern sich allzu häufig für »die Firma«, die Familie oder etwas anderes auf. Mit ihnen selbst hat das häufig nicht mehr viel zu tun.

Gesellschaftlich wird Selbstverleugnung ein Problem, wenn die Kleineren vor den Großen kuschen, wenn man es anderen recht macht, weil man Angst vor ihnen hat oder sich Vorteile erhofft. Selbstverleugnung führt dazu, dass himmelschreiend ungerechte oder primitive Machtverhältnisse bleiben, wie sie sind, dass wir aus reiner Konfliktscheu und vorauseilendem Gehorsam mitmachen, was wir dringend beenden müssten. Nichts gegen Realpolitik, aber warum sagen wir es nicht offen, wenn wir mitmachen, weil wir gerade keine andere Wahl haben? Es ist keine Tugend, sondern eine Schwäche, dies nicht zu tun.

Selbstverleugnung ist die Kehrseite der Dominanz. Erst wenn beide zusammenkommen, entstehen ungerechte und brutale

Herrschaftsverhältnisse. Man kann sich nicht immer durchsetzen, und manchmal ist man schlichtweg im Nachteil, aber man kann seine Würde bewahren und das Spiel beim Namen nennen, das gespielt wird. Es ist wichtig, offen Stellung zu beziehen, eine Position einzunehmen und sie auch zu verteidigen, wenn es turbulent wird. Im eigenen Leben wie in der großen Politik.

Menschliches Leben hat im 21. Jahrhundert eine echte Chance, wenn wir uns als Lebewesen auf Augenhöhe begegnen. Egal, wer wir sind, woher wir kommen und in welchem Körper wir wann und mit welchen Fähigkeiten geboren wurden. Selbstverleugnung ist zerstörerisch, vor allem dann, wenn es eine Unterordnung unter Menschen, Ideen oder Strategien ist, die lebensfeindlich, aggressiv und damit destruktiv sind.

Angst, Bewertung, Druck und Selbstverleugnung machen uns zusammengenommen schwach, rigide, aggressiv und selbstvergessen. Aus einer solchen inneren Haltung heraus lässt sich heute nichts mehr bewältigen. Auch nicht mit größter Anstrengung. Die Zentrifugalkräfte sind zu groß, um verbissen festzuhalten und mit brutalen oder unterwürfigen Strategien dagegen anzukommen. Es ist in etwa so Erfolg versprechend, wie sich inmitten eines Hurrikans an einem Strohhalm festzuhalten. Im gestörten Modus aber greifen wir auf weitere Strategien zurück, die den Erfordernissen unserer Zeit nicht mehr gerecht werden.

5. Störungsframe: Misstrauen

Ist Leben Überleben, dann ist es vernünftig, misstrauisch zu sein. Misstrauen ist ein heute wieder sehr verbreitetes und mit Vernunft verwechseltes Störungsmuster, mit dem wir uns selbst, anderen Menschen oder Ideen zunächst einmal böse oder zumindest unlautere Absichten unterstellen. Wer anderen misstraut, traut sich meistens selbst nichts oder nur das Schlimmste zu. Das bedeutet, dass wir uns selbst täuschen, weil wir etwas als sicher konstruieren, was wir gar nicht sicher wissen können. Das kann sich auch in mangelndem Zutrauen äußern. Wenn wir uns selbst oder anderen zum Beispiel Leistungs- oder Lernfähigkeit absprechen. »Zu alt, zu blöd, nicht klug genug« heißt es dann. Oder »nicht machbar«, nur weil wir kein Vertrauen in unsere Fähigkeiten und die Welt da draußen haben. Im Misstrauensmodus pflegen wir Vorurteile, verschanzen uns, machen zu und wappnen uns gegen mögliche Verletzungen. Als Lebenshaltung führt es dazu, dass wir stagnieren, uns isolieren, immer nur die gleichen Gesichter, Meinungen und Menschentypen um uns herum dulden und wie eine Pflanze in einer Monokultur persönlich und sozial verkümmern. Keine gute Idee in einer bewegten Welt, die in dauernder Veränderung ist.

Misstrauen ist wie Gift, das jede Beziehung und jedes Miteinander von innen heraus aushöhlt und Vertrauen, die Basis menschlicher Interaktion, untergräbt. Es stammt aus Zeiten, in denen tatsächlich hinter jeder Ecke Lebensgefahr drohte, und hat sich zu einer Lebensregel ausgewachsen, die uns heute tatsächlich gefährdet. Misstrauen hält uns wie das Katastrophendenken davon ab, mit anderen zu kooperieren, auf andere zuzugehen, notwendige Risiken einzugehen, wach und lebendig zu bleiben. Manchmal klemmen wir einfach unseren imaginären Schwanz ein, sobald wir etwas wagen sollten, und finden lieber hundertundeinen Grund dafür, warum es angeblich nicht geht.

In der Gesellschaft führt Misstrauen dazu, dass wir uns voreinander verstecken, zurückziehen, absondern. Wir bauen imaginäre oder echte Barrikaden auf, konstruieren die abstrusesten Verschwörungstheorien, meinen uns zu schützen und machen in Wirklichkeit jede echte Verständigung unmöglich. Wie soll Demokratie da noch funktionieren? Menschen, die nicht mehr in der Lage sind, aufeinander zuzugehen, sich gegenseitig Vertrauen zu schenken und miteinander statt gegeneinander zu arbeiten, haben in einer komplexen Welt mit den Problemlagen heutiger

Größenordnung keine Chance. Alleine schaffen wir nichts von dem, was wir bewältigen müssen. Keiner kann alleine oder mit ein paar Freunden die Welt retten oder untertauchen, bis alles vorbei ist. Wir müssen herauskommen aus unseren ängstlichen, misstrauischen Nischen, uns selbst und anderen wieder etwas zutrauen. Misstrauen bringt Stillstand. Was wir brauchen, ist Bewegung.

Das gilt auch für die Politik auf nationaler, europäischer, internationaler wie globaler Ebene, wo Misstrauen wieder stark geworden ist. Wer es mit unwürdigem Gebaren oder einfachen Vorurteilen schürt, tut sich selbst und dieser Welt nichts Gutes. Wir brauchen ein Denken, das aufmacht und Gemeinsamkeiten sucht, die es immer gibt, weil wir der gleichen Spezies angehören und zur gleichen Zeit den gleichen Planeten bewohnen. Darauf müssen wir uns konzentrieren. Das heißt nicht, dass wir naiv sein sollten, sondern wach und klar: Man sieht es doch, wenn sich jemand nicht vertrauenswürdig verhält. Wenn er oder sie Absprachen und Verträge bricht, immer neue Ausreden und Finten findet, einseitige Interessen vertritt und anderen Schaden zufügt. Zu vertrauen und zu kooperieren bedeutet unter Erwachsenen nicht, sich an der Nase herumführen zu lassen. Ganz im Gegenteil. Es geht um rationales Vertrauen, was bedeutet, dass wir Vertrauen schenken und es nur dann konsequent entziehen, wenn es missbraucht wird.

Katastrophendenken, Druck zu machen, uns und andere nach verrückten Maßstäben zu bewerten, sich selbst zu verleugnen und sich dann auch noch in Misstrauen zu verbarrikadieren ist das Gegenteil einer klugen Haltung. Leider bringt unsere bisherige Logik noch zwei weitere Strategien hervor, mit denen wir uns das Leben noch schwerer machen. Die eine ist eine Fixierung auf starre Regeln, die andere Übermotivation.

6. Störungsframe:
Starre Regeln

Ist Leben Überleben, dann muss man die Regeln kennen und sich tunlichst daran halten. Oder dafür sorgen, dass sie eingehalten werden, und wie die Luchse darauf achten, dass niemand aus der Reihe tanzt.

Gestörtes Regeldenken ist voll von Wenn-dann-Konstruktionen, mit denen wir meinen, Sicherheit zu haben, die uns aber in Wirklichkeit von unserer Kreationskraft abschneiden. Bisherige Regeln stammen aus einer anderen Zeit, und allzu oft machen sie unser Denken eng, stören uns dabei, neue kreative, »out of the box« gedachte Lösungen zu finden.

Wir stören uns heute mit einer Fixierung auf starre Regeln, wenn wir meinen, die Dinge würden nur so und nicht anders funktionieren. Über Regeln versuchen wir, Sicherheiten zu bekommen, die es in einer bewegten Welt fast nicht mehr gibt: Wenn er mich wirklich liebt, dann will er mich heiraten. Wenn ich nicht immer und überall recht habe, gerate ich ins Hintertreffen. Wenn sie zu spät kommt, respektiert sie mich nicht. Wenn er Blumen mitbringt, hat er ein schlechtes Gewissen. Was im Privatleben zum Schmunzeln ist, ist in Gesellschaft und Politik nicht mehr lustig. Da gibt es zum Beispiel den Irrglauben, dass die Güter begrenzt sind. Wenn wir etwas abgeben, haben wir selbst zu wenig. In lebenden Systemen und in einer Welt, die in vielen Teilen an ihrem Überfluss erstickt, ist diese Auffassung schlichtweg falsch. Es ist genug für alle da. Ich glaube, wir wissen das nur zu gut. Der technische Fortschritt hat uns in die Lage versetzt, auch komplexe Probleme weltweit auf einem sehr viel höheren Niveau zu lösen. Wir wissen das. Was fehlt, ist der menschliche Fortschritt, um Hunger, Mangel und Not ein für alle Mal zu beenden. Das Ende von gestörten Machtkämpfen, Kriegen und der zerstörerischen Ausbeutung von Mensch und Natur.

Ideelle Güter, soziale Stärken und emotionale Ressourcen werden nicht weniger, sondern mehr, wenn man sie teilt. Wenn man zum Beispiel anderen mit Respekt und auf Augenhöhe begegnet, bekommt man nicht weniger davon, sondern mehr. Mehr Verständnis und Zutrauen machen nicht ärmer, sondern bereichern alle. Eine gute Verbindung zu sich selbst und anderen stärkt das Immunsystem, macht uns glücklich und gesünder. Überall auf der Welt.

Regeln können hilfreich sein, aber wir brauchen neue, die unsere Zeit und die völlig neuen Außenbedingungen widerspiegeln.

Regelfixierung wirft uns in der Gesellschaft zurück, wenn wir die Dinge nur so und nicht anders verstehen, statt unsere immense Kreativität und Imaginationskraft zu nutzen und neue, wirksame Ideen für unsere Zeit zu kreieren. Wenn wir meinen, dass Männer so und Frauen so sein müssten. Dass es eine Regel gäbe, wer wen wie zu lieben habe und alles andere »pervers« sei. Alle Regeln, die sich aus den Fundamentalhierarchien ableiten, sind aus sich heraus gestört. Wer gesellschaftliche Fragen mit einer angeblichen Hierarchie zwischen den Geschlechtern, dem Willen Gottes oder der Natur begründet, zeigt heute nicht etwa Haltung, sondern dass er hoffnungslos aus der Zeit gefallen ist. Das gilt auch für die ganz große Perspektive. Was bisher gegolten hat und heute nicht mehr funktioniert, muss morgen nicht auch so sein. Nur weil die menschliche Geschichte seit etwa 10 000 Jahren geprägt ist von Kriegen, Dominanzspielen, Gewalt und Ausbeutung, muss es noch lange nicht so weitergehen. Nicht einmal unserer Biologie sind wir so weit unterworfen, wie manche heute meinen. Menschenarten gibt es seit etwa drei Millionen Jahren. Homo sapiens ist seit 40 000 Jahren die einzige Menschenart auf der Welt. Der schwierige Teil unserer Geschichte hat erst vor gut 10 000 Jahren begonnen. Heute können wir ein neues Kapitel aufschlagen.

7. Störungsframe: Übermotivation

Ist Leben Überleben, dann ist falsche Euphorie die Kraft, die uns motiviert und durchhalten lässt. Während die bisherigen sechs Störungsmuster meist enge, schlechte Gefühle hervorrufen, ist das siebte wie das Zuckerbrot zu den vielen Peitschen, die wir uns und anderen im Störungsmodus zumuten. Übermotivation bedeutet, inmitten eines Lebens, das man im Grunde für unveränderlich hält, den Kick zu suchen, die Rettung, die Erlösung, und sei es in Form einer Erleuchtung, die alles andere besser ertragen lässt. Es ist die Suche nach Euphorie, der intensivsten und zugleich kürzesten Emotion, die Menschen kennen. Sie ist regelmäßig gefolgt von einem emotionalen Tief, denn die Höhe der Euphorie lässt sich nicht halten.

Übermotivation funktioniert mit übertriebenen, geradezu inbrünstigen Hoffnungen und Erwartungen. Wir denken, dass alles besser wird, wenn wir nur endlich schlank und fit sind, Geld haben oder den perfekten Partner. Wir schalten unser Denken und unsere ureigene Reflexionsfähigkeit aus und setzen alles auf eine Karte: dieses Produkt, jene Geschäftsidee, eine Religion, eine Ideologie, vielleicht sogar eine Droge. Übermotivation ist eine Form von Sucht nach Motivation, das Nichtaushalten der »Ebenen«, der nicht besonderen Momente, wahrscheinlich deshalb, weil sich in einer gestörten Welt aus Angst, Druck oder Misstrauen zu vieles schal und bedeutungslos anfühlt. Werbung und soziale Medien tun ihr Übriges. Wer einem da entgegenlächelt, scheint es doch geschafft zu haben mit dem tollen Leben, in dem man immer nur auf der Höhe ist. Nicht gut drauf und überglücklich zu sein fühlt sich für viele an wie eine Niederlage, ein Versagen.

Doch auch in anderen Gesellschaften stören sich Menschen mit Übermotivation. Jede Diktatur, jede fundamentalistische Religion und jede ideologisierte Gruppe lebt von allen sechs Störungsmustern und bietet immer auch die ganz großen Gefühle. Neben Angst, Druck, Bewertung, Misstrauen, Selbstverleugnung und Regelhörigkeit gibt es auch die euphorischen, heroischen Momente, die Aufmärsche, die Belohnungen, die Vater- oder Mutterfiguren, die versprechen, alles im Griff zu haben, und sogar Erlösung in Aussicht stellen. Es ist nichts weiter als der Zuckerguss über einer sehr bitteren Pille, die Menschen eng, klein und rigide macht. Viel zu klein für dieses Jahrhundert, in dem wir einzeln und gemeinsam über uns selbst hinauswachsen müssen.

Spirale abwärts: Die Logik des Closed Mind

Die sieben Störungsmuster und die vielen, intensiven Frames, die sie in uns auslösen, bilden zusammen eine Welt, die verschlossen, unfrei und negativ ist. Mit diesem Denken meinen wir, vernünftig zu sein, aber in Wirklichkeit erzeugen wir auf sieben Arten Stress, der uns nur die Wahl zwischen Aggression und Depression lässt und immer mehr Menschen in Apathie und selbstzerstörerische Formen der Kompensation treibt.

Ein junger Mann, mit dem ich gearbeitet habe, beschrieb, wie diese Muster innerhalb weniger Monate zusammenspielten, bevor er mit schweren Herzrhythmusstörungen in ein Krankenhaus eingeliefert wurde. Es fing damit an, dass er einen neuen Job in einer Firma begann, in der Überstunden der Normalfall waren und Nachtschichten als Heldentaten galten. In einem wöchentlichen Ranking wurden alle Kollegen untereinander verglichen. In dem Gespräch, das er jede Woche mit seinem Chef führen musste, war dessen Laune gut oder schlecht, je nachdem, welchen Platz mein Klient in diesem Ranking hatte. Auch wenn er alle Anforderungen erfüllte, wurden seine Ziele von Monat zu Monat weiter hochgeschraubt. Bat er um eine Verschnaufpause, drohte ihm sein Chef. Gefangen in einem dubiosen Vorschusssystem, das in vielen Vertriebsunternehmen üblich ist, wuchsen seine Schulden von Monat zu Monat weiter an. Ein Teufelskreis. Nachts malte er sich aus, was passieren würde, wenn er seine Vorschüsse nicht zurückbezahlen und den Job verlieren würde. Er steigerte sich immer mehr in die Angst hinein, es nicht zu schaffen, sein Gesicht zu verlieren, in der Hierarchie der Kollegen abzurutschen und eines Tages insolvent zu sein, ein Versager, ein Niemand.

Es waren genau jene ausgeprägten Wenn-dann-Schlussfolgerungen gepaart mit Angst vor furchtbaren Konsequenzen, mit denen Menschen sich selbst unter ungeheuren Druck setzen. »Wenn ich keine neuen Abschlüsse schaffe, dann rutsche ich im Ranking ab; dann wachsen meine Schulden weiter; dann …«

Wenn er sich nicht mit Ängsten verrückt machte, kreisten seine Gedanken Tag und Nacht um neue Abschlüsse. Irgendwann besorgte er sich Aufputschmittel, um länger durchzuhalten und die berühmte »Extrameile« zu gehen. Wenn er krank wurde, begann er, sich selbst abzuwerten. Er beschimpfte sich als »Loser« und »Weichei«, schluckte alles, was ihn schnell fit machte.

Im Störungsmodus glauben Menschen, dass es weiterhilft, wenn sie sich selbst oder andere abwerten und beschimpfen. Es ist der berühmte Tritt in den Hintern, den viele für eine geeignete Strategie halten. Dabei ist es nichts weiter als die Technik, sich psychoemotional unter Druck zu setzen und damit einen effektiven, aber auf Dauer enorm schädigenden Störungsframe zu aktivieren.

Der junge Mann trieb sich weiter an. Er trainierte dubiose Verkaufstricks, suchte nach Schwachpunkten bei seinen Kunden und begann, sich anschließend dafür herunterzumachen. An ein Privatleben war nicht mehr zu denken. Alles wurde auf später verschoben. Eines Tages, dachte er, würde er richtig reich sein, dann wäre immer noch Zeit für eine Beziehung. Das waren die Momente einer kurzen Euphorie, in denen er wieder Hoffnung schöpfte. Als seine Kräfte aber nachließen und die Schlaflosigkeit chronisch wurde, begann er, den Glauben an sich selbst zu verlieren. Er zog sich zurück und misstraute jedem, der seinen Zustand sah und ihn darauf ansprach. Am Ende fühlte er sich inmitten einer repräsentativen Büroetage in einer der teuersten Einkaufsstraßen Europas wie ein verwundetes, gejagtes Tier, das jeden Moment die Fassung verlieren könnte.

Wir könnten jeden Konflikt, sei er privat, beruflich oder politisch, auf die gestörte Logik und ihre Muster überprüfen und werden ihn wiederfinden, den Code aus einem oder mehreren der sieben Störungsframes, mit dem wir uns selbst und andere sabotieren.

Der Rückfall in frühere Reifegrade

Entwicklungspsychologisch gesehen erleben wir im gestörten Modus eine Regression in frühere Reifegrade. Wir denken und fühlen wie Kinder oder identifizieren uns mit Elternrollen, die wir als Kinder bei Eltern erlebt und internalisiert haben. Im Extrem fallen wir zurück auf den emotionalen Reifegrad eines etwas dreijährigen Menschen. Wir fühlen uns ohnmächtig und wünschen uns, allmächtig zu sein. Wir erwarten, dass andere unsere Probleme lösen. Wir geben uns hilflos, passen uns an wie folgsame Kinder, spielen beleidigt. Oder wir werden trotzig, aufmüpfig und aggressiv. In der elterlichen Regression treten wir uns selbst und anderen gegenüber wie strenge, bewertende oder aber überfürsorgliche, alles verstehende und alles verzeihende Eltern auf. Wir fallen damit zurück auf sehr frühe, psychoemotional unreife Entwicklungsstadien, weit weg von unseren eigentlichen Kompetenzen. Wer dafür sensibilisiert ist, kann diesen Eltern-Kind-Dialog in allen seinen Facetten erkennen, wenn Erwachsene nicht weiterkommen. Politik und Gesellschaft sind bis auf die internationale Ebene durchsetzt von diesen schwerwiegend regressiven Denk- und Handlungsmustern. Das Absinken in frühere Reifegrade ist aus meiner Sicht eines der größten Probleme, die wir heute haben. In unseren eigenen Leben bis hin auf die Ebene der Menschheit. Es ist eine manchmal unangenehme, geradezu peinliche Erkenntnis, aber: Wir müssen diese Regressionen überwinden, erwachsen sein und innerlich stabil bleiben, auch und gerade dann, wenn die Dinge unübersichtlich sind. Eine Menschheit, die unter Stress in den Reifegrad von Dreijährigen zurückfällt, wird die Herausforderungen dieses Jahrhunderts nicht lösen können.

Warum es nichts Richtiges gibt im falschen Mindset

Die schier unzähligen Inneneinsichten, die ich in den Gesprächen aus so vielen verschiedenen Bereichen unserer Gesellschaft gewinnen konnte, haben mich über die vielen Jahre sehr beschäftigt und tief berührt. Sie zeigen zusammengenommen das immer gleiche Bild: Egal, wie gut es uns heute in den reichsten und sichersten Ländern der Welt gehen mag, Menschen machen sich nieder, beschimpfen und kritisieren sich, messen sich an unerfüllbaren Maßstäben, setzen sich unter Druck oder quälen sich mit irrationalen Ängsten. Die Welt ist in unserer inneren Parallelwelt ein Ort, an dem man sich permanent beweisen oder anpassen muss. Es gibt dort weder Freiheit noch Großzügigkeit, sondern ein Labyrinth von selbst erdachten Zwängen und einer versteckten Agenda, die einen niemals zur Ruhe kommen lässt. Wer sich zu lange Pausen gönnt, bekommt es mit der Angst zu tun. Sich selbst und anderen »einzuheizen«, »in den Hintern zu treten« und sich zum Funktionieren zu bringen ist für viele normal. Wir diskutieren heute über den Posthumanismus, in dem es darum geht, den Menschen durch technische Erweiterungen zu optimieren oder ganz zu »überwinden«. Schön wäre es doch, überhaupt einmal im Humanismus anzukommen und erstmals ein menschengerechtes Denken zu finden.

Was wir im Inneren austragen, tragen wir auch nach außen: in Familien, Schulen, Universitäten, Unternehmen, in die Wirtschaft, Gesellschaft und Politik. Es ist jene verborgene Überlebenslogik, die so vieles in die falsche Richtung treibt. Sie hat nicht viel zu tun mit Aufgeklärtheit, Humanität oder Toleranz. Weder uns selbst noch anderen gegenüber. Das könnte erklären, warum wir uns inmitten von Wohlstand, Freiheit und der besten Infrastruktur immer noch das Leben schwer machen. Warum wir fast alles wissen und so wenig besser machen. Warum uns das Richtige so oft zum Greifen nah erscheint und uns das, was dann tatsächlich geschieht, immer wieder fassungslos macht. Dabei ist es kein böser Wille, der alles so schwer macht, es ist schlicht ein anderes Programm. Es ist das Programm des *Closed Mind*. Es behindert unsere Entfaltung und schneidet uns ab von so wichtigen Fähigkeiten wie Neugier, Vertrauen und einer gewissen Unerschrockenheit, der Komplexität unserer Zeit zu begegnen. Es unterbindet genau das, was wir heute am dringendsten brauchen: eine offene Haltung und Zugang zu unserer Kreativität und Imaginationskraft. Merkwürdig – die Aufklärung hat so vieles entzaubert und aufgeklärt, nur nicht die Fundamente unseres bisherigen Denkens.

Wenn Störung eskaliert

In vielen Teilen der Welt wird das alte Denken auch heute in der offensichtlich autoritären, gewalttätigen und ungeschminkt ausbeuterischen Form ausagiert. Sympathisanten solcher Systeme werden mehr, je instabiler Menschen die Welt wahrnehmen und je mehr sie mit Veränderung und Unbekanntem konfrontiert sind. Wir finden die Auswirkungen der Störung in rigiden, streng hierarchischen und autoritären Familiensystemen, in Staaten, die häufig von Religionen oder autoritären Ideologien getrieben sind, aber auch in Geschäftsmodellen, die Globalisierung und Technologien dazu nutzen, neue Formen einer rechtsfreien Ausbeutung und niederschmetternder Nahrungsketten und »Fresshierarchien« unter Menschen zu erfinden. An ihrer Spitze finden sich Megaunternehmer, Religionsführer, Monarchen, Diktatoren, Oligarchen und mehr oder minder dubiose Präsidenten. Menschen wachsen überall auf der Welt in Familien, Gemeinschaften und politischen Systemen auf, die auf nackter Ungleichheit beruhen und hinter denen jederzeit verschiedene Stufen der Gewalt als rechtmäßige Disziplinierungsmittel aufscheinen. Zählen wir sie auf, die Extreme, die Störung in ihren unterschiedlichen Eskalationsstufen hervorbringt, dann gelangen wir zu denjenigen Organisationsformen menschlicher Gemeinschaft, die nur durch extrem gestörtes Denken entstehen und sich nur über eine tief konditionierte Verankerung extremster Störungsvarianten halten können: Wir sehen dann den Umschlagpunkt zu unberechenbaren Gewaltsystemen wie extrem dysfunktionale Familien, Failed Families, in denen Gewalt und Missbrauch an der Tagesordnung sind. Wir sehen Regierungen, die gegen ihre eigene Bevölkerung Vernichtungskriege führen und am äußersten Rand der Extreme die sogenannten Failed States mit frei flottierenden, euphorisierten Todesschwadronen wie dem IS. Manchmal, wie im heutigen Nordkorea, herrscht die Willkür in einem rigiden totalitären Staat, der überorganisiert wirkt, in Wirklichkeit aber unberechenbaren Mustern folgt. Totalitäre Systeme wie der Nationalsozialismus, der Faschismus, der Stalinismus oder Maoismus sind zum Teil nicht einmal seit einem Menschenleben überwunden und zeigen in den Köpfen und Herzen der Menschen, die das erlebt haben, bis heute tiefe Spuren. Unterschiede liegen in all diesen Extremen im Grad der Berechenbarkeit ihrer eigenen Regelbildung und -einhaltung. Einfach gesagt bildet die Störung in traditionellen autoritären Hierarchien eine für alle Beteiligten zumindest berechenbare Ordnung der Störung menschlicher Entfaltung, während sie in totalitären oder komplett entgleisten Gewaltsystemen chaotischen, nicht berechenbaren Mustern folgt und damit den äußersten Grad menschlicher Verzweiflung hervorbringt. Das intelligenteste und sensibelste Wesen der Welt, das durch sein gestörtes Denken und Fühlen nichts mehr herbeisehnt als Stabilität, Sicherheit und Kontrolle, konfrontiert sich in der chaotischen Variante der Störung genau dadurch mit dem höchsten Grad an Instabilität, Unsicherheit und Kontrollverlust, der überhaupt vorstellbar ist. Die menschliche Hölle ist Störung im Modus nicht linearer, chaotischer Muster.

Das Werteparadox

Egal, welchen Grad der Störung die Systeme haben, in denen wir heute leben: Unsere tieferen Überzeugungen laufen quer zu vielen moralischen Idealen, die wir haben. Denn diese sind schlichtweg nicht kompatibel mit der Überlebenslogik, nach der unser Denken in seinen Fundamenten arbeitet. Gedanken wie Toleranz, Offenheit oder ein differenziertes Urteilsvermögen laufen quer zu fundamentalen Überzeugungen, in denen es um Sicherheit und Kontrolle, um Anpassung und mögliche Dominanz geht. Mit Moral verhält es sich unter diesen Umständen wie mit einer Gegenstromanlage im Schwimmbad. Wir müssen sehr viel Kraft aufwenden, um uns an Werte zu halten. Schalten wir sie aus, schwimmen wir mit einem anderen, tieferen Strom, der sehr simpel, grandios ungerecht, aber überaus wirkungsvoll ist. Halten wir uns an die Gebote der Moral, müssen wir innerlich andauernd gegen die Logik unserer tiefsten mentalen Steuerung ankämpfen. Und diese hat, erneut, wenig mit Gerechtigkeit, Ausgleich und Fairness zu tun, sondern mit Überleben, Abgrenzung und Abwertung, mit Simplifizierung, Wettbewerb und Kontrolle. Wir wissen, dass wir keine Vorurteile haben sollten. Und haben sie trotzdem. Wir wissen, dass es im Leben um sogenannte Win-win-Situationen gehen sollte, und nutzen trotzdem die kleinste Lücke zu unserem Vorteil. Dieses Verhalten ist nicht irrational, es ist auch nicht triebhaft, es folgt schlicht einer anderen, tieferen Logik.

Gefangen im eigenen Denkrahmen

Bleiben wir bei der bisherigen Denkweise, dann werden Menschen weiterhin in den Oberflächen Werte haben und in Wirklichkeit ganz anders handeln. Wir können sogar davon ausgehen, dass diejenigen, die sich am stärksten auf Moral und Werte berufen, besonders gefährdet sind, genau diese Moral zu missbrauchen, denn sie wird innerhalb der bisherigen menschlichen Denkweise unter steigendem Stress notwendig zu einem Mittel im Kampf um Dominanz und Kontrolle. Moral dient dann dazu, Gegner anzuprangern und auszuschalten, ihre Verfolgung zu rechtfertigen und die eigene Machtbasis zu legitimieren. Alle Religionen und alle politischen Ideologien wissen darum. Selbst in der Political Correctness, die sich gibt, als stünde sie über den Dingen, wartet im Falle des Falles die Dynamik gestörten Dominanzgebarens. Es ist ein Spiel, das wir seit Jahrtausenden kennen. Denn alle Spiele folgen dem gleichen Muster. Es ist die Architektur des alten Denkens, ein enger mentaler Raum, aus dem es kein Entkommen gibt, solange wir ihn nicht erkennen. Verstehen wir die Anlage des bisherigen humanen Mindsets, dann sehen wir sehr schnell, dass es als selbstreferenzielles, geschlossenes System die geradezu perfide Eigenschaft besitzt, selbst den Widerstand gegen sich selbst in die engen Bahnen seiner eigenen bipolaren

Logik zu zwingen und sie damit immer wieder neu zu bestätigen, statt zu überwinden. Im bisherigen Mindset gibt es nur Entweder-oder, Richtig oder Falsch. Das führt dazu, dass Menschen in einer von Störung strukturierten menschlichen Welt nur wenige Verhaltensmöglichkeiten bleiben. Keine davon bringt uns heute mehr weiter.

Das Spiel spielen

Eine Möglichkeit, sich zu einer gestörten Welt zu verhalten, ist, sich einen guten Platz in der Hierarchie zu sichern. Wenn Menschen sich für diesen Weg entscheiden, entscheiden sie sich, das Spiel zu spielen und die Regeln der Störung unter Dominanzgesichtspunkten einzuhalten. Sie können das Spiel aber nur dann spielen, wenn sie dazu überhaupt zugelassen sind. In traditionellen Gesellschaften dürfen nur sehr wenige überhaupt mitspielen. Die Plätze sind limitiert. Es sind überwiegend von Geburt an feststehende Merkmale, die sie dazu berechtigen, und sie gelten nicht seit heute, sondern seit langer, langer Zeit: Geschlecht, Herkunft, Familie. In den freien, demokratischen Gesellschaften ist die wesentliche Neuerung innerhalb der Störung, dass theoretisch jeder mitspielen darf. Es ist eine Frage von Bildung, materiellen Möglichkeiten und Leistung, die Menschen dazu befähigen, um gute Plätze in den heute demokratisch organisierten gesellschaftlichen, wirtschaftlichen und politischen Hierarchien zu konkurrieren. Neuerdings dürfen auch Frauen ganz oben mitspielen. Es gibt sogar Trainings, die ihnen beibringen, wie sie lernen, die alten Regeln richtig zu spielen. Richtig Freude macht das meistens nicht. Doch viele Menschen strengen sich an, sind bereit, den Preis dafür zu zahlen, bis es nicht mehr geht. Entwicklung heißt im gestörten System, sich zu perfektionieren und zu wachsen, um andere zu überwachsen, zu überstrahlen, mehr vom Kuchen abzubekommen, denn das bisherige Denken geht immerzu implizit und explizit von der Knappheit aller Güter aus, ein Erbe aus Zeiten, als Not und Mangel tatsächlich das Leben unserer Vorfahren bestimmt haben. Nicht nur einzelne Menschen oder Unternehmen, sondern auch Staaten, Religionsgemeinschaften, kriminelle Organisationen oder Konglomerate mächtiger Menschen und Gruppen, die sich als Vertreter einer Kultur ausgeben, agieren nach diesem Muster. Sie breiten sich aus, zerstören Vielfalt, verlangen Konformität und bauen damit ihre eigene gestörte Machtbasis im gestörten Kampf ums Überleben aus. Gefangen in der Architektur der gestörten Denkweise, ist ihnen möglicherweise nicht einmal bewusst, dass sie lediglich einem ganz bestimmten Bauplan einer Idee folgen. Es fühlt sich für sie womöglich richtig an, weil alles andere noch mehr Angst und Stress auslösen würde.

Anpassung

Die andere Möglichkeit in dieser engen mentalen Arena, die uns gestörtes Denken lässt, ist es, sich anzupassen, sich den Stärkeren unterzuordnen, zugewiesene oder übrig gelassene Rollen einzunehmen und sich in untergeordneter Position in den Kreislauf der Störung zu fügen. Die Logik der Unterwerfung lautet: leiden, schweigen, funktionieren, denn »die da oben« machen ohnehin, was sie wollen. Manche werden als Unterdrückte und Ausgegrenzte sogar zu Handlangern des gestörten Systems. Wie beim sogenannten Stockholm Syndrom, in dem sich die Opfer einer Entführung aus innerer Not mit den Tätern identifizieren, verteidigen sie, was passiert. Sie identifizieren sich mit ihren untergeordneten Rollen im System, identifizieren sich mit den Ansprüchen ihrer Beherrscher, geben sie an ihre Kinder weiter und bekämpfen diejenigen, die sich dagegen auflehnen wollen. Dann erklären entrechtete Frauen in Saudi-Arabien, sie seien sehr zufrieden mit ihrer Situation, dann sagen angeschmierte Taxifahrer oder ausgebeutete Putzfrauen, wie toll sie es finden, »frei« für einen Anbieter zu arbeiten, der ihnen keinerlei soziale Absicherung bietet. Machtvolle Unterdrückungsregime arbeiten durchweg mit der Atomisierung von Einzelnen. In traditionellen Systemen schaffen sie diese, in den fragmentierten freien Gesellschaften unserer Zeit nutzen sie sie, um Abhängigkeiten zu schaffen und parasitäre Hierarchien zu bauen.

Mitlaufen

Eine weitere Möglichkeit ist, möglichst wenig mit alldem zu tun zu haben. Man zieht sich zurück in eine private Nische, verfolgt vielleicht ganz für sich selbst andere, ebenso aus dem alten Denken genährte Denkmodelle und Lebensphilosophien und äußert sich, wenn überhaupt, nur dann, wenn man gefragt wird. Freilich nicht, ohne sich zu fragen, ob einem eine Äußerung Schaden bringen könnte, ob sie die Likes oder Dislikes im gestörten System für oder gegen sie aktiviert. Man sucht vielleicht Gründe, warum alles doch nicht zu schlimm ist, nur halb so heiß gegessen wird, wie es gekocht ist, und warum man sich doch mit den Entwicklungen seiner Zeit anfreunden könnte, ja vielleicht sogar sollte und womöglich sogar gar keine andere Wahl hätte. Dann wäre es pure Vernunft, einfach mitzulaufen und andere für verrückt, waghalsig oder einfach dumm zu erklären, die es nicht mehr wollen. In der DDR meinten viele, Menschen, die an der Mauer erschossen worden wären, seien doch selbst schuld an ihrem Tod, sie hätten ja nicht fliehen müssen. Heute meinen manche, man müsse doch nur den Mund halten, dann bekomme man auch mit Putin oder Erdogan keinen Ärger. Andere wieder meinen, man brauche Apps, die Daten sammeln, ja nicht zu nutzen, man sei ja selbst schuld, wenn man das mache und von

Unternehmen ausspioniert, belästigt und ausgebeutet werde. Oder man redet sich ein, es würde schon nicht so schlimm kommen mit dem Klimawandel. Es ist der Weg in das, was man früher als emotionale und intellektuelle Spießbürgerlichkeit oder als schlichtes Mitläufertum bezeichnet hat. Ein typischer bequemer Weg durch den Dschungel einer gestörten Welt, den Menschen in allen Kulturen auf breiten, ausgetretenen Wegen in unfreien ebenso wie in freien Gesellschaften seit Generationen gehen.

Gestörter Widerstand

Was bleibt uns noch? Der Widerstand in den Gegenpol hinein. Menschen, die diesen Weg wählen, positionieren sich gegen die Mächtigen. Sie legen sich an mit den Ehrgeizigen, Privilegierten und Erfolgreichen. Sie üben Kritik, nehmen die Gegenposition ein, erklären die anderen zu den Gegnern und wahren Feinden, drehen deren Logiken einfach um. Alle Widerstandsbewegungen der Moderne, seien sie rechten oder linken Ursprungs, sind gestörte Widerstandsbewegungen, die den Spieß umdrehen. Einmal sind es andere Nationen, Ausländer, andere »Rassen«, der Liberalismus, Juden, das Finanzkapital, der Sozialismus, das Patriarchat, die Frauenemanzipation, das böse »Ego«, Homosexuelle, die Abkehr von christlichen Werten oder die SUV-Fahrer, die an allem schuld sind. Oder es sind die Kapitalisten, Nationalisten, Faschisten, die Rechten. Für manche ist der Islam das, was es zu bekämpfen gilt, für andere das Christentum oder jede Religion. Den Gegenpol der Störung zu verabsolutieren bedeutet nichts anderes, als die Störung herumzudrehen, ohne ihr System jemals zu erkennen und zu überwinden. Wer die Architektur der Störung, die dem bisherigen menschlichen Denken zugrunde liegt, nicht erkennt, dessen Widerstand wird auch der Architektur der Störung folgen und sich je nach Außenumständen dynamisieren und radikalisieren. Gefangen in der bipolaren Gegensätzlichkeit des Denkens gibt es keine Veränderung, das Rad dreht sich einfach immer weiter. Selbst wenn eine Seite es schaffen sollte, die Distanzierungsbewegung im Machtkampf für sich zu entscheiden, entstehen lediglich andere gestörte Systeme. Aus gestörten Kapitalismen werden gestörte Sozialismen. Aus gestörten Übergangsdemokratien gestörte Hybriddiktaturen. In Europa haben wir viel Erfahrung damit. Typisch für gestörten Widerstand ist es, blind für die eigene Einseitigkeit und Radikalisierung zu sein. Manche greifen zu Gewalt, ziehen als Mob durch Innenstädte, schlagen alles kurz und klein, weil der Kapitalismus angeblich tötet, und führen damit die Dynamik der Störung, gegen die sie angeblich kämpfen, konsequent fort. Im gestörten Widerstand hat man meist keine wirkliche Hoffnung darauf, dass sich je etwas ändern wird. Aber man fühlt sich moralisch im Recht. Doch im System der Störung hat niemand recht. Bekämpfen wir es gestört, ändern wir nur die Vorzeichen, die Platzhalter und vielleicht auch sein Personal, nicht aber seine Logik, die die Ursache all seiner Entgleisungen ist.

Warum auch Liebe keine Lösung ist

Wenn es Unmenschlichkeit, Gier und Egoismus sind, die Menschen als Ursachen allen Unglücks identifiziert haben, dann ist die ebenso gestörte Lösung, uneigennützig, überfürsorglich und selbstvergessen zu sein. Selbst wer alles richtig machen will, wird durch die Architektur der Störung in der Denkweise, die alle noch so gutartigen Oberflächen grundiert, in verschiedene Formen der Destruktion, und sei es der Selbstdestruktion, gezwungen. Wenn wir niemanden mehr hassen dürfen und alle lieben müssen, dann hassen wir uns selbst dafür, dass es uns nicht gelingen wird. Weil wir mindestens diejenigen, die nicht mitmachen beim allumfassenden Lieben, dafür kritisieren und abwerten werden. Erkennen wir, dass uns damit das eigene gestörte Lieben misslungen ist, forschen wir in unserem Gewissen, wir kritisieren und bestrafen uns selbst, wenn unser Denken aufgrund seiner bisherigen Logik ganz von selbst auf die Suche nach wertbaren Unterschieden geht. Wie wir wissen, findet unser Denken immer, was es sucht. Wir erkennen dann, dass wir es wieder nicht geschafft haben, wertfrei und tolerant zu bleiben, und suchen nach dem Defizit bei uns selbst. Das Spiel der Hierarchien und Abwertung geht dann im kleinsten Raum, der uns bleibt, weiter: im inneren Dialog, in der Relation, der Beziehung, die wir zu uns selbst halten. Alle Heiligen der Weltgeschichte wussten um diese Dynamik der Störung. Was sie nicht wussten, war, dass es nicht das Böse oder der Teufel, sondern die Logik des bisherigen Denkens ist, die notwendig Wertungsunterschiede sucht, kreiert und in eine Dynamik des Konflikts und der Zerstörung führt.

Außenseiter sein

Außenseitertum als Spielart des Widerstandes gibt es in zwei Ausprägungen: in der des Zynikers und der des Outcasts. Der Zyniker meint, mit beißender Kritik und Abscheu gegenüber einer Welt der Störung über den Dingen zu stehen, und ist dennoch lediglich ihr hilfloser und bedeutungsloser Zuschauer. Zyniker halten sich für reif, sie meinen, mehr und klarer zu sehen als andere, doch in Wirklichkeit verharren sie in der Position eines traurigen Kindes, das durch seine Traurigkeit und Ohnmacht zunehmend in eine Form der Bösartigkeit den Menschen, der Welt und dem Leben gegenüber gewechselt ist. Manche wenden sich dem Tierschutz zu. Andere der Hoffnung auf eine technische Superintelligenz. Zynismus ist für Menschen in ihrem vollen Reifegrad keine Option.

Wer blindlings rebelliert gegen die Welt, hat sich entschieden, sich als das ganz und gar Andere zur gestörten Welt zu positionieren. Aussteiger sein, Outcast sein, ganz eigenen Regeln und Gesetzen folgen. Auszusteigen erfordert einen hohen Preis, den der Isolation, der Einsamkeit und des Verlusts von Schutz und Zugehörigkeit. Es bedeutet, vogelfrei zu sein, was zu allen Zeiten gleichbedeutend war mit tot sein. Leben spielt sich in der Epoche der Störung innerhalb der Pole und Hierarchien der Störung ab. Gestörtes Denken reduziert den Lebensraum, den Menschen haben, auf seine enge, kleine Welt. Wer die Kraft dazu hat, scheinbar aus dieser Welt auszubrechen, empfindet sie zunächst, wenn es nicht aus purer Verzweiflung geschah, womöglich als eine Form der »Splendid Isolation«, der ruhmreichen Isolation, ein Begriff, den die Briten einmal – und womöglich auch heute wieder – als eine Form des stolzen Außenseitertums bezeichnet haben, was aber in den Umständen unseres Jahrhunderts nur heißt, sich selbst in den Orbit der Irrealität zu katapultieren. Wer die Kraft eines Tages verliert, wird zunehmend zur traurigen Existenz des Outcasts, dessen Protest innerhalb des Leides, das ihn umgibt, oder der Unsichtbarkeit, in die er sich freiwillig begeben hat, nicht mehr wahrgenommen wird. Innerhalb des Systems der Störung, das eine enorme, seit Jahrtausenden und über alle Kulturen hinweg bewährte Stärke bewiesen hat, versinkt auch das stolzeste Außenseitertum eines Tages in den Strudel seiner Bedeutungslosigkeit. Traurig für die, die so viele Opfer gebracht haben und deren Hoffnungen ohne Chance sind, solange wir nicht erkennen, wie das Spiel funktioniert.

Selbst- und Weltflucht

Wenn Bewegung in der Störung vor allem Konflikt ist, wünschen sich manche, wenn sie keine Kraft zum Siegen, Kämpfen oder zum Aushalten mehr haben, ein Ende. Mit allem verschmelzen und sich um nichts mehr kümmern müssen! Sie sind nicht mehr da, stehen nicht mehr zur Verfügung. Es sind die vielfältigen Formen der Selbstflucht und der Weltflucht, die der Mensch in der Störung antritt, wenn die Ressourcen verbraucht sind und die Hoffnung auf Besserung erloschen ist. Die Depressionen und Burn-outs, die wir heute weltweit immer zahlreicher erleben, können wir auch als ein Symptom dafür sehen, dass immer mehr Menschen nicht mehr kämpfen wollen, weil sie dessen müde und überdrüssig sind, und vielleicht auch deshalb, weil sie erahnen, dass all diese Kämpfe vergeblich sind. Aber auch Drogen, gestörte Liebesbeziehungen, die Sehnsucht nach Erlösung, dogmatische, ego-zerstörende und weltvergessene Spiritualität bis hin zur letzten Konsequenz, zum Selbstmord, sind für manche der Ausweg aus dem ewigen Konflikt, den gestörtes Denken bei den sensitivsten und intelligentesten dieser so sensitiven und intelligenten Spezies Mensch hervorruft. Ein Mann wie Schopenhauer hat diesen Mechanismus erkannt und den Selbstmord als echte Option des Philosophen empfohlen. Doch Schopenhauer hat damit nicht das Leben selbst durchschaut, sondern lediglich das Leben unter dem Einfluss des Überlebensparadigmas.

Der aufrechte Gang

Es hat wahrscheinlich zu jeder Zeit auch diejenigen gegeben, die versucht haben, im Rahmen einer gestörten Welt das zu praktizieren, was man im 20. Jahrhundert als den »aufrechten Gang« bezeichnet hat. Es waren diejenigen, die, ohne ihre Ursachen zu verstehen, die Folgen menschlicher Entgleisungen erkannt und Wege gesucht haben, sie weder zu verstärken noch ins gestörte Gegenteil zu wechseln, sich anzupassen, zynisch zu werden oder daran zugrunde zu gehen. Die Schwierigkeit dieser Haltung der kritischen, nicht zynischen Distanz zu einer gestörten Welt liegt in der Vereinsamung und der fatalen Einsicht, dass das Paradigma des Denkens im eigenen inneren Dialog seine Heimstätte hat und sich dort in Ängsten, Selbstzweifeln und allen Frames der Störung gegen einen selbst wendet. Wer in einer gestörten Welt den aufrechten Gang wählt, weiß nicht, wozu dieses Opfer der klaren Sicht führt, ob es jemals Gehör findet, jemals etwas ändert oder lediglich das eigene Leben in den ebenso engen Korridor der inneren Zeugenschaft der Auswirkungen der Störung führt. Dennoch ist der aufrechte Gang die einzige Option, die in einer gestörten Welt die Ahnung eines freien, erwachsenen Lebens behütet und auf eine Art, die nicht weiß, warum, und es dennoch tut, weiterträgt. Wir verdanken ihr wichtige Zeugnisse menschlicher Würde auch in den allergestörtesten Umständen, zum Beispiel in den Tagebüchern Victor Klemperers, der das Dritte Reich aus unbestechlicher Perspektive seiner inneren Emigration beobachtet und beschrieben hat.[29] Reflexion, Kritik, Satire, Ironie und – schlicht – Humor waren und sind Mittel, die Menschen wohl zu allen Zeiten nutzten, um mit Innen- und Außenwelten zurechtzukommen. Auch in den Künsten, die in allen Kulturen eigene Blüten hervorbrachten, fanden und finden Menschen wohl Zuflucht, die ihnen zumindest das Gefühl gewisser Spielräume gibt. Und wir sehen es in Werken der Philosophie, in der Stoa, verschiedenen Formen des Buddhismus. In der Weltliteratur in den Werken eines Guy de Maupassant oder den Spätwerken Thomas Bernhards, der die Kritik der Störung, ohne sie freilich so zu nennen, auf einsame Höhepunkte getrieben hat, indem er eine eigene Methode entwickelte, die er in seinen Werken die »Übertreibungskunst« nannte und die konsequent damit arbeitete, die Welt bipolar-kontradiktorisch zu betrachten und zu kritisieren. Auch er war sich bewusst, dass er sie damit nur »aushalten«, nicht aber verändern würde.[30]

Glück ist nicht vorgesehen

Ist es wirklich so schlimm? Aber es gibt sie doch, wenn auch nur kurz, diese Momente, wo alles wie im Lot wirkt, wo das Pendel stillzustehen scheint, wo wir uns im Einklang fühlen mit den Regeln des alten Denkens, diese kurzen Momente der Übermotivation. Wenn die Barrikaden brennen, wenn die Figur stimmt, wenn man das richtige Auto fährt, den Präsidenten großartig findet, mit anderen einen über den Durst getrunken oder in der Meditation für einen Moment das innere »Affengeschnatter« zur Ruhe gebracht hat. Dann, ja dann fühlt es sich manchmal an wie Glück. Doch es ist nur ein Moment. Der, den die alten Griechen einen *halkyonischen* genannt haben, der kurze Zeitraum, in dem die Stürme zur Ruhe kommen, um anschließend erneut loszubrechen. Er ist nichts weiter als der Umschlagpunkt zwischen den Extremen, wie alles, was sich im engen Korridor des Überlebensparadigmas abspielt, wie der Punkt, an dem die Schaukel am Scheitelpunkt für einen Augenblick innehält, bevor sie sich erneut überschlägt und wir uns selbst, andere und das Leben wieder als Problem sehen, das erst dann endgültig gelöst ist, wenn wir nicht mehr sind. Innerhalb unseres alten Denkrahmens gibt es kein Glück, das dauern könnte. In der Logik unseres Denkens ist es einfach nicht vorgesehen.

Wie wir es auch drehen und wenden: Es gibt nichts Richtiges im falschen Mindset. Es gibt keine Erlösung, es gibt keine Befreiung, es gibt keine Veränderung innerhalb des Rahmens unseres bisherigen Denkens.

4
Leben als Überlebenskampf: Woher das alte Denken kommt

Gestörtes Denken ist nicht angeboren, wir erlernen es erst im Lauf unseres Lebens. Warum ist es aber entstanden, und wieso fühlt es sich so an, als ob es »schon immer« da gewesen wäre?

Geschichte in längeren Zeiträumen sehen

Vieles erklärt sich, wenn wir menschliche Geschichte in sehr viel größeren Zeiträumen betrachten. In der Schule fängt der Geschichtsunterricht meistens bei den alten Hochkulturen der Sumerer, der Ägypter oder im alten China und damit im dritten Jahrtausend vor unserer Zeitrechnung an. Zu dieser Zeit gab es unter Menschen bereits klare soziale Rangfolgen, Religionen und die Fundamentalhierarchien – Gesellschaften, die bis ins Detail die mentale Architektur der Störung aufweisen. Das erweckt den Eindruck, dass der Mensch einfach so ist und vielleicht auch immer so bleiben wird: machthungrig, ungerecht, gestört.

Doch wenn wir in der Geschichte unserer Gattung noch weiter zurückgehen, verstehen wir die Entwicklung unseres Denkens besser.[31] Werfen wir dazu einen Blick auf den zeitlichen Rahmen, in dem wir uns bewegen. Die Erde gibt es seit rund 4,5 Milliarden Jahren. Hominiden, also die ersten Menschenarten, tauchen sehr viel später vor etwa drei Millionen Jahren auf. Die ersten Exemplare der Menschenart Homo sapiens lassen sich vor 315 000 Jahren nachweisen.[32] Seit 40 000 Jahren ist Homo sapiens die einzige Menschenart auf der Erde. Unsere Biologie und unsere mentalen Kapazitäten haben sich seitdem nicht verändert, unsere Lebensumstände aber sehr wohl und mehrmals. Unsere Vorfahren lebten über Jahrhunderttausende als herumziehende Jäger und Sammler, bis vor 12 000 Jahren etwas Einschneidendes passierte.

Heutige Forschungen gehen davon aus, dass bereits dieses Nomadenleben anders aussah, als es die Rückschlüsse aus der Archäologie des 19. und 20. Jahrhunderts beschreiben. Männer und Frauen sind sehr wahrscheinlich bei ihren Wanderbewegungen gemeinsam auf die Jagd gegangen, der Nachwuchs wurde einfach mitgetragen. Das erklärt zum Beispiel die geringen Unterschiede in der Ausdauerleistung der Geschlechter, die evolutionsbiologisch keinen Sinn ergeben würden, wenn weibliche Menschen tatsächlich »brav« in der Höhle gesessen und mit dem Essen auf ihre Männer gewartet hätten. Was unsere Vorfahren in dieser Nomadenzeit ausprägten, waren ihre kommunikativen Fähigkeiten: Stimme, Laute, Sprachen. Schädelfunde zeigen, dass es ein langer, über Millionen Jahre währender Prozess war, bis Menschen die anatomischen Voraussetzungen dafür hatten: einen genügend ausgeprägten Frontallappen im Gehirn und einen Stimm- und Sprechapparat, der zu mehr in der Lage war, als Laute von sich zu geben. Wahrscheinlich bei der Jagd und am gemeinsamen Feuer entwickelten sich ausgeprägte kommunikative und erzählerische Fähigkeiten, denn es war wichtig, Wissen weiterzugeben, sich zu verständigen und vor allem zusammenzuhalten. Die Lebensumstände waren schwierig, ganz besonders ab ca. 18 000 vor unserer Zeitrechnung, als größere Klimaschwankungen begannen, viele Beutetiere ausstarben, die Fauna sich veränderte und Menschen, die sich den Umständen damals optimal anzupassen versuchten, sich immer wieder neu orientieren mussten.

Leben war für die Menschen der Frühzeit des Jagens und Sammelns tatsächlich eine Frage des Überlebens. Es bedeutete, einer übermächtigen und unberechenbaren Natur ausgesetzt zu sein. Der kleinste Fehler konnte für eine ganze menschliche Population den Tod bedeuten. Tiere waren tatsächlich gefährlich, sie waren echte Konkurrenten um die knappe Nahrung, also direkte Überlebensfeinde. Größere klimatische Veränderungen brachten ganze Landschaften dazu, auszutrocknen, zu versteppen oder zu vereisen. Die Nahrung, der unsere Vorfahren im wahrsten Sinne des Wortes nachjagten, war dann ebenso Tod und Verderben ausgesetzt wie sie selbst, die im hinteren Feld dieser Nahrungskette rangierten. Die Kindersterblichkeit war enorm hoch, Frauen starben sehr häufig schon in den Zwanzigerjahren ihres Lebens, Männer wurden nur selten um die fünfzig Jahre alt. In dem Moment, in dem eine Stammessippe anwuchs und Ressourcen zugleich knapper wurden, ging es um einen Wettlauf um Leben und Tod, der sehr wahrscheinlich häufig fatal endete.

Ein anderes Mindset

Und trotzdem waren unsere Vorfahren in der Frühzeit sozial anders organisiert als die späteren Hochkulturen. Grabfunde und andere archäologische Spuren legen nahe, dass es unter Menschen noch keine ausgeprägten Hierarchien gab und in vielen Gesellschaften Männer, Frauen und Kinder Teile einer Jagd- und Überlebensgemeinschaft waren, in der es auf jeden ankam. Beeindruckend sind uralte Zeugnisse aus Höhlen unserer sehr frühen Vorfahren, die Handabdrücke mehrerer Generationen zeigen. Die Abdrücke von Händen Erwachsener stehen gleich neben den Abdrücken kindlicher Hände. Weder Alter noch Geschlecht spielten eine besondere Rolle.[33] Grabfunde zeigen, dass es durchaus Menschen gegeben haben muss, die besondere Wertschätzung und Verehrung genossen haben, aber diese wurde noch nicht an geburtlichen Merkmalen festgemacht. Es finden sich unter den

Ehrengräbern der Frühzeit Skelette ebenso weiblicher wie männlicher Menschen.

Ein besonders aufsehenerregender Fund ist ein sogenanntes »Schamanengrab«, das mit zahlreichen und vielfältigen Ehrenbeigaben bestückt war. Was die Forscher herausfinden konnten, widersprach ihren vorherigen Erwartungen. Der sogenannte Schamane war eine etwa fünfundvierzigjährige Frau, die sehr wahrscheinlich von Geburt an eine starke Gehbehinderung gehabt haben muss.[34] Körperliche Besonderheiten, die später und bis heute von vielen als »Makel« angesehen werden, haben unsere Vorfahren ganz offensichtlich noch nicht gestört. Es ging um andere Fähigkeiten.

Aktuelle Forschungen zur Vor- und Frühgeschichte der Menschheit revidieren damit viele Vorurteile und zeigen, dass Menschen vor der Entwicklung der Hochkulturen sozial sehr viel vielfältiger und nicht hierarchisch organisiert waren. Die kommunikativen, strategischen und sozialen Fähigkeiten dürften stärker ins Gewicht gefallen sein und zum Ansehen eines Menschen entscheidend beigetragen haben. Nachvollziehbar, denn die Jagd in Gruppen verlangte von jedem Einzelnen ausgeprägte Wahrnehmungsfähigkeiten und die Fähigkeit, Entscheidungen zu treffen, die nicht nur das eigene, sondern das Wohl der gesamten Gemeinschaft betrafen. Eine erfolglose Jagd brachte eine menschliche Gemeinschaft in enorme Schwierigkeiten. Mit jeder Stunde nahmen die körperlichen Kapazitäten und damit die Aussicht auf eine erneute, diesmal erfolgreiche Jagd ab. Hunger und Durst waren eine psychoemotional äußerst anspruchsvolle Belastung. Eine Gruppe hatte mehr Schutz vor äußeren Feinden, wenn sie zusammenblieb und gut kooperierte.

Konflikte und Rangkämpfe sind unter solchen Umständen das Letzte, was Menschen brauchen. Soziale und kommunikative Fähigkeiten, aber auch ein wenig Luxus und Lebensfreude dagegen sehr. Unsere Vorfahren zeigten in alldem beeindruckende Leistungen. Bereits mehrere Zehntausend Jahre vor unserer Gegenwart bauten Menschen weitläufige Kommunikations- und Handelswege auf, die sie unabhängiger von ihren unmittelbaren Umständen machten. Dabei ging es nicht nur um überlebenswichtige Güter, sondern auch um das, was Menschen über die Notwendigkeit des Überlebens hinaus einfach Freude macht. Schmuck und Verzierungen, die es nur in anderen Gegenden gab, wurden über für die damalige Zeit fast unvorstellbar weite Wege beschafft, um Männer wie Frauen, die beide eine gleich starke Vorliebe für Schmuck und frühe Formen des individuellen Selbstausdrucks hatten, mit Schönem zu versorgen.

Sicherlich würde es zu weit führen, von einem frühen, goldenen Zeitalter der Egalität, der Individualität und Gerechtigkeit unter Menschen zu sprechen, denn wir wissen, dass es auch gewaltsame Auseinandersetzungen gab, aber zahlreiche Mythen, wie zum Beispiel der biblische Mythos vom Paradies vor dem Sündenfall, der viele Jahrtausende später formuliert wurde, könnten noch blasse Erinnerungen an eine Zeit gewesen sein, in der Menschen fundamental anders dachten und auf eine andere Art und Weise miteinander lebten und umgingen als in den Jahrtausenden danach.

Seit 40 000 Jahren sind es also nicht Veränderungen in unserem Erbgut, sondern Fortschritte in Denken, Wissen, Imagination, sozialer Organisation und Kommunikation, die den Weg unserer Spezies bestimmten. Entscheidend für Veränderung und menschliche Fortschritte ist also nicht unsere Biologie, sondern unsere Fähigkeit, mit genau dieser Biologie immer wieder neue, bessere Ideen und Denkweisen, neue Formen des Zusammenlebens und der Interaktion in sich stark verändernden Außenbedingungen zu schaffen. Immer schon war genau diese Fähigkeit auf engste Weise mit dem Klima auf der Erde verbunden.

Warum der letzte Klimawandel
alles veränderte

Vor 12 000 Jahren begann eine Entwicklung, die die menschliche Geschichte in eine andere Richtung lenkte: die sogenannte neolithische Revolution. Sie verlief über verschiedene Phasen über Jahrtausende, aber sie sorgte für den heute wesentlichen Unterschied: Menschen wurden sesshaft. Statt in Stammesgemeinschaften jagend und sammelnd umherzuziehen, begannen sie, sich an festen Plätzen niederzulassen, Ackerbau und Viehzucht zu betreiben und sich sozial völlig neu zu organisieren. Das alles konnte nur funktionieren, weil sie zugleich ihre Denkweise von Grund auf veränderten.

Was war passiert? Knapp 10 000 Jahre vor unserer Zeitrechnung erwärmte sich das Klima, nachdem es vorher mehrere Jahrtausende stark geschwankt hatte, innerhalb des rasanten Zeitraumes von nur zwanzig bis vierzig Jahren auf der Nordhalbkugel um ganze sechs Grad Celsius, in Grönland sogar um bis zu zehn Grad. Ein gigantischer Klimawandel, der die Eiszeit, das Pleistozän, beendete und das Holozän, die bis heute andauernde Warmzeit, einleitete. Der rasante Klimaumschwung hatte bedeutende Auswirkungen auf Flora und Fauna. Viele Tierarten, vor allem Großsäuger, starben aus, weil sich die Lebensgrundlagen auf der Erde so schnell und drastisch veränderten, dass die Anpassungszeit für die spezialisierten Arten, ähnlich wie beim heutigen sechsten Artensterben, zu kurz war.

Auch für Menschen änderten sich die Lebensbedingungen. Das Eis schmolz, die Fauna explodierte in den wärmeren Regionen, ganze Territorien wurden vom Eis befreit und konnten besiedelt werden. Menschen, die Generalisten unter den Lebewesen, konnten sich sehr viel schneller und besser auf die neuen Umstände einstellen. Doch auch sie hatten mit dem Wandel zu kämpfen. Bestimmte Tierarten, die Menschen zu jagen gewohnt waren, starben durch den Klimawandel aus. Auf der anderen Seite sorgte die Wärme für bessere Lebensbedingungen und damit für einen Anstieg der Bevölkerungszahl, der Schritt für Schritt auch für mehr Konkurrenz unter den nomadischen Stämmen sorgte, die sich in ihren Wildbeständen stark wandelnde Jagdgebiete teilen mussten. Unsere Vorfahren mussten sich etwas einfallen lassen. Und das taten sie. Mit einem denkerischen Paradigmenwechsel ohne Beispiel.

Der große Paradigmenwechsel

Menschen fingen erstmals damit an, ihr eigenes Verhalten nicht mehr an den jahrmilliardenalten Bewegungen der Natur auszurichten, indem sie als Nomaden, Jäger und Sammler ihrer Beute folgten und sich deren Rhythmus optimal anpassten, sondern drehten den Spieß um. Sie wurden sesshaft. Sie fingen an, die Natur auf ihre eigenen Bedürfnisse auszurichten, sie umzugestalten, Pflanzen und Tiere zu züchten, zu bewässern, zu manipulieren und zu domestizieren, und leiteten damit den folgenreichen Schritt ein, die Natur immer stärker nach menschlichen Bedürfnissen, also den Bedürfnissen einer einzigen Spezies in einem sehr komplexen Biosystem, auszurichten. Dies alles dauerte viele Jahrtausende, aber wir können sagen, dass nach gut 4,5 Milliarden Jahren Erdgeschichte, fast drei Millionen Jahren Menschheitsgeschichte und nach gut 300 000 Jahren der Existenz von Homo sapiens vor erst 12 000 Jahren die ersten Menschen damit begannen, eine Strategie der Dominanz und der kreativen Manipulation und nicht mehr der Anpassung an natürliche Zyklen zu verfolgen. Auch wenn die frühen menschlichen Hochkulturen die Natur anbeteten und einen geradezu ausufernden Opferkult betrieben, um sich die »Mächte« der Natur, die sie noch nicht verstanden, gewogen zu halten und wenigstens mittels ihrer Fantasie

Einfluss über sie zu gewinnen, war der entscheidende Schritt von einer Strategie der Anpassung hin zu Dominanz und Manipulation vollzogen.

Während Menschen vorher ihre Wirklichkeit im Modus der Bewegung und der horizontalen Ausbreitung oder der zyklischen Wanderbewegungen wahrnahmen, denen sie selbst in Gruppen folgten, mussten die sesshaften Menschen in ihrer neuen Lebensform erstmals ein Denken der Statik, der Stabilität, der wiederkehrenden Zyklen an einem einzigen Ort und eine Vorstellung entwickeln, die bahnbrechend neu war: eine Idee von Zeit, die die Vorstellung von Bewegung und Veränderung an einem Ort ermöglicht, und die Idee von Oben und Unten, die Vorstellung der geometrischen Vertikalen, die Voraussetzung dafür ist, »höhere« und »niedere« Wesen zu erfinden und Ideen wie Göttern, Menschen, Tieren und anderem Leben entsprechende Plätze in einer vertikalen Hierarchie zuzuordnen. Wo es ein Oben und ein Unten gibt, gibt es auch wichtigere und unwichtigere Menschen, wichtigere oder unwichtigere Lebewesen, eine Vorstellung, die Menschen in den umherziehenden Jagdgemeinschaften wahrscheinlich noch fremd war. Und wo Stabilität, Ewigkeit und wiederkehrende Zyklen zur Vorstellung von Wirklichkeit gehören, da darf es keine unvorhergesehene Veränderung geben.

Der Anfang der Ambivalenz menschlichen Daseins

Doch das neue Denken brachte Vorteile. Menschliche Gemeinschaften produzierten mit dem neuen Denken erstmals Überschüsse, die ihnen ermöglichten, Vorräte zu bilden und auch in veränderlichen Zeiten besser zu überleben. Sie gründeten die ersten größeren Siedlungen und schufen damit die Grundstrukturen heutiger Urbanität. Uruk, die älteste bekannte Stadt, wurde vor rund 8000 Jahren auf dem Gebiet des heutigen Irak gebaut. Wir wissen heute, dass die frühen größeren Siedlungen über Felder und Anbauflächen verfügten, die zum Teil durch ausgefeilte und aufwendig gebaute Bewässerungskanäle mit Wasser versorgt wurden und die Menschen dadurch zumindest ein Stück weit unabhängiger von Wetterbedingungen machten. Es setzte mit all diesen Herausforderungen und den neuen Lösungen, die Menschen erfanden, ein gewaltiger kultureller Entwicklungsschub ein, mit allen Problemen und Ambivalenzen, die das menschliche Leben und das Dasein unserer Spezies bis heute kennzeichnen.

Es ist der Anfang einer neuen Ära menschlicher Ideen und Artefakte, seien es Religionen, die Erfindung der Schrift, die Erfindung von Rechtssystemen, die ersten großen Städte, eine völlig neue Qualität von Strategien in Ackerbau, Viehzucht und Bewässerungstechnik. Es ist zugleich der Beginn einer Vorstellung von Eigentum.[35] Künstlerische Werke und die Architektur der ersten Monumentalbauten erreichten bis dahin völlig unbekannte Qualitäten.

Doch es ist gleichzeitig der Beginn der Ausbeutung von Mensch und Natur, die Erfindung und der schrittweise Ausbau von Hierarchien, kriegerischen und spirituellen Rangfolgen, der Sklaverei und des Kolonialismus, der tatsächlich keine europäische Erfindung der Neuzeit, sondern eine menschliche Erfindung des Holozäns ist, der Trennung der Geschlechter und der systematischen Anders- und schließlich Abwertung von Menschen in weiblichen Körpern; die Erfindung brutaler Religionen, ungerechter und menschenfeindlicher Moralvorstellungen, der Sklaverei und gewalttätiger, ungerechter Herrschaftssysteme. Wir wissen, dass erst vor etwa 9000 Jahren erste Eliten entstanden, die selbst nicht mehr zum Lebensunterhalt beitrugen, sondern kriegerische und spirituelle Führungsaufgaben übernahmen. Die Idee von Führung und Gefolgschaft in dem Sinne, wie wir sie bis heute kennen, stammt aus dieser sehr jungen Epoche der Menschheitsgeschichte. Es ist wichtig, und wird zu häufig übersehen, dass Menschen nicht nur damit begannen, Tiere und Pflanzen zu domestizieren, sondern dass sie sich auch untereinander domestizierten. Die Idee, sich Menschen als Abhängige, Sklaven und Leibeigene zu »halten«, sie als Besitz zu betrachten und hemmungslos auszubeuten, steht der Ausbeutung der nicht menschlichen Natur in nichts nach. Homo sapiens ist erst seit dem Beginn seiner Sesshaftigkeit im Holozän eine tragische, andere und ebenso sich selbst quälende Spezies, die bis auf den heutigen Tag nicht nur anderes Leben, sondern auch eigenes Leben unterwirft, passend macht und »bewirtschaftet«. Wenn wir uns heute trotz Freiheit und Wohlstand in unsere selbst gebauten Hamsterräder zwingen, ahmen wir jene seit 12 000 Jahren ablaufende Bewegung nach.

Über- und Unterordnung müssen gelernt werden

Selbstverständlich erlebten auch die sesshaften Menschen in ihren befestigten Siedlungen Hunger, Dürre und Angriffe von außen. Doch sie hatten Mauern, und die aufkommenden menschlichen Eliten bauten Burgen, um sich und diejenigen, die für ihren Lebensunterhalt aufkamen, sowohl zu schützen als auch zum eigenen Wohl zu erhalten. All das funktioniert nur, wenn Menschen ein System dieser Art mental abbilden und frühzeitig verlässlich konditionieren können. Es muss also eine Übergangszeit gegeben haben, in der Menschen die Fähigkeit erlernt haben, sich als untergeordnet und abhängig von einem anderen Menschen und seiner Familie wahrzunehmen und diesen Zustand für akzeptabel und richtig zu halten. Ebenso wie diejenigen, die den ersten menschlichen Adel bildeten, davon überzeugt gewesen sein mussten, ein Recht auf diese Sonderstellung zu haben, das nach und nach nicht mehr über Verdienste und Fähigkeiten, sondern von

Geburt an gültig war. Nicht umsonst war die Hierarchiebildung unter Menschen eng verknüpft mit der Erfindung von Religionen und Kulten, die den Eliten auch religiöse und damit nicht nur mächtige, sondern andersmächtige, höhermächtige Fähigkeiten zuschrieben.

Menschen, die in solchen Gesellschaften leben, müssen ihren Reifegrad innerlich künstlich niedrig halten und bereit sein, sich selbst und andere in dauerhafte Eltern-Kind-Haltungen zu zwingen und Abhängigkeiten zu akzeptieren, die unter erwachsenen Menschen eben nicht zwingend, sondern immer mental und sozial konstruiert und entsprechend nachgehalten werden.

Wie wir gesehen haben, erfindet das menschliche Denken, was es braucht, um sich zu orientieren. Ohne die Erfindung entsprechender Religionen, einer Idee von Stabilität, legitimer Herrschaft und Dauerhaftigkeit wäre es sehr viel schwerer gewesen, langfristig stabile Hierarchien zu begründen. Menschen in den oberen Rangfolgen müssen darüber hinaus bereit gewesen sein, gezielt Stress auszulösen, Gewalt anzuwenden, zu drohen und einzuschüchtern. Terror, Bespitzelung und drakonische Strafen sind ein Kennzeichen vieler Hochkulturen. Unsere Welt kennt sie bis heute.

Manche denken, das Patriarchat sei schuld. Aber das Patriarchat ist eine Folge sehr viel tiefer greifender Verschiebungen im menschlichen Denken, nicht die Ursache. Die Vorstellung, dass Männer Frauen überlegen seien und ihnen deshalb ein natürlicher Vorrang zustehe, kann als eine evolutionspsychologische Strategie von Menschen aus der Zeit der Sesshaftigkeit gedeutet werden. In einer sesshaften bäuerlichen Lebensweise, in der Not, Mangel und Unsicherheit täglich erlebt wurden, gab es zahlreiche, aus der Überlebenslogik rationale Gründe, männliche Menschen zu bevorzugen: Männer haben im Durchschnitt mehr Körperkraft und ein höheres Aggressionspotenzial. In sesshaften Gesellschaften sind beide Elemente wichtig. Außerdem war die Lebenserwartung der Männer höher als die der Frauen. Diese

Denkweise aber ist nur dann komplett, wenn es auf der anderen Seite eine Überzeugung von Unterlegenheit und Nachrangigkeit weiblicher Menschen gibt, die internalisiert und an die gemeinsamen Nachkommen weitergegeben wird.[36] Dabei helfen bis heute Mythen, Erzählungen und religiöse Vorschriften, die immer wieder als »natürlich« oder »gottgewollt« begründen, was schlichtweg einer tieferen, heute veralteten Logik folgt. Das Patriarchat ist so gesehen keine männliche, sondern eine menschliche Erfindung des Holozäns.[37] Es muss denjenigen Gemeinschaften Überlebensvorteile gebracht haben, die es früh internalisiert und an die nächsten Generationen weitergegeben haben. Heute hat sich das umgedreht. Nirgendwo auf der Welt ist die Not größer als dort, wo Mädchen und Frauen nichts gelten. Und überall da, wo Frauen starke Positionen einnehmen und ähnliche Chancen vorfinden wie Männer, geht es Menschen materiell und gesundheitlich besser.

Gestörtes Denken ist die Antwort auf die Probleme des letzten Klimawandels

Auch wenn es gefühlt immer schon so war: Das alte Denken ist menschheitsgeschichtlich eine recht junge Erfindung. Weil wir aber erst seitdem nennenswerte Überlieferungstechniken wie die Schrift, epische Erzählungen, Bauwerke und andere Kunstschätze kennen, kommt es uns so vor, als ob es immer schon so wäre, als ob es natürlich und quasi alternativlos sei. In Wirklichkeit ist es ein mentales Modell unserer Spezies aus dem Holozän, das wir evolutionspsychologisch erklären können. Es war in seinen Ursprüngen ein intellektueller und psychoemotionaler Anpassungsprozess an völlig neue, prekäre Lebensbedingungen, die durch einen großen Klimawandel sowie Veränderung, Not, Mangel und Konkurrenz um knappe Ressourcen geprägt waren. Menschen suchten einen Ausweg daraus, den sie mit der neuen mentalen und sozialen Architektur auch fanden. Sie mussten lernen, so zu denken, um zu überleben, und wenn sie schon in eine Gesellschaft dieser Art geboren wurden, dann galt dies umso mehr. Seit Jahrtausenden begründen sich alle großen Ordnungssysteme der uns bekannten Zivilisationen aus der gleichen Logik. Zu Beginn waren es dominante Familien und Herrscherdynastien, die sich zum Beispiel als Gottkönige verehren ließen, später wurden Religionen zu Leitsystemen, immer eng verbunden mit den Obrigkeiten, mit dem Adel, dem Kaiser, Diktatoren und Oligarchen, mit Parteien oder einfach mit dem Staat. Im 20. Jahrhundert haben gestörte Ideologien vielfach den Platz der Religionen eingenommen. Dort ging es um die Zugehörigkeit zu einer Klasse oder Rasse, die angeblich weiter oder höher entwickelt war als andere.

Der Preis, den unsere Vorfahren in den Jahrtausenden des Übergangs bezahlt haben müssen, mag unfassbar hoch gewesen sein. Es ist eine schwierige und schmerzhafte »Kunst«, gestört zu denken, und sie erfordert, das Brutale und Ungerechte, was damit einhergeht, auch in sich selbst abzubilden. Gestörtes Denken verlangt, dass wir in unserem inneren Dialog eine ungleiche, von inneren Konflikten geprägte Beziehung zu uns selbst und unserem Leben unterhalten müssen, in der die eine Seite die andere immer wieder ab- oder aufwertet, befehligt und bezwingt. Wir müssen darin lernen, unsere eigentlichen Bedürfnisse, unsere gesamte Kreativität und Entfaltungskraft frühzeitig abzuwürgen oder in sehr enge Bahnen zu lenken. Eigene Wünsche und Vorstellungen haben hier nur wenig oder gar keinen Platz. Gestörtes Denken zwingt uns dazu, wie schon unsere Vorfahren vor Jahrtausenden, einen ständigen Kampf in uns selbst zu führen und uns machtloser, hilfloser oder aber mächtiger und überlegener zu fühlen, als wir es tatsächlich sind.

Die Logik davon lebt als tiefer Imprint auch in der Moderne weiter in uns fort. Die Folgen sehen wir besonders deutlich dort, wo autoritäre Systeme zusammenbrechen. In ihnen wird Menschen strenge Orientierung angeboten, und sie dürfen ein bestimmtes Maß an Schutz, Sicherheit und Kontrolle von den Oberen erwarten. Heute sind diese zweifelhaft positiven Seiten autoritärer Gesellschaften dort, wo Menschen erst seit Kurzem frei sind, weggefallen. Orientierung bleibt jedem überlassen, sie fragmentiert und diffundiert. Und Schutz hat sich, wenn überhaupt, in ein anonymes staatliches Versorgungssystem verwandelt, das viele Zumutungen autoritär-patriarchaler oder diktatorischer Fürsorge hinter sich gelassen hat, aber nicht mit einer neuen, besseren Beziehungsqualität aufgeladen ist, sondern das lediglich bürokratisiert und »objektiviert«. Vielleicht ist das der tiefere Grund, warum sich so viele, die erst 1989 die Diktaturen abschütteln konnten, innerlich zurücksehnen in eine Welt, die der alten Logik noch mehr entsprach als unsere heutige. Heute sind wir frei, aber gefühlt auf uns allein gestellt – innerlich navigieren wir jedoch noch mit einem Kompass, der mit anderen Umständen rechnet.

Wie es derzeit um die Welt bestellt ist

Leider ist im Moment kein politisches System unserer Zeit immun gegen gestörtes Denken. Jedes fördert oder verlangt den unreifen Menschen und verspricht im Gegensatz Sicherheit und Kontrolle in einer Zeit, in der die zivilisatorische Ordnung des Holozäns verschwindet und die neue noch nicht gefunden ist. In den freien Demokratien der Gegenwart flammen alle diese Konzepte wieder auf. Viele junge Demokratien Osteuropas haben sich, durchsetzt mit gestörten Konzepten, zu merkwürdigen Hybridsystemen aus autoritären Denkweisen und nur halbherzig oder widerwillig verfolgten demokratischen Verfahrensweisen entwickelt. Die Vereinigten Staaten von Amerika erleben derzeit mit voller Wucht die Wirkung gestörter, spaltender Denkweisen. Der Präsident schürt Unsicherheit, hetzt Menschen gegeneinander auf, zerstört Vertrauen in Wirtschaft und Politik weltweit. Die Weltmacht China vertritt heute ganz offen ein diktatorisches, im Hintergrund oligarchisches Kontrollsystem, das sich nach dem Prinzip der sogenannten »Harmonie« ordnet, in der die Partei die Funktion von allmächtigen und allwissenden Eltern übernimmt, während das Volk im angepassten Kinderstatus verharren soll. Auf wissenschaftlichen Konferenzen wird dieser Ansatz offen mit genau dieser Familienmetapher als spezifisch chinesischer, aus dem Konfuzianismus entlehnter Beitrag zu einem neuen Denken für unser Jahrhundert vorgestellt.[38] Aber es ist das bis ins Detail ausargumentierte Denken des Holozäns und damit kein Wegweiser mehr für dieses Jahrhundert. Keine Gesellschaft wird damit weiterkommen. Nirgendwo auf der Welt. Auch China, der derzeitige Weltmeister im Sich-neu-Erfinden, wird sich neu erfinden müssen. Hoffentlich bald. Würde China den inneren Turnaround schaffen, wäre das ein wichtiges Signal für die ganze Welt. Denn was es heute braucht, sind möglichst viele Menschen in ihrem vollen Reifegrad. Erwachsene Menschen, die sich gemeinsam mit anderen individuell und sozial voll entfalten.

Warum das alte Denken an sein Ende gekommen ist

Im Moment gibt es aus der Gegenwart also nicht viel Gutes zu berichten. Das alte, gestörte Denken ist anachronistisch geworden, weil es uns unter bisher nie da gewesenen Umständen in zu niedrigen Entwicklungsstufen unseres humanen Potenzials hält. Dass das Prinzip des alten Denkens porös wird, sieht man an vielen Stellen bereits heute. Sobald Menschen nicht mehr existenziell bedroht sind, entwickeln sie überall auf der Welt andere Bedürfnisse. Es ist das Bedürfnis nach Ausdruck der eigenen Individualität, nach Selbstentfaltung bei gleichzeitig sicheren Bindungen, kurz: nach einem voll entwickelten erwachsenen Leben. Altes Denken erschwert und blockiert das. Es gibt uns darüber hinaus keine Erklärung, keine Orientierung und keine Optionen mehr, weil die Welt längst eine andere ist und sich seit mindestens siebzig Jahren bei steigender Beschleunigung in Bewegung gesetzt hat. Das alte Denken und die Beziehungen, die wir daraus mit uns selbst und anderen führen, sind zu eng, zu klein, zu aggressiv und zu langsam für eine beschleunigte, komplexe Welt. Dass das alte Denken nicht mehr trägt und das Neue noch nicht gefunden wurde, sehen wir auch an einer allgemein wahrgenommenen Orientierungslosigkeit, Indifferenz und den zunehmend fluiden Beziehungen. Wir sehen es daran, dass wir mitten im Schlaraffenland innerlich verhungern, vereinsamen und uns mit immer neuen Ängsten herumschlagen. Es führt dazu, dass wir Konflikte austragen, in denen niemand mehr Gewinner ist.

Das alte Denken zementiert himmelschreiend ungerechte Hierarchien zwischen Menschen und entfremdet uns als hochintelligente und sensible Spezies von unserer eigenen Biosphäre. Es führt zu Gesellschaften und Umständen, die zerstörerisch sind, weil unser Denken und Fühlen bei der kleinsten Gelegenheit ins Destruktive entgleitet. Es macht uns daheim und in der Welt zu Feinden, Widersachern, potenziellen Konkurrenten, spaltet uns ab von anderen Menschen und anderen Lebewesen. Es lässt uns aus Positionen der Allmacht und der Ohnmacht denken, zwingt uns in Extreme und sorgt dafür, dass wir weiterhin alles ausbeuten, was lebt oder an Ressourcen auf der Erde ist.

In der Dynamik unseres bisherigen Denkens ist genug niemals genug – mit fatalen Folgen für die gesamte Biosphäre. Alles, was wir heute schon wissen, geht an uns vorbei wie an Schlafwandlern. Nicht weil wir es nicht hören wollen, sondern weil wir es aus unseren geistigen Fundamenten heraus nicht verstehen können.

Unser Denken folgt einer Logik, in der Ausbeutung, desaströser Wettbewerb und ein rücksichtsloser Kampf um Dominanz paradoxerweise richtig sind – auch wenn sie heute so offensichtlich falsch sind. Bleiben wir im alten Mindset, dann haben auch unsere besten Ideen keine Chance, und Gernot Wagner, der Klimaforscher mit dem »perfekten Problem«, behielte recht: Wir würden es einfach nicht packen mit dem Change, der heute ansteht; wir würden uns und die Natur weiter ausbeuten und uns wie vor fünftausend Jahren schon die Schädel einschlagen, bis nichts mehr da ist, was es auszubeuten gibt. Und wir würden uns keinen Deut besser fühlen.

Je überforderter wir sind, desto stärker wird das Denken der Störung, denn es ist ein Überlebensprogramm. Wenn wir den Eindruck haben, die Kontrolle zu verlieren, aktiviert dieses Programm sein gesamtes destruktives Potenzial. Weil es wie ein Algorithmus funktioniert, setzt es uns unter den immer gleichen falsch verstandenen Prämissen die immer gleichen Ziele: Sicherheit und Kontrolle um jeden Preis.

Wenn bald nicht mehr sieben, sondern zehn Milliarden Menschen auf der Welt gegeneinander in der gleichen mentalen Konstruktion ums Überleben kämpfen, könnte es eng werden mit den menschlichen Möglichkeiten auf unserem Planeten. Unser bisheriges Denken verschärft Konflikte, produziert Angst, Druck, Misstrauen und die anderen Störungsframes. Wir könnten tatsächlich Konflikte in einer Dimension erleben, die die Erde so noch nicht gesehen hat. Immer mehr Bürgerkriege, gestörte Kriege um gestörte Ideologien, um lebensnotwendige Ressourcen, um Herrschaft und Unterordnung – um was auch immer – in einer zunehmend diffundierenden Welt. Eine Menschheit, die auf diese Weise weiter zurückfällt in regressive Denk- und Verhaltensmuster, wäre kein Gewinn für diese Welt.

Der epochale Einschnitt

Doch bei allem, was wir heute an Problemen und Herausforderungen sehen, dürfen wir etwas ganz und gar Einschneidendes nicht übersehen: Bei aller berechtigten Kritik an den Folgeschäden der Industrialisierung und des technischen Fortschritts müssen wir endlich begreifen, welche grundlegend neuen Bedingungen dadurch gleichzeitig für unser Denken geschaffen wurden. Auch wenn alles richtig ist, wovor Wissenschaftler und Umweltaktivisten warnen, und wachsender Wohlstand die Biosphäre unter den Bedingungen der Störung zerstören kann, so ist auch richtig, dass es erstmals in einem Teil der Welt für Millionen Menschen möglich ist, in Lebensbedingungen zu existieren, in denen Not und Mangel seit einem nennenswerten Zeitraum überwunden sind.

In vielen industrialisierten Ländern der westlichen Welt leben bereits Erwachsene, deren Großeltern in Freiheit und Überfluss geboren wurden. Einige von ihnen gehören zur Generation derer, die wir sinnigerweise als »digitale Nomaden« bezeichnen, also Menschen, die überall in der Welt leben und eine andere Vorstellung von Werten und Möglichkeiten haben als ihre Eltern und Großeltern. Auch wenn sich viele junge Menschen mit ihrer Heimat verbunden fühlen, sind sie gerne auch an anderen Orten zu Hause. Sie sind sowohl sesshaft als auch mobil. Selbst dort, wo noch prekäre Lebensbedingungen herrschen, verfügen Menschen über digitale Technologien und damit über einen weit größeren Horizont als ihre Vorfahren. Mehr als vier Milliarden Menschen haben einen Internetanschluss. 3,2 Milliarden Menschen nutzen ein Smartphone, 2021 sollen es allein in Afrika 900 Millionen sein.[39]

Diese Entwicklungen sind für unsere Spezies ebenso neu und entscheidend wie die immensen Kollateralschäden, die der technische Fortschritt und die Modernisierung angerichtet haben, denn es verändert für Milliarden Menschen die grundlegenden

Rahmenbedingungen, die menschliches Denken zu bewältigen hat.

Wir kämpfen nicht mehr ums Überleben. Und wir sitzen nicht mehr fest. Das zweidimensionale, vertikale Schema des alten Denkens passt nicht mehr zu unserer Wirklichkeit. Das alte Paradigma stimmt nicht mehr. Wenn ein Paradigma die Realität nicht mehr angemessen begreifen lässt, wird es porös, unscharf und zunehmend paradox. Es zeigt sich als Störung und macht den Weg frei für ein neues Paradigma. Eines, das uns in die Lage versetzt, Leben unter neuen Umständen zu begreifen. Weniger eng, sehr viel offener und weitaus wirksamer.

Es ist wahr: Heute und erst heute können wir erkennen, dass Leben weit mehr als Überleben ist, dass es in der Vielfalt des Lebens so viel mehr zu entdecken gibt als Sicherheit und Kontrolle, als diffuse Ängste, ständige Ambivalenzen, bipolare Hierarchien, infantile Muster oder eine brutale Logik von Dominanz und Unterordnung. Es klingt groß, und es ist groß: Wir stehen vor einem disruptiven Wandel der bisherigen menschlichen Zivilisation. Wir stehen vor einem Wandel in eine gefühlt und gelebt andere Dimension, als sie unsere Vorfahren jemals kannten. Diesmal sind die Ursachen menschengemacht, aber wie damals, als das alte Denken entstanden ist, hängen sie mit einem tief greifenden Klimawandel zusammen. Doch es geht um weit mehr als um den Klimawandel. Wir brauchen den menschlichen Fortschritt in allen Bereichen unseres heutigen Lebens. In Wirtschaft, Politik, in der Bewältigung von Krisen, im Zusammenleben. Selbst dann, wenn wir, wie Experten meinen, den Klimawandel nicht mehr kontrollieren können und das Artensterben eine unaufhaltsame Dynamik erreicht haben sollte – wir würden in einer anderen Qualität mit seinen Folgen umgehen können.

Was wir bislang unter Menschsein und Leben verstehen, kann und muss sich heute erstmals verändern. Wir können uns entstören und ein neues Denken finden. Wir können schon zur Jahrhundertmitte in einer Welt leben, die nicht mehr gegeneinander kämpft, sondern miteinander kooperiert, eine Welt, die Entscheidungen und Handeln konsequent an den Bedürfnissen von Lebewesen ausrichtet. Unsere Geschichte bleibt die gleiche, doch unser Leben und die Zukunft haben ein völlig anderes Potenzial.

5
Vom Überleben
zur Entfaltung:
Das neue Denken

Das gestörte Denken und seine Logik sitzen tief. Doch sie sind weder natürlich noch angeboren. Die Zeit des gestörten Denkens ist abgelaufen, sein Code ist geknackt. Innerhalb des alten Denkrahmens finden wir keine neuen Lösungen. Deshalb brauchen wir einen neuen Denkrahmen, um in einer komplexen, volatilen Welt wieder sicher zu navigieren und endlich ein sinnvolles, erfülltes Leben zu führen, ohne uns und anderes Leben weiter zu schädigen. Es muss uns befähigen, Stress auf ein Minimum zu reduzieren, und zugleich eine klare innere Richtung geben, wie wir die Welt ernsthaft, unaufgeregt und konsequent zum Besseren verändern können.

Das Programm einer anderen Logik

In den letzten zehn Jahren habe ich mit meinen Klienten intensiv mit alternativen Denk- und Fühlmustern gearbeitet und nach der Dechiffrierung des alten Codes einen neuen, lebensfreundlichen gefunden, der Menschen dabei unterstützt, ein völlig anderes psychoemotionales Potenzial zu entfalten. Der Weg dorthin war ein herausfordernder Lernprozess für beide Seiten. Die Menschen, mit denen ich arbeite, sind anspruchsvoll, und sie stehen mit beiden Beinen im Leben. Sie sind bereit, sich auf Neues einzulassen, sonst würden sie nicht mit mir arbeiten. Aber es muss sie überzeugen, und es muss funktionieren. Hätte ich sie lediglich mit

Banalitäten oder nett gemeinten Placebos abgespeist, die sich gut anfühlen, aber in der Praxis nicht wirken, hätten sie mir das nicht verziehen.

Mit einem neuen Denken zu experimentieren ist dennoch eine anspruchsvolle Erfahrung. Es geht nicht um Oberflächenkosmetik und wohlfeile »Feelgood«-Tipps, sondern um die Arbeit am fundamentalen Frame im eigenen Denken. Gerade Ältere tun sich manchmal schwer damit, weil das gewohnte Denken sich trotz der falschen Ergebnisse, die es offensichtlich produziert, einfach gewohnt und damit auf eine trügerische Art richtig anfühlt. Dass uns unser Umfeld andauernd bestätigt, auch mit gestörtesten Ansichten angeblich richtigzuliegen, macht die Sache nicht einfacher. Es fordert zwei Dinge: zum einen, sich selbst abzuverlangen, konsequent in einen innerlich erwachsenen Reifegrad zu wechseln; zum anderen die Offenheit und die Bereitschaft, zu experimentieren.

Neues Denken ist eben neu, und wenn wir es wirklich durchdringen und auch emotional erfassen, dann verändert es alles. Es erzeugt eine andere Logik und fühlt sich anders an. So ungewöhnlich, dass wir es zunächst vielleicht gewaltig unterschätzen. Weil es nicht mehr brutal und wettbewerbsorientiert ist, sondern ernst gemeint, lebensfreundlich und beziehungsorientiert. Weil es keine vertikal geschichteten sozialen Rangfolgen mehr hervorbringt, sondern ein lebendes, organisches System simuliert und genau solche Systeme automatisch hervorbringt. Doch es ist ebenso logisch und deutlich wirksamer, weil es Menschen stärkt, einen anderen Reifegrad unterstützt und psychoemotionale Ressourcen schafft, statt auszubeuten. All das funktioniert nur dann, wenn wir es aus einem innerlich balancierten, erwachsenen Zustand heraus erfassen.

Infantiles Wunschdenken ist auch im Entstörungsprozess fehl am Platz. Entstörung bewirkt keine Wunder, aber sie versetzt uns in die Lage, andere mentale Kapazitäten abzurufen. Diese verändern unser Lebensgefühl und die Qualität der Lösungskompetenzen. Die »Risiken und Nebenwirkungen« liegen darin, dass es, konsequent zu Ende gedacht, nur noch sehr weniges so lassen wird, wie wir es heute kennen, weil es unser Leben und unsere Systeme in ein anderes Level katapultiert. Es könnte der Algorithmus einer neuen menschlichen Zivilisation sein. Das lässt uns nicht nur um ein Vielfaches kreativer und wirksamer werden, sondern auch erhebliche Ressourcen schonen und bringt unsere gesamten humanen Fähigkeiten auf ein vollständig anderes Niveau. Bei allem, was ich also im Folgenden zu sagen habe, geht es um ein neues inneres Denksystem, das wir ebenso wie das alte Denken als Algorithmus beschreiben können. Gerade dann, wenn es einem vorkommen sollte, als sei es zu leicht, möglicherweise naiv oder zu idealistisch, ist genau dieser innere Widerstand ein sicheres Zeichen dafür, dass man die Grenzen des eigenen bisherigen Denksystems erreicht hat und es von jetzt an, wenn wir den Schritt über den inneren Rubikon wagen, in eine neue, unbekannte Dimension des eigenen Denkens und Fühlens geht. Es ist jedem von uns selbst überlassen, ob er diesen Schritt gehen will.

Leben als Entfaltung

Neues Denken fängt damit an, das Leben anders zu verstehen als bisher. Verstehen wir Leben anders, dann setzt unser Denken andere Ziele, erkennt andere Prioritäten und bildet andere Vektoren, die wiederum die Beziehungen zu uns selbst und dem Außen neu regeln. Nicht nur unsere Gefühle ändern sich, sondern auch, wie wir über uns selbst, das Leben und die Welt denken und wie wir uns in ihr bewegen und verhalten werden. Mit Auswirkungen, die weit über unser eigenes Leben hinausreichen.

Was kommt, wenn Leben einfach da ist und nicht um sein Überleben kämpfen muss? Es entfaltet sich. Leben kann nicht anders, als sich zu entfalten, wenn es einmal lebt. Pflanzen, Tiere,

Menschen entfalten sich. Auch wenn wir Menschen uns innerlich immer noch auf Bonsaiformat halten. Nach dem Überleben kommt also die Entfaltung des Lebens. Als Paradigma eines neuen Denkens eignet sich Entfaltung. Es funktioniert, weil es Überleben einschließt und erstmals weit darüber hinausgeht.

Das neue Paradigma fixiert unsere mentale Ausrichtung nicht mehr auf Not und Mangel, sondern auf das, was kommt und möglich ist, sobald genug da ist. Sein Orientierungsfeld ist nicht mehr der Umschlagpunkt zwischen Leben und Tod, sondern die Entfaltung des Lebens. Die fundamentale Überzeugung ist nicht mehr, dass Leben Überleben ist, sondern: Leben ist Entfaltung. Die leitende Frage und damit der Orientierungsrahmen eines neuen Denkens ist: *Was brauche ich, was brauchen andere, was braucht Leben, um sich zu entfalten?* Ein neues, entstörtes Denken ist also kein Überlebensdenken mehr, sondern ein Entfaltungsdenken. Was daraus entsteht, könnte die Formel für einen alles entscheidenden anderen Verlauf des menschlichen Daseins sein.

Ziel Lebensqualität

Wenn wir das Paradigma verändern, ändert sich automatisch auch das Suchprofil unserer Wahrnehmung. Unser Denken ist auf ein anderes Ziel ausgerichtet. Was ist das Ziel des menschlichen Denkens, wenn wir Leben als Entfaltung verstehen, wenn sein Sinn und Zweck also nicht mehr Überleben, sondern Entfaltung ist und es genau dafür Orientierung und Lösungen sucht?

Leben entfaltet sich dann, wenn es gute innere und äußere Bedingungen vorfindet, wenn, einfach gesagt, die Qualität des Lebens gut genug ist. Und es entfaltet sich umso leichter und besser, je besser diese Lebensqualität ist.

Nehmen wir als Beispiel eine Pflanze. Je besser auf ihre Bedürfnisse abgestimmt Boden, Wasser und Sonneneinstrahlung sind, desto besser entfaltet sie sich. Bei Menschen umfasst Lebensqualität nicht nur die äußeren, sondern auch die inneren sowie die zwischenmenschlichen Bedingungen. Je besser die materiellen und strukturellen Bedingungen des Lebens sind und je besser die Qualität der Beziehungen zu uns selbst und anderen ist, desto besser können wir uns entfalten. Wir sind glücklicher, gesünder, leistungsfähiger, in besserem Kontakt mit uns selbst und dem Leben.

Dass die Bedingungen gut sind, erkennen Menschen vor allem an der gefühlten Qualität ihres Lebens. Als Ziel des neuen Denkens unter dem Paradigma der Entfaltung ergibt sich also die direkt erlebte und empfundene Lebensqualität. Sie ist individuell und umfasst neben bestimmten Hygienefaktoren, die wir alle brauchen, materielle und immaterielle Güter, die nur der betreffende Mensch selbst definieren kann und die eng zusammenhängen mit seiner biografischen und kulturellen Prägung.

Ein anderes Suchprofil

Während wir nach dem alten Paradigma Sicherheit und Kontrolle gesucht haben, suchen wir nun nach Markern und Strategien der Lebensqualität, denn diese sichern die Bedingungen für die bestmögliche Entfaltung des Lebens. Unser Denken folgt einer anderen Prämisse. Es öffnet sich. Wir suchen nicht mehr nach Bedrohungen und Gefahren, sondern nach Möglichkeiten.

Unser Denken wechselt von einer Überlebensorientierung mit dem Ziel der Sicherheit und Kontrolle zu einer Entfaltungsorientierung mit dem Ziel hoher Lebensqualität. Die Leitfragen dieses neuen Denkens sind: *Was brauche ich, um mich zu entfalten? Als der individuelle Mensch, der ich bin, und als Teil der Gattung, der ich angehöre? Was braucht mein Leben, um sich zu entfalten? Was nutzt der inneren und äußeren Qualität meines Lebens? Inwiefern trägt das,*

was ich denke, fühle, konsumiere und tue, zur Entfaltung und Quali-
tät meines Lebens bei?

Ausgedehnt auf die Realität eines eng zusammenhängenden Lebensnetzes auf der Erde lautet die Frage: *Was braucht Leben, um sich zu entfalten? Was braucht alles Leben, um eine bessere innere wie äußere Qualität zu haben?*

Wenn wir anfangen, diese Fragen ernst zu nehmen, sind wir bereits in einem anderen Denken. Unsere Imaginationskraft sucht und erschafft Bilder, Gedanken und Gefühle anderer Qualität. Weil das Ziel darin besteht, die selbst empfundene Lebensqualität zu erhöhen, ist es eine Suche, die Freude macht, weil sie unser gesamtes Denken und Fühlen auf etwas für uns zutiefst Positives ausrichtet. Sich zu entfalten und seine Lebensqualität immer neu zu verbessern oder in vollen Zügen als Ziel unseres Strebens zu genießen ist eine Aufgabe, die jeden Tag erfüllt, sinnvoll ist und mindestens so viel zurückgibt, wie wir an Energie hineingeben. Das hat weder mit banaler Selbstverwirklichung noch mit purem Hedonismus zu tun. Es ist eine ernsthaft andere Lebenseinstellung, ein anderes mentales Paradigma, dem alles andere folgt.

Dürfen wir heute, angesichts so vieler Nöte und Probleme, überhaupt so denken? Ich meine, wir müssen es sogar. Wir müssen anderes leisten als unsere Vorfahren. Wir haben andere Rahmenbedingungen, müssen anspruchsvolle Integrationsaufgaben lösen und kreative Innovationen in Gang setzen, die bislang ohne Beispiel sind. Menschen müssen dazu in einem guten Zustand sein. Stress, den Überlebensdenken immer auslöst, vermindert genau die Fähigkeiten, die wir heute brauchen: mentale Gesundheit, Kooperationsgeist, Offenheit, Kreativität, ein effizienter Umgang mit psychischen und anderen natürlichen Ressourcen. Das hilft nicht nur uns, sondern auch anderen.

Geben wir uns endlich die Erlaubnis, stabile, erfüllte Menschen zu sein, die eine hohe Lebensqualität verdienen, dann haben wir die Kraft dazu, auch für andere da zu sein, ohne uns selbst aufopfern zu müssen

Bessere mentale
Ausgangsbedingungen

Der Schlüssel, die Welt zum Besseren zu verändern, liegt also darin, zunächst in uns selbst sehr viel bessere psychoemotionale Ausgangsbedingungen zu schaffen.

Wie das neue Paradigma wirkt, lässt sich unmittelbar an ganz persönlichen Themen testen. Was passiert, wenn wir zum Beispiel Liebe und Partnerschaft unter dem Aspekt der Entfaltung sehen? Entfaltung des Selbst, des Partners, dessen, worin man sich als Paar versteht? Was bedeutet es, wenn das Ziel einer sich entfaltenden Liebe und Partnerschaft Lebensqualität ist? Was würden wir dann spontan anders sehen, anders machen, neu entscheiden? Was ist bereits stimmig, darf bleiben oder sollte noch ausgedehnt werden? Was ist, wenn wir Familie als Entfaltungsgemeinschaft verstehen, in der sich alle Mitglieder entfalten und sowohl einzeln als auch gemeinsam eine hohe Lebensqualität erleben? Wie würden wir auf die Not anderer Menschen und Lebewesen reagieren, wenn wir uns sicher und geborgen wüssten in lebendigen Entfaltungsgemeinschaften? Wäre es uns dann weiterhin egal? Ich glaube nicht. Ein glücklicher Mensch, der sich sicher fühlt, wird lieber und wirksamer helfen als ein unglücklicher, der selbst um seine Existenz ringen muss.

Auch unseren Beruf können wir als Teil der Entfaltung unseres Lebens verstehen, und eine hohe Lebensqualität als Ziel der beruflichen Tätigkeit. Wie würden wir auf einer Skala von null bis zehn unseren derzeitigen Job einschätzen? Was ist stimmig, was muss sich verändern? Sind wir richtig, wo wir sind? Entfalten wir uns oder funktionieren wir eher? Was muss passieren, damit wir uns entfalten und die Qualität des Lebens stimmt? Fragen wie diese sind nicht leichtsinnig, sondern setzen endlich die richtigen Prioritäten. Die Antworten darauf machen uns stark und leistungsfähig. Sehr viel fähiger, als wir es sind, wenn wir weiter in Hamsterrädern funktionieren. Heute ist niemandem mehr geholfen, wenn wir weit unter unseren eigentlichen Möglichkeiten bleiben. Wir selbst und die Menschen, die uns wichtig sind, brauchen uns in unserem vollen Potenzial. Nicht anders ist es für Wirtschaft, Gesellschaft, Politik und die Natur – sie brauchen uns in der besten Version unserer selbst.

Wir können diese Suchbewegungen auch auf größere Zusammenhänge anwenden. Was passiert, wenn wir eine Organisation, sei es ein Unternehmen, sei es eine Behörde oder eine Partei, als Ort verstehen, in dem es um Entfaltung und Lebensqualität geht? Was, wenn auch die Ergebnisse der Arbeit, um die es dort geht, im weiteren oder auch engeren Sinne die Entfaltung von Leben auf der Erde und eine möglichst hohe Lebensqualität als Ziel hätten? Wenn wir Schule, Ausbildungen und Universität als Biotope der Entfaltung und Qualität von Leben verstehen, wie würden wir diese Institutionen dann spontan neu verstehen? Was sind sie heute, und was müssten wir verändern, damit es anders wird?

Ein neues Paradigma gibt allem, was wir durchdenken, eine neue Qualität. Die Antworten sind anderer Natur als vorher. Es ist dann sonnenklar, dass Egoismus ebenso wenig funktioniert wie Selbstaufgabe. Dass es Lösungen braucht, in denen wir unsere eigenen ebenso wie die Bedürfnisse anderer mitdenken. Wir stehen vor der Aufgabe, Formen eines qualitativ neuen Zusammenlebens zu erfinden, die lebensfreundlich sind und jedem Menschen eine Existenz im vollen Reifegrad ermöglichen.

Denken wird mehrdimensional

Stellen wir uns Leben als Entfaltungsprozess vor, dann gewinnt unser Denken eine andere Dimension. Weil sich die Prämisse ändert, entsteht in unserer mentalen Welt ein neuer fundamentaler Frame. Verstehen wir Leben als Entfaltung, dann muss unser Denken neue Bilder konstruieren, die diesmal eine andere Bewegungsqualität abbilden. Der wesentliche Unterschied zur begrenzten Logik des alten Denkens ist: Entfaltung ist kein Umschlagpunkt zwischen zwei Alternativen, sondern ein mehrdimensionaler Prozess. Wir können uns Entfaltung vorstellen wie eine Blüte, die sich in den Raum hinein öffnet.

Das Bild der sich öffnenden Blüte lässt sich für die Praxis erweitern und als grundlegende Lebensmetapher verwenden. Stellen wir uns zum Beispiel vor, wie eine Blume im Zeitraffer entsteht, wächst, sich entwickelt und entfaltet. Der Samen unter der Erde öffnet sich, der Stiel bricht heraus, wächst, bildet Stränge und Blätter und schließlich eine Knospe, aus der eine Blüte heraustritt, die sich öffnet. Etwas entsteht, wächst, öffnet sich, dehnt sich aus, entfaltet sich. Unser Denken beschreibt einen Prozess des Wachstums, der Öffnung und der Ausdehnung in den Raum hinein. Leben ist aus dieser Perspektive keine Alternative zwischen zwei Extremen, sondern ein Prozess des Wachstums, der Öffnung und Ausdehnung. Würden wir diesen Prozess zeichnen, gäbe es immer mehrere Punkte und Linien, die zusammenwirken, damit eine komplexe Entfaltungsbewegung möglich ist. Übertragen auf unser Denken können wir sagen, es ist damit nicht mehr zweipolig, sondern vieldimensional und prozesshaft. Es geht nicht mehr um »Entweder-oder«, sondern um »Sowohl-als-auch«, um Zustände, die sind und sich aus sich heraus verändern. Lebt etwas, dann bleibt es nicht, wie es ist. Das bringt uns zu einem völlig neuen Verständnis von Veränderung.

Ein von Grund auf
anderes Lebensgefühl

Aus der Kognitionsforschung wissen wir, dass unterschiedliche Frames nicht nur unterschiedliche Bewegungsvorstellungen, sondern auch unterschiedliche Körperempfindungen auslösen. Auch damit kann man unmittelbar experimentieren, um den Unterschied nicht nur zu verstehen, sondern auch zu spüren. Wie fühlt es sich an, wenn wir Leben als Kampf ums Überleben verstehen? Wie dagegen, wenn wir es als einen vieldimensionalen Prozess der Entfaltung verstehen?

Ich mache den Test oft in der Praxis. Während das Überlebensszenario bei meinen Gesprächspartnern unmittelbar Anspannung auslöst, erleben sie das Bild der sich öffnenden Blüte als angenehm und entspannend. Man kann die Körperreaktion von außen beobachten. Konfrontiert mit der Logik des alten Denkens, halten Menschen den Atem an und werden körperlich starr; bei der Vorstellung der sich entfaltenden Blüte atmen sie durch und neigen sich tendenziell nach vorne. Eine entspannte, offene und zugewandte Haltung ist für Menschen ideal, um etwas aufzunehmen, zu verarbeiten, zu lernen. Das fühlt sich gut an und ist gleichzeitig derjenige psychoemotionale Zustand, in dem wir den stärksten Zugriff auf unsere Lern- und Kreationskapazitäten haben. Es ist genau das, was wir heute brauchen.

Vielfalt als Realität

Treten wir gedanklich noch einen Schritt zurück, um mehr zu sehen, dann fällt auf, dass Leben niemals im leeren Raum stattfindet, sondern in einem vielfältigen, ebenfalls lebendigen Raum eingebettet ist. Unsere zur Anschauung imaginierte Blume steht vielleicht auf einer Sommerwiese. Es gibt dort auch andere Pflanzen. Andere Blumen, Gräser, Büsche, Bäume und darin und darauf zahlreiche andere Lebewesen. Sie teilen einen Lebensraum, ein Biotop. Sie alle brauchen bestimmte Bedingungen, auch wenn die konkreten Bedürfnisse individuell sind. Erde, Wasser, Sonne, Stickstoff, Sauerstoff. Es sind Umstände, die wir im Modus des Überlebensdenkens vollständig anders interpretieren als im Entfaltungsdenken. Im Überlebensdenken würden wir uns möglicherweise fragen, wie sich unsere Blume am besten gegen andere Pflanzen behaupten und durchsetzen kann. Wie kann sie möglichst viele Ressourcen der Sommerwiese für sich nutzen? Wie kann sie von anderen Pflanzen profitieren? Wäre es nicht besser, wenn es weniger Pflanzen geben würde, die sich die begrenzten Ressourcen des Bodens oder des Wassers teilen müssten? Mit welcher Begründung und mit welcher Strategie könnten wir die einen Lebewesen bevorzugen und die anderen zum Verzicht bringen? Es ist die brutale Logik des gestörten Denkens, das Leben selektiert, statt zu integrieren.

Verstehen wir Leben jedoch nicht mehr als Überlebensproblem, sondern als Entfaltungsaufgabe, dann erkennen wir im gleichen Bild etwas anderes. Wir stehen vor der Sommerwiese und sehen, dass sie als Vielfalt existiert, dass die Lebewesen auf ihr kooperieren, dass sich Leben in einem fortdauernden Prozess auf eine Weise reguliert, die vom Wachstum, der Entfaltung und dem Vergehen aller Lebewesen lebt. Es wäre absurd, vor einer Sommerwiese zu stehen und zu sagen, diese Blume oder dieses Gras sei besser oder schlechter als das andere. Es ist absurd, die Vielfalt und Komplexität der Sommerwiese zu reduzieren und Hierarchien zwischen ihnen aufzubauen. Leben existiert gemeinsam. Es bildet eine Symbiose, in der es auf alle ankommt. Es ist aus sich heraus vielfältig. Vielfalt ist der normale Zustand des Lebens. Sie zu leugnen ist widersinnig, sie zu reduzieren ist lebensfeindlich. Ein Lebewesen wird nicht zum Problem, wenn es anders ist als andere, sondern wenn es auf eine Weise dominiert, die diese lebendige, pulsierende Vielfalt zerstört. Ich glaube, wir können mit Recht behaupten und rücken viele Dinge automatisch damit gerade: Was Leben nicht erträgt, ist erdrückende Dominanz, die anderem Leben die Grundlagen entzieht. Genau darauf müssen wir heute unser Augenmerk legen. Im eigenen Leben, aber auch in Gesellschaft, Wirtschaft und Politik.

Der erste neue Vektor: Sammeln und beiordnen

Verstehen wir Leben als Prozess seiner Entfaltung, dann geht unser Denken anders vor. Wir wollen mehr sehen, mehr verstehen, weil wir darin Möglichkeiten finden könnten, die Entfaltung möglich machen und die Lebensqualität erhöhen. Dazu müssen wir innerlich die Perspektive weiten und möglichst viele Informationen sammeln. Auf das Farbenbeispiel aus unseren vorherigen Überlegungen bezogen heißt das, dass unser Denken nicht mehr nur zwei Farben wie Grün und Blau aus dem unendlichen Farbspektrum herausgreift und gegeneinanderstellt, sondern die Vielfalt der Farben wahrnimmt und nebeneinanderstellt. Sowohl Grün und Blau als auch Rot, Gelb, Lila oder Pink etc. Unser Denken sucht mit dem neuen Vektor automatisch nach Möglichkeiten, nach Ressourcen, Elementen, die wir wahrnehmen und sammeln können, weil sich die Wahrscheinlichkeit von Entfaltung und Lebensqualität erhöht, je mehr Auswahl wir zur Verfügung haben. Unsere Wahrnehmung öffnet sich. Sie vergrößert, erweitert und vertieft Komplexität bewusst, statt sie zu reduzieren. Wie kann man sich das praktisch vorstellen?

Nehmen wir an, wir denken über unsere beruflichen Leistungen nach. Im alten Denken würden wir uns fragen: Bin ich gut oder schlecht, genüge ich oder nicht? Im neuen Denkrahmen, der die Perspektive erweitert, fragen wir uns: Was kann ich alles?

Was habe ich in letzter Zeit dazugelernt? Wofür kann ich es brauchen? In welchen Feldern möchte ich mich bewegen? Was gelingt mir bereits gut? Wo kann ich dazulernen? In welchen Umgebungen gelingt mir das am besten?

Wir sammeln und erhalten durch diese Denkbewegung sehr viel mehr Informationen.

Beiordnen: Sowohl als auch

Unser Denken selektiert auf diese Weise nicht mehr nach dem Entweder-oder-Prinzip, sondern sucht, sammelt und allokiert möglichst viele Elemente, die als Information verwendet werden können, und ordnet diese zunächst bewertungsfrei bei. Die Vielfalt, die dadurch entsteht, macht keine Angst, weil der Überlebensdruck verschwunden ist. Die Komplexität darf sich erhöhen und erlaubt uns, komplexe Dinge auch komplex zu verstehen. Aus der Denkbewegung der Kontradiktion im gestörten Denken, also der Gegnerschaft oder Konkurrenz, wird im neuen Denken die Bewegung der Beiordnung und Verbindung. Es geht um ein *Sowohl-als-auch,* um die Gleichzeitigkeit und Gleichrangigkeit verschiedenster Elemente, deren jeweilige Relevanz wir nach einem anderen Paradigma, dem der Entfaltung, beurteilen.

Aus der alten Denkweise heraus glauben beispielsweise viele, dass man entweder sehr erfolgreich oder entspannt ist, denn nach der Regel eines gestörten Leistungsanspruchs ist Erfolg immer mit Stress und Selbstausbeutung verbunden. Im neuen Denken erlauben wir uns andere Ziele. Wir ordnen sie bei, statt sie bipolar gegeneinander auszuspielen: *Sowohl* erfolgreich *als auch* entspannt, das ist der Auftrag, den wir uns selbst geben. Unser Denken wird nun völlig andere kreative Strategien entwickeln, um beide Wünsche zusammen zu verwirklichen. In der Tat ist es möglich, sowohl sehr erfolgreich als auch in Balance zu sein, wenn wir unser Berufsleben nicht mehr als Existenzkampf, sondern als Entfaltungs-raum mit dem Ziel hoher Lebensqualität verstehen. Aus dem alten Denken heraus provoziert eine solche Denkweise bei vielen Menschen immer noch Aggressionen. Das Leben sei nun einmal kein Wunschkonzert, man müsse sich entscheiden: entweder – oder. Die Erziehung zu Härte und gestörten Formen von Disziplin, die Gelassenheit oder Entspannung mit Faulheit gleichsetzen, sitzen noch tief. Doch die Wirklichkeit sieht anders aus: Nachhaltige Hochleistungen entstehen bei Menschen in einem offenen, neugierigen und entspannten Zustand. Natürlich muss man für Erfolg auch eine Menge tun, aber *wie* wir das tun, ist entscheidend. Andauernde Anstrengung, ständiger Druck und Härte simulieren Überlebenssituationen. Das lässt Menschen verkrampfen und kostet zu viel Kraft. Gerade in alternden Gesellschaften können wir uns nicht mehr leisten, Energien auf diese Weise zu verschleudern. Menschen müssen heute länger leisten und mit ständiger Veränderung umgehen. Das können sie nur, wenn Leistung und Lebensqualität Hand in Hand gehen.

Entspannt im Hier und Jetzt

Weil wir Leben nach dem neuen Paradigma als Prozess verstehen, fällt die Angst weg, nur eine einzige Chance zu haben, die falsche Entscheidung zu treffen oder inmitten der Möglichkeiten etwas zu verpassen. Stellen wir uns vor, wir stehen vor einem mit traumhaften Leckerbissen bestückten Buffet. In dem Moment, in dem wir uns voll und ganz darüber im Klaren sind, dass wir immer wieder im Leben Gelegenheiten dieser Art erleben werden, dass wir also sicher sind und es nicht das einzige Mal ist, können wir entspannt für den Moment auswählen, was uns jetzt gerade am besten schmeckt, uns wirklich guttut und damit die gefühlt stärkste Lebensqualität schenkt. Beim nächsten Mal sind es vielleicht andere Dinge, auch deshalb, weil wir selbst im Verlauf des Lebens andere geworden sind und deshalb neue Prioritäten haben. Doch auch dann werden wir wissen, was im jeweils aktuellen Lebensmoment diejenige Wahl ist, die unsere Entfaltung und Lebensqualität am stärksten unterstützt und zugleich zu anderem Leben und seiner Entfaltung passt.

Der zweite neue Vektor: Konnektieren

Das neue Denken öffnet, sammelt und verknüpft also, statt zu verengen, zu selektieren und zu trennen. Weil Entfaltung eine Bewegung beschreibt, in der sich der Gegenstand unseres Denkens bewegt, erweitert und verändert, müssen diese Verknüpfungen flexibel sein. Ich nenne den Vektor, den unser Denken unter dem Entfaltungsparadigma bildet, deshalb auch den *Vektor der Konnektivität*.

Dieser Begriff aus der Informationstechnologie leitet sich vom lateinischen Verb *connectere* ab, was »verbinden« heißt, und enthält zugleich im Wortstamm die Idee, wie sich etwas verknüpft (*con:* zusammen, *nexus:* Knoten). Dieser Begriff eignet sich gut, weil er im heutigen Sprachgebrauch der Informationstechnologien auch bedeutet, dass sich Punkte verbinden, aber auch wieder lösen und anders verbinden und verknüpfen lassen, wie bei einem mobilen Datennetz, mit dem wir uns verbinden und von dem wir uns wieder trennen können. Konnektivität beschreibt also die Fähigkeit, flexibel zu verbinden und zu lösen. Es hat damit bereits diejenige Qualität, die Leben braucht, wenn wir es prozesshaft und mehrdimensional verstehen. Es ist sowohl verbindend als auch lösend, um sich anschließend wieder neu und anders zu verbinden. Unsere Beziehungen zu unserer Außenwelt sind also vieldimensional und in Bewegung. Manchmal enger, manchmal loser, manchmal getrennt, dann wieder verbunden. Aber sie sind da. Und wir wissen, dass wir in diesem Netz lebendiger Verbindungen ein Leben lang geborgen und getragen sind.

Vielfältige stärkende Beziehungsmuster

Während Beziehungen im Überlebensdenken statisch angelegt sind, sind sie im Entfaltungsdenken vielfältig, dynamisch, untereinander vernetzt und flexibel angelegt. Sie gewinnen dadurch an Kraft und Intensität. Wie bei einem Bambus, der in der Natur zu den stärksten und widerstandsfähigsten Materialien gehört. Durch seine enorme Flexibilität bricht er nicht, auch wenn er starken Stürmen ausgesetzt ist. Genau das passiert, wenn wir Beziehungen zu Menschen, Dingen und Ideen konnektiv statt fixiert denken. In sesshaften Überlebensgesellschaften war das nicht opportun. Dort ging es um Bindung als Fixierung, als überlebenswichtige Abhängigkeit. Heute untergräbt diese Denkweise jegliche Leichtigkeit und gibt auch nicht mehr Sicherheit, weil wir fixierte Bindungen nicht mehr erzwingen können, weder im beruflichen noch im privaten Bereich. Zugleich wird uns heute deutlich, dass es ohne verlässliche Bindungen auch nicht geht. Im alten Denkrahmen gibt es nur entweder – oder: entweder Bindung und damit Abhängigkeit oder Freiheit und Unabhängigkeit und damit allzu häufig auch Verlassenheit. Der neue Denkrahmen macht sehr viel mehr möglich: sowohl Freiheit als auch Zugehörigkeit, sowohl Bindung als auch Autonomie. Entwicklungspsychologen würden genau das als gelungenen Reifungsprozess bezeichnen. Wir brauchen diesen Reifungsprozess auf allen Ebenen des menschlichen Lebens. In Familien, Gesellschaft und Politik.

Innere Freiheit macht wirksam

Innere Freiheit ist heute die Voraussetzung, sich wirksam zu binden. Nehmen wir ein Beispiel. Vor einigen Jahren habe ich häufiger mit Menschen gearbeitet, deren Arbeitgeber ihnen nahegelegt hatten, sich eine neue Stelle in einem anderen Unternehmen zu suchen. Die entscheidende Weichenstellung für einen Neuanfang gelang regelmäßig erst dann, wenn meine Gesprächspartner begannen, sich als freie, im Leben grundsätzlich unabhängige Menschen zu begreifen, die ebenso die Wahl hatten, mit wem sie arbeiten wollten. Solange sie sich als abhängig empfanden und das Gefühl hatten, in einem unlöslichen Loyalitätsverhältnis mit ihrem Arbeitgeber zu stehen, waren sie sehr verletzlich und schwächer als nötig. Die Kündigung war für sie nicht etwa das Ende eines Arbeitsvertragsverhältnisses, sondern eine persönliche Kränkung, eine Niederlage, ein Rauswurf, etwas, das sie großer Scham und schwersten Existenzängsten aussetzte, selbst dann, wenn sie bereits neue Angebote hatten oder eine sichere Zwischenfinanzierung ihres Lebensunterhalts über ihre Arbeitslosenversicherung erwarten durften.

Ich erarbeitete mit allen eine neue Strategie unter dem Entfaltungsparadigma. Sie begannen daraufhin, damit zu experimentieren, Arbeitsverhältnisse und Kündigungen nicht mehr als Überlebensthema, sondern als Entfaltungsthema zu verstehen. Das änderte die Qualität ihrer Empfindungen und ihrer Entscheidungen auf allen Ebenen.

Sie begannen, die neue Stelle sehr viel differenzierter und anspruchsvoller auszuwählen. Es ging nicht mehr um irgendeinen nächsten Job, sondern darum, was sie einbringen, erleben und dazulernen wollten. Sie veränderten ihre eigene Perspektive, was die Dauer eines Arbeitsverhältnisses betrifft. Es sollte von jetzt an so lange halten, wie eine gemeinsame, für beide Seiten gute Entwicklung möglich war.

Meine Klienten bauten zugleich sehr vielfältige berufliche Netzwerke auf, hielten sich regelmäßig über neue Positionen und Fortbildungsmöglichkeiten auf dem Laufenden, auch wenn sie bereits eine neue Stelle gefunden hatten. Der sogenannte Outplacement-Prozess war für sie auf diese Weise von einem persönlich empfundenen Desaster zum Beginn einer völlig neuen Lebendigkeit und Lebensqualität geworden.

Beziehungen konnektiv zu denken betrifft nicht nur unsere Beziehungen zu anderen Menschen, sondern gibt uns auch neue Spielräume, wenn es um eigene Lebenspläne und verschiedene Rollen im Leben geht. Die berufliche Zukunft konnektiv zu denken bedeutet, dass es nicht mehr um den einen Weg geht, zu dem es keine Alternativen geben kann, sondern um vielfältige Möglichkeiten, die zu unterschiedlichen Zeitpunkten relevant werden können. Jemand könnte in seinem Leben sowohl Musiker als auch Programmierer und Unternehmer sein, sowohl zeitgleich als auch nacheinander. Vielleicht ist das eine Interessengebiet im Moment stärker, in einiger Zeit gewinnt das andere mehr Raum.

Es geht nicht mehr darum, sich ein für alle Mal festzulegen, weil wir Leben nicht mehr statisch, sondern dynamisch begreifen. Diese Öffnung trifft in unserer Zeit auf eine Berufswelt, in der genau das möglich ist. Karrieren sind keine Leitern mehr, in denen es nur nach oben oder nach unten gehen kann. Eine starke, lebendige Wirtschaft in der bewegten Welt des 21. Jahrhunderts ist angewiesen auf kreative, flexible und kooperationsfähige Menschen. Die alten gegenseitigen Erwartungshaltungen gelten nicht mehr. Wir müssen das Neue endlich innerlich abbilden, damit wir es nicht mehr als Bedrohung, sondern als große Chance für ein intensives, abwechslungsreiches, bedeutsames Leben begreifen.

Dreidimensional denken

Den Blick zu weiten und die Dinge zu verbinden, statt zu selektieren, ändert die Dynamik menschlichen Denkens fundamental. Es erzeugt ein anderes Modell des Lebens: Weil Entfaltung eine komplexe und möglichst große Vielfalt an Informationen erfassende dreidimensionale Bewegung im Raum beschreibt, sind die einzelnen Punkte und Linien, die durch den Vektor der Konnektivität verbunden werden, frei im Raum angeordnet. Der Vektor der Hierarchiebildung entfällt, weil innerhalb eines Raumes Oben und Unten nur eine Frage der Perspektive sind, wie im Weltraum, in dem es kein Oben und Unten, sondern lediglich unterschiedliche Beobachterpositionen gibt, aus denen sich Relationen anders zeigen. Die Anordnung im Raum ist nicht mehr mit einer Wertung verbunden. Es gibt keine Pole mehr, die gegeneinander aufgebaut werden, sondern einzelne Knotenpunkte im Raum, die miteinander in flexibler Verbindung stehen.[40]

Leben als pulsierendes Netz verstehen

Durch das neue Paradigma und seine logischen Ableitungen entsteht etwas wie das Modell eines im Raum schwebenden, pulsierenden lebendigen Netzes mit vielfältigen, untereinander verbundenen Knotenpunkten. Unser Denken ist dann vergleichbar mit einem Zellgewebe, das lebt und sich in einem konstanten Prozess der Veränderung befindet.[41] Einige Bereiche in diesem komplexen Gewebe entstehen, andere entfalten sich gerade, wieder andere vergehen. Das wiederum hat Auswirkungen darauf, wie wir unser Leben neu verstehen können. Verstehen wir es wie ein lebendes Gewebe, dann geht es nicht mehr um eine perfekte, lineare Entwicklung, sondern um die Entfaltung von Komplexität. Beziehungen, Fähigkeiten und Möglichkeiten entstehen, andere entfalten sich gerade, wieder andere verlieren an Bedeutung und vergehen, während an anderer Stelle wiederum neue entstehen. Kulturen, Gesellschaften, Staaten und Organisationen entstehen, entfalten und verändern sich. Einige Aspekte vergehen, andere kommen hinzu. Leben ist ein Prozess, der nicht gleich bleibt, auch wenn es Elemente gibt, die länger dauern, und andere, die schneller vergehen. Dieser Prozess ist umso beständiger, je besser Leben auf wandelnde Außenbedingungen reagiert. Flexibilität und Veränderung sind vor diesem Hintergrund keine Zumutungen mehr, sondern Möglichkeiten, manchmal sogar Notwendigkeiten, wenn unser Leben nicht erstarren, sondern seine Lebendigkeit erhalten soll.

Gleichwürdig und einander ebenwürdig

Damit fällt ein wesentliches Element menschlicher Gesellschaften des Holozäns weg: notorisch soziale Rangordnungen zu bilden. Alles, was lebt, darf unterschiedlich sein und ist doch gleichwürdig, weil es in einem dreidimensionalen Netz keine Hierarchien gibt. Dennoch gibt es Individualität und Unterschiedlichkeit. Es gibt zum Beispiel unterschiedliche Persönlichkeiten, Fähigkeiten und Kompetenzen. Manche Menschen mögen andere Fähigkeiten und Möglichkeiten haben als wir selbst. Als Lebewesen sind wir im dreidimensionalen Netz des Lebens niemals gleich, immer aber *gleichwürdig* und einander *ebenwürdig*. Wer mehr Fähigkeiten oder mehr Ressourcen zur Verfügung hat, bildet möglicherweise einen dichteren und vielfältiger vernetzten Knotenpunkt in diesem Netz und kann dadurch mehr Energie zur Verfügung stellen. Gestört ist es, wenn diese Energie auf einer gestörten Ausbeutung des Netzes und damit anderen Lebens beruht. Dem Leben dienlich ist es, wenn es eine Folge der Entfaltung und Qualität von Leben ist.

Verstehen wir das Leben so, dann dürfte uns daran gelegen sein, dass alle Lebewesen starke Knotenpunkte im Netz sind, denn je dichter und lebendiger es ist, desto besser ist es für alle, desto stabiler, flexibler und lebensfähiger ist das gesamte Netz. Aus der neuen mentalen Architektur heraus ist es natürlich, weil folgerichtig, sich darüber zu freuen, wenn ein anderer Mensch sich entfaltet, weil dadurch das Leben selbst vielfältiger und stärker wird. Wir gönnen uns gegenseitig Erfolge, können uns tatsächlich mit dem anderen freuen und *zugleich* unseren eigenen Weg gehen.

Der dritte neue Vektor: In komplexen Zusammenhängen denken

In einem lebenden, dreidimensionalen Netz gibt es so gut wie keine einfache Ursache-Wirkungs-Kette mehr, stattdessen vielfältige Zusammenhänge, die nur gemeinsam verstanden und gelöst werden können. Die Komplexität und damit auch die Qualität unserer Lösungen steigt, wenn wir die Probleme so komplex wahrnehmen, wie sie sind. Den neuen, dritten Vektor, der die Denkbewegung der linearen Kausalität aufbricht, nenne ich den Vektor der komplexen Kausalität. Er sucht unter vielfältigen Beziehungen vielfältige Ursache-Wirkungs-Ketten oder Elemente, die ohne kausalen Zusammenhang eine Rolle spielen.

Fallbeispiel: Wie sich eine Familie neu erfunden hat

Nehmen wir ein Beispiel, das unmittelbar aus dem Leben gegriffen ist, nicht zu komplex, aber komplex genug, um die Wirkung unterschiedlicher Denkbewegungen, die wir auch bewusst auslösen können, genauer nachzuvollziehen. Eine Frau, die mit mir sprach, weil sie mit ihrem Leben nicht zufrieden war, sagte mir, ihr Mann zerstöre ihr Leben und das ihrer gemeinsamen Kinder, weil er zu viel arbeite und nur noch zum Schlafen nach Hause komme. Eine einfache lineare Kausalkette: Er arbeitet zu viel, ist nicht mehr präsent in der Familie und zerstört deshalb das Leben von Frau und Kindern. Das bedeutet, der Mann ist schuld, er hat die Macht über die Lebensqualität seiner Familie. Frau und Kinder sind hilflose Opfer. Eigentlich habe sie nun nur noch zwei Möglichkeiten: ihn verändern oder gehen.

Wir versuchten, die Sache komplexer zu betrachten. Mit sehr wenigen Fragen können wir die Komplexität bereits erhöhen. War es immer schon so? Oder hat der Mann irgendwann angefangen, mehr zu arbeiten? Wie war das Familienleben früher, war es anders? Wie steht es um die Ehe in allen dafür relevanten Bereichen? Wie stehen die Kinder zu beiden Elternteilen? Wie sieht es im Leben der Kinder generell aus? Wie im Leben der Frau? Wie versteht sie ihr Leben, ihre Rolle, den Sinn ihres Daseins?

Gemeinsam zeichneten wir in einer Zeitachse auf, wie sich die Beziehungsqualität der Ehepartner und die der Familie seit dem Kennenlernen der Eltern entwickelt hat, und arbeiteten heraus, welche Faktoren dafür entscheidend waren. Am Ende erzählte sich die Geschichte anders, komplexer, und genau daraus entwickelte meine Gesprächspartnerin eine Lösung anderer Qualität.

Es war eine Geschichte, die viele Paare heutzutage kennen. Bevor die Kinder kamen, war die Beziehung lebendig, erfreulich, das Paar unternahm viel, verbrachte viel Zeit miteinander und genoss die Wochenenden in vollen Zügen. Sobald die Kinder auf die Welt kamen, konzentrierte sich die Frau voll und ganz auf ihre Rolle als Mutter und verlor selbst nach und nach das Interesse und den Bezug zu ihrem Mann und ihrem gemeinsamen Leben als erwachsenes Paar. Er dagegen nahm die Unruhe zu Hause zum Anlass, immer öfter und länger außer Haus zu sein, und begründete seine Abwesenheit mit seinen Pflichten als Familienvater, der schließlich für ein einträgliches Einkommen zu sorgen habe. Hinzu kam, dass sich die Großeltern immer öfter einschalteten und gut gemeinten Rat zur Kindererziehung erteilten. Irgendwann war das Paar festgefahren in bipolaren Rollenbildern, die es immer weiter voneinander entfernten. Die Ehe war zu einer freudlosen Überlebensgemeinschaft geworden, in der es fast ausschließlich darum ging, zu versorgen, versorgt zu werden und Kinder großzuziehen. Als das ältere Kind Probleme in der Schule bekam und von Mitschülern gemobbt wurde, gaben sich die Eltern gegenseitig die Schuld dafür.

Aus dem alten Denkrahmen heraus gibt es hier tatsächlich nur wenige und radikale Lösungen: aushalten, den anderen verändern, sich anpassen oder auseinandergehen. Meine Klientin entschied sich für einen neuen Weg. Sie erzählte ihrem Mann von unserem Gespräch, und zum nächsten Gespräch kamen beide. Das erhöhte die Komplexität der Situation und eröffnete dadurch zugleich sehr viel bessere Perspektiven und Lösungsvarianten. Sie erarbeiteten gemeinsam, dass sich ihr Leben durch die Geburt der Kinder deutlich verändert hatte. Sie waren beide wie auf Gongschlag in alte Rollenmuster, die sie aus ihren Ursprungsfamilien kannten, gefallen. Dabei hatten sie die wichtigste Ressource, die Liebe und Aufmerksamkeit füreinander, aus den Augen verloren. Sie sahen sich nicht mehr als erwachsene Partner auf Augenhöhe, sondern als überlastete Funktionsträger in jeweils getrennten Rollen, die sie keinen Augenblick lang infrage gestellt hatten.

Sie entschieden sich, einen aufregenden Prozess der individuellen und gemeinsamen Entwicklung zu beginnen. Sie hinterfragten ihre bisherigen Vorstellungen, wie eine Familie organisiert sein müsse, sahen genauer hin, was sie selbst, einzeln und gemeinsam brauchten, und erlaubten sich auch eine neue Perspektive auf den Charakter und die Bedürfnisse ihrer Kinder, die selbst bereits in festen Rollen gefangen schienen, nämlich brave Kinder zu sein, die gute Noten nach Hause bringen mussten.

Die Familie organisierte sich innerhalb eines Jahres neu. Aus der Überlebensgemeinschaft, in der es für jeden darum ging, zu funktionieren, wurde eine Entfaltungsgemeinschaft, in der es um die innere wie äußere Lebensqualität jedes Familienmitglieds ging. Die Ehepartner gaben sich Zeit für sich selbst und gemeinsam erlebte Momente, die Aufgaben in der Familie wurden je nach Stärken und Fähigkeiten auf alle vier verteilt. Jeder hatte am Ende das Gefühl, gebraucht zu werden, wichtig zu sein und zugleich Raum für eigene Bedürfnisse und besondere Erlebnisse zu haben. Das vormalige »Problemkind« wechselte auf eigenen Wunsch mit Unterstützung der Eltern die Schule und blühte dort wieder auf.

In der Realität läuft ein solcher Prozess der Neuerfindung nicht immer schnurgerade. Immerhin hatte sich das Paar die Aufgabe gestellt, sich von sehr alten tradierten Mustern zu verabschieden, tief liegende, von Familie, Freunden und Bekannten ein Leben lang geteilte Überzeugungen zu hinterfragen und einen zunächst unbekannten neuen Weg einzuschlagen. Worauf sie also verzichteten, als sie sich darauf einließen, ihr Leben als Prozess der gemeinsamen Entfaltung zu verstehen, war absolute Sicherheit und Kontrolle darüber, was am Ende herauskommen würde. Wirklich offen zu sein bedeutet, ergebnisoffen zu sein. Das ist neu, aber leichter als gedacht, wenn wir unser Denken konsequent auf Entfaltungsmodus stellen. Und es ist die unerlässliche Voraussetzung dafür, uns selbst und die Welt wirklich neu zu erfinden.

Eine einfache Ethik
für das Anthropozän

Verstehen wir das Leben als einen Entfaltungsprozess, in dem es um eine möglichst hohe Lebensqualität allen Lebens geht, dann sind die Grundlagen einer konsequent lebensfreundlichen Ethik bereits in den Fundamenten des Denkens verankert. Sie muss nicht mehr ankämpfen gegen eine brutale Überlebenslogik, die im Ernstfall alle guten Absichten vom Tisch fegt. Darüber hinaus ist sie einfach und klar. Gut ist, was die Entfaltung und die innere wie äußere Qualität von Leben fördert – allen Lebens, egal in welcher Form. Alles, was diesen einfachen Anforderungen nicht genügt, ist fragwürdig. Die Grenze verläuft genau da, wo Leben eine Form der Dominanz und Destruktivität bekommt, die Entfaltungsmöglichkeiten und Lebensqualität anderen Lebens stört oder diese sogar zerstört. Aufmerksam sollten wir immer dann werden, wenn eine Idee oder eine Struktur konfliktorientiert angelegt ist und dazu führt, dass sie Menschen gegeneinander ausspielt, in Rangfolgen bringt und Komplexität reduziert, statt sie zu erhöhen.

Das Ende der
Fundamentalhierarchien

Grundlegende Themen, die die Welt bis heute in einem selbstzerstörerischen Hamsterrad gefangen halten, lösen sich unter dem neuen Paradigma auf. Sie entbehren plötzlich jeder Logik, weil die neue Logik eine andere ist. Es geht nicht mehr um Leben oder Tod. Es geht um Entfaltung. Es geht nicht mehr um bedrohlichen Wettbewerb, sondern um Kooperation. Neues Denken spielt nicht gegeneinander aus, sondern verbindet. Es ist aus sich heraus egalitär. Das bedeutet, dass die bis heute so viel Leid und Zerstörung anrichtenden Fundamentalhierarchien an ihr Ende kommen können. Mensch oder Gott, Mann oder Frau, Mensch oder Natur – was soll das? Alles, was existiert oder erdacht ist, kann in einem dreidimensionalen Netz einander beigeordnet werden. Die Rangordnungen verschwinden. Nicht weil wir sie bekämpfen würden, sondern weil wir ein Denken aufgeben, das sie produziert, und durch ein anderes ersetzen, das sie nicht mehr denkt. Das schafft Platz für wirklich neue Ideen. Es ist aufregend, damit zu experimentieren.

Religionen und ihre Institutionen entstören

Was würde passieren, wenn sich zum Beispiel Religionen entstören? Wenn sie alle Relationen in ihren heiligen Texten und Überlieferungen, in ihren Katechismen und Geboten entstören würden? Wenn sie ihre Oben-Unten-Reiche nicht mehr denken und zum Beispiel eine Idee wie Gott auf Augenhöhe bringen? Wenn sie sich selbst weder kleiner noch größer machen, als sie sind? Was wäre, wenn wir Gott nicht einmal töten müssten, sondern einfach mitdenken im faszinierenden Netz des Lebens? Nicht allmächtig, aber andersmächtig, nicht allwissend, aber anderswissend, weil in hervorragender Konnektivität mit allem Leben. Vielleicht als das Leben selbst. Oder als einen womöglich unendlich vernetzten Knotenpunkt im sich ausdehnenden Raum des Lebens, als eine Idee, die eine Ressource für das Leben ist, statt eine Quelle für Angst, Gewalt oder naive Wünsche.

Was würde passieren mit den religiösen Hierarchien, die Menschen ausschließen, die bestimmte Geschlechtsorgane haben und deshalb für unfähig oder unwürdig erklärt werden? Was wäre, wenn wir das Leben nicht als Leiden oder eine Durchgangsstation ins Jenseits, sondern als einzigartigen, womöglich auch spirituellen Entfaltungsraum begreifen? Wenn es gut und richtig wäre, mit all dem anderen Leben man selbst zu sein und sich wohlfühlen zu dürfen? Ohne Scham, ohne Angst, ohne Unterwürfigkeit? Religionen und ihre Institutionen müssen nicht zerstört, wohl aber entstört werden.

Geschlechterrollen und -identitäten

Die soziale Trennung und Rangordnung zwischen Geschlechtern ist die einfachste und zugleich schwerwiegendste Trennlinie, die sesshafte Gesellschaften vor wenigen Jahrtausenden erfunden haben. Entstört, werden wir sie sehr schnell wieder vergessen. Es wird höchste Zeit dazu, denn überall dort, wo Frauen als minderwertig gelten und nichts zu sagen haben, ist die Kindersterblichkeit höher und die wirtschaftliche Not der Bevölkerungsmehrheit groß. Es ist schwer zu sagen, ob die Armut Frauen unterdrückt oder die Unterdrückung der Frauen Armut hervorbringt. Wenn Leben aber nicht mehr als brutaler Kampf um Ränge in einer Esshierarchie zwischen Menschen missverstanden wird, dann gibt es auch keinen Grund mehr, Vorzüge nach Geschlecht zu verteilen, sich wichtiger zu nehmen oder sich für nachrangig, unterlegen oder weniger wichtig zu halten. Frauen und Männer können sich völlig neu definieren – in ihrem Verhältnis zu sich selbst und zueinander. Jeder Mann ist anders. Jede Frau auch. Und dazwischen gibt es noch viel mehr, was wir entdecken dürfen. In welchem Körper wir leben, ob in einem weiblichen oder männlichen oder uns keinem genauen Geschlecht zugehörig fühlen, ist aus dem neuen Denken heraus in etwa so relevant wie unsere Schuhgröße. In wenigen Jahrzehnten werden wir wahrscheinlich den Kopf schütteln über die vielen Klischees und bösartigen oder auch gut gemeinten Dummheiten, die wir heute noch übereinander verbreiten.

Raus aus den Schubladen

Welche Geschlechtsmerkmale man hat, wie alt man ist, wen man liebt, wie viel Geld oder welche körperlichen Fähigkeiten man hat, welcher Kultur oder welchem Glauben man angehört, gibt entstört betrachtet weder Anlass zu Abwertung noch zu völlig aus der Zeit gefallenen Privilegien oder lautstarkem, trotzigem Identitätsrummel. Jede Form dieser Einteilung ist ein Erbe des alten, die menschliche Entfaltung störenden Denkens. Auch wenn es sich um eine Nischenschublade handelt, ist das Leben in ihr zu eng für Menschen, die sich nicht mehr stören. Es gibt kein Spiel aus der bisherigen menschlichen Zivilisation, das es heute noch wert wäre, gespielt zu werden, keinen Kampf, der es wert wäre, noch gekämpft zu werden.

In einem neuen Licht sind die Dinge sehr viel einfacher und zugleich komplexer. Ein Mensch ist ein Mensch. Und jeder Mensch ist anders. Keiner gleicht dem anderen. Doch wir alle gehören einer Spezies an, die anspruchsvolle Aufgaben hat. Das Letzte, was wir jetzt brauchen, ist, unsere Energie gegeneinander zu verschwenden. Es ist egal, in welchem Körper ein Mensch lebt, wichtig ist, dass es ihm gut geht, dass er sich nach seinen Wünschen und Möglichkeiten entfaltet und Teil der ganzen großen Community des Lebens ist. Wen er oder sie liebt, welche Hautfarbe er oder sie hat, wie alt er oder sie ist und woran jemand glaubt, ist weder besser noch schlechter, es ist schlicht die Realität der Vielfalt des Lebens. Man muss sich weder etwas darauf einbilden noch sich dafür schämen.

Wir müssen uns deswegen nicht gleich lieben. Auch das wäre

wieder ein Extrem. Bedingungslose Liebe, wie sie heute von zahlreichen spirituellen Bewegungen propagiert wird, ist geradeheraus gesagt ein infantiler Wunsch, den Erwachsene nicht brauchen, um miteinander auszukommen. Wir können uns mehr zutrauen. Aus einer anderen Haltung heraus. Als Erwachsene auf Augenhöhe. Offen und unvoreingenommen gibt es kein Thema, das wir nicht verstehen und mit dem wir nicht umgehen könnten, wenn wir uns nicht mehr stören. Wir brauchen dazu die Kreativität und die schöpferische Imaginationskraft eines jeden Menschen. Lieben müssen wir uns dazu nicht. Aber achten, respektieren, anerkennen, wie wir sind. Aus dem neuen Denken heraus ist das keine angestrengte Übung in politisch korrektem Denken, sondern selbstverständlich, weil unser Denken nicht mehr automatisch Gegensätze und Rangordnungen sucht, sondern konstruktiv beiordnet.

Ein neues Verhältnis zur Natur

Was mit dem neuen Denken endlich endet, ist unser gestörtes Verhältnis zur Natur. Aus dem alten Denken heraus haben wir zwei Alternativen. Die eine ist: Wir identifizieren uns mit der Natur und fallen zurück in die infantile Vorstellung einer Symbiose, die ebenso falsch ist wie die andere Alternative, nämlich der Gedanke, wir hätten mit der Natur nichts zu tun, anderes Leben wäre lediglich ein Objekt, das unseren Macht- und Ausbeutungsansprüchen zur Verfügung steht. Beide Haltungen, die Identifikation ebenso wie die Abspaltung, sind nicht mehr reif genug gedacht. Sie werden den Anforderungen nicht gerecht, die die Wirklichkeit einer schwer verletzten Biosphäre heute an uns als Teil dieser Biosphäre stellt.

Wenn wir uns mit Tieren oder anderen Lebewesen identifizieren und Umweltschutz etwa als »Kampf gegen den Menschen«

verstehen, sehen wir uns selbst nicht mehr als ebenso schützens-
werte Lebewesen mit eigenen Bedürfnissen, anderen Fähigkeiten
und daraus erwachsenden Verantwortlichkeiten. Sehen wir die
Dinge neu, dann sind wir als Menschen ein sich selbst bewusster
Teil eines gigantischen Netzes des Lebens, das über die menschliche Zivilisation weit hinausgeht.[42]

Von der Zivilisation zur Vivilisation

Das gibt Raum für einen neuen, entstörten Humanismus, in dem
wir unser spezifisch menschliches Denken nutzen können, um
uns selbst als sensible, kreative Lebewesen zu verstehen und
gleichzeitig über uns selbst hinauszudenken. Wir können alles
Leben einschließen und verstehen die Erde dann nicht mehr als
einen Ort der menschlichen Zivilisation, sondern der Vivilisation,
der Gemeinschaft allen Lebens, seiner Entfaltung und Qualität
auf dem Planeten Erde. Es geht ebenso um unser Glück wie um
die Lebensqualität anderer Lebewesen. Dass wir dafür als heute
dominierende Spezies, die denken und handeln kann, die Verantwortung tragen und Strategien brauchen, die den spezifischen,
sich von unseren oftmals unterscheidenden Bedürfnissen anderer
Lebewesen gerecht werden, versteht sich von selbst. Gleichzeitig
sollten wir sehr viel sensibler für spezifisch menschliche Bedürfnisse sein, die in aktuellen Diskussionen allzu oft übergangen
werden. Naturschutz ist immer auch Menschenschutz. Dazu
brauchen auch wir artgerechte Bedingungen. Wir sind eine neu-
gierige, kreative und hochsensible Spezies. Im Notfall können
wir uns auf ein Minimum reduzieren, asketisch leben und mit
dem Einfachsten überleben. Entfaltung und Lebensqualität aber
sind etwas anderes als Überleben. Was für anderes Leben gilt, gilt
auch für uns.

Was Menschen stärkt

Das neue Denken aktiviert Frames, die Menschen stärken und in ihren vollen Reifegrad bringen. Im Laufe der Jahre habe ich, komplementär zu den sieben Störungsmustern, sieben alternative Frames identifiziert, die ich als Entfaltungsframes bezeichne und die wie »mentale Schläfer« hinter den Störungsmustern wie Angst, Druck oder Misstrauen darauf warten, voll aktiviert zu werden. Sie ergeben sich von selbst aus der lebenszugewandten Haltung, die wir einnehmen, wenn wir Leben als Entfaltungsprozess verstehen, und wirken wie ein psychoemotionaler Gegencode zum gestörten Denken. Die Entfaltungsframes öffnen Menschen für ein völlig anderes, deutlich größeres mentales Potenzial. Sie helfen dabei, angstfrei, offen und unvoreingenommen zu sein, zu lernen, zu kooperieren und dadurch eine unvergleichlich bessere Lebensqualität zu erleben. Sie reduzieren Stress und machen Menschen zugleich stark und sensibel, eine Mischung, die uns höchste Präsenz und damit eine außerordentlich hohe Lebendigkeit erleben lässt.

Die Entfaltungsframes lassen sich bewusst abrufen, was uns die Möglichkeit gibt, unseren inneren Zustand selbst in eine offene, produktive Richtung zu steuern. Je öfter wir das tun, desto mehr werden die entfaltungsorientierten Einstellungen und Gefühle zu unserem natürlichen Lebensgefühl.

1. Entfaltungsframe: Neugierde, Mut, Unerschrockenheit

Der Entfaltungsmodus eröffnet uns die Möglichkeit, statt mit Angst zunächst bewusst, später intuitiv neugierig, mutig und unerschrocken an Herausforderungen heranzugehen. Was neu ist, macht keine Angst, sondern neugierig. Das geht nur, wenn

wir Leben nicht mehr unbewusst als Überlebensproblem interpretieren. Wir können Migration zum Beispiel als Überlebensproblem verstehen und werden sehr schnell Katastrophendenken aktivieren und ganz von selbst zuerst Horrorszenarien entwickeln, um dann unter größter Anspannung und enormem
inneren Druck Schuldige zu suchen und sehr einfache, kurz
gegriffene Entweder-oder-Lösungen nach dem Motto »Grenzen ganz auf oder ganz zu«. Betrachten wir Migration aus einer
innerlich sicheren Position heraus, können wir sie offen, neugierig und unerschrocken als Phänomen des 21. Jahrhunderts
sehen und es in seiner ganzen Komplexität, den Herausforderungen ebenso wie den Möglichkeiten, begreifen. Ohne Angst
müssen wir weder Sündenböcke suchen noch vor den ohne Zweifel großen Herausforderungen die Augen verschließen und sie
auf eine Art schönreden. Aus dem neuen Entfaltungsframe
heraus, der sich aus entstörtem Denken von selbst ergibt und
die Neigung zu Katastrophendenken ersetzt, wird unser Denken
also offen, breiter und kann mehr Informationen zulassen, ohne
uns innerlich zu überfordern. Für einen Menschen in einem neugierigen und unerschrockenen Modus ist jede Information neuer,
interessanter Stoff, der zu kreativen, sehr viel weiter gedachten
Überlegungen einlädt und uns vor mentalen Kurzschlüssen bewahrt.

Neugierde, Mut und Unerschrockenheit sind eine enorm
kraftvolle innere Haltung, ein Frame, der uns auch bei schwer-
wiegenden persönlichen Problemen stärker und zugleich sensibler reagieren lässt. Ich habe viele Jahre mit Menschen gearbeitet,
die sehr kurzfristig und in höherem Alter ihren Job verloren hatten. Aus dem Katastrophendenken heraus führt diese Erfahrung
zu emotionalen und gedanklichen Lähmungserscheinungen.
Menschen wissen dann nicht mehr ein noch aus, eine Entlassung
fühlt sich für sie wie das eigene Lebensende an. In dem Moment,
in dem meine Klienten ihre innere Haltung von Überlebens-
auf Entfaltungsmodus umstellten und ihre neue Situation offen,

mutig, neugierig und unerschrocken betrachteten, konnten sie sich umgehend innerlich stabilisieren, hatten wieder Zugang zu ihrer individuellen Wirksamkeit und konnten sehr schnell neue, kraftvolle Ideen entwickeln. Auch wenn größere Veränderungen deshalb noch kein reines Zuckerschlecken sind, lassen sie sich nicht mehr wie eine Katastrophe, sondern eher wie eine anspruchsvolle Bergwanderung an, an die man sich trotz einiger Krisen am Ende mit Stolz zurückerinnert.

Auch wenn es um die ganz großen Brocken geht, können wir uns aus dem neuen Denken heraus neue, konstruktive Fragen stellen: Was gibt es zu entdecken, zu lernen, zu verstehen? Wie kann ich ein Problem so lösen, dass es die Lebensqualität verbessert – in meinem eigenen Leben und weit darüber hinaus? Denken und fühlen wir aus diesem Frame heraus, dann steigen die Chancen, konstruktive Lösungen zu finden, um ein Vielfaches an. Was bislang Stress und Angst ausgelöst hat, ist nun eher ein Rätsel, das uns reizt, es zu lösen.

Selbst wenn es groß ist, gehört es zur Faszination des Lebens. Vor einigen Jahren habe ich mit einer Klientin gearbeitet, die eine schwere Krebsdiagnose erhalten hatte. Sie hat sie glücklicherweise überlebt. Ob ihr innerer Wandel dazu beigetragen hat, kann ich nicht mit absoluter Sicherheit sagen, er hat ihr aber ganz sicher dabei geholfen, qualitativ anders mit dieser enormen Herausforderung umzugehen. Während sie im alten Modus wie gelähmt und damit nahezu handlungsunfähig war, konnte sie, als es ihr zum ersten Mal nicht nur intellektuell, sondern auch emotional gelang, den Entfaltungsframe zu aktivieren und mutig, neugierig und unerschrocken auf ihre Erkrankung zu blicken, die gesamte Bandbreite ihrer Möglichkeiten sehen und sich selbstwirksam um ihre Genesung kümmern. So ungewöhnlich es klingen mag, aber es gelang ihr, den Krebs als Entfaltungsproblematik mit dem Ziel einer möglichst hohen Lebensqualität zu interpretieren und ihr Leben vollständig umzustellen.

Worum es auch immer gehen mag, mit folgender Frage lässt sich dieser wichtige Entfaltungsframe jederzeit aktivieren: Was denke und fühle ich, wenn ich die Sache mutig, neugierig und unerschrocken betrachte? Es bewährt sich in der Familie, im Job und in ganz privaten Angelegenheiten ebenso wie in unserer Gesellschaft und der großen Weltpolitik.

Das ist die erste, deutlich fühlbare innere Wende, die mit entstörtem Denken einhergeht – und es gibt sechs weitere kraftvolle Frames, die uns zu anderem befähigen und in die Lage versetzen zu bewältigen, was wir heute noch für unlösbar halten.

2. Entfaltungsframe: Selbstgewissheit, Präsenz und Achtsamkeit für die eigene Individualität und die anderen Lebens

Im Entfaltungsmodus sind Menschen nicht mehr damit beschäftigt, sich kleinzumachen und zu fragen, wer wichtiger ist oder Vorrang haben könnte. Sie nehmen sich selbst auf ganz natürliche Weise ebenso ernst wie andere. Sie wissen, dass sie, wie alle anderen auch, ein Recht auf Leben, Entfaltung und Lebensqualität haben. Es ist eine Form der Selbstgewissheit und Präsenz, die all das umfasst, was wir heute mit zahlreichen Achtsamkeitstechniken zu erreichen suchen und die durch das neue Denken von selbst entsteht. Wir entdecken das, was man als gesundes Ego und als ureigene Individualität bezeichnen kann, und nehmen in erweiterter Präsenz zugleich wahr, was für anderes Leben wichtig ist. Es geht nicht mehr um »Ich *oder* die anderen«, sondern um »*Sowohl* ich *als auch* die anderen«. In diesem Zustand ist es schwer bis unmöglich, sich selbst oder anderem Leben Leid anzutun, sich selbst oder andere brutal auszubeuten. Wir kooperieren stattdessen, ohne uns dabei als Individuen zu verlieren.

Was unterscheidet diese Haltung etwa von der buddhistisch inspirierten Achtsamkeit? Sie speist sich aus einer anderen Quelle. Es geht um eine bedingungslose Selbst- und Lebensbejahung, die nicht aus schlechtem Gewissen herrührt. Entstört ist Leben kein Leiden, sondern ein durch und durch erfreulicher Entfaltungsprozess, selbst in den Momenten, in denen es schwierig ist. Wir fügen uns selbst und anderen kein Leid mehr zu, weil es keinen Sinn mehr ergibt und weil wir deshalb auch nicht mehr wollen, und nicht, weil wir es müssen, um etwa Karmapunkte zu sammeln. Die neue Achtsamkeit kommt also nicht mehr aus dem Frame der Selbstverleugnung und jener seltsamen Schuld- und Sühnementalität, den alle Religionen des Holozäns hervorgebracht haben. Sie entstammt der entstörten Lebensbejahung, Selbstgewissheit und Präsenz, Faktoren, die nicht menschliches Leben von selbst zeigt, die wir Menschen aber erst durch konsequente Entstörung wieder lernen müssen.

Worum es auch immer gehen mag, mit folgender Frage lässt sich dieser Entfaltungsframe jederzeit aktivieren: Was denke ich, was fühle ich und wie handle ich, wenn ich mich, meine Individualität und das, was mir wichtig ist, ebenso ernst nehme wie andere? Was denke, fühle und sage ich, wenn mein Leben ebenso zählt wie anderes Leben?

Mutig, neugierig und unerschrocken, selbstgewiss, präsent und aufmerksam für uns und anderes Leben sind wir bereits in einem sehr guten, kraftvollen Zustand. Doch es sind erst zwei Entfaltungsframes, die wir bisher aktiviert haben.

3. Entfaltungsframe: Ressourcenbewusstsein und eigenes Timing

Im entstörten Modus nehmen wir uns wieder als Lebewesen und nicht mehr als Überlebensmaschinen oder Instrumente anderer wahr. Das eröffnet uns von selbst Zugang zu etwas ganz und gar Wichtigem, das durch gestörtes Denken verloren geht: ein deutliches Gespür und ein klares Bewusstsein für unsere tatsächlichen Ressourcen. Die eigenen Energiereserven und die Ressourcen anderen Lebens, die wir im gestörten Modus ohne Gefühl überstrapazieren. Wenn Leben Entfaltung und Lebensqualität heißt, dann ist uns sonnenklar, dass wir uns erholen müssen und das auch können, weil Leben über die gesamte Lebenszeit eine Kraft ist, die sich immer wieder von selbst erneuert, wenn wir es nicht davon abhalten. Die Aufmerksamkeit für Ressourcen zeigt deutlich, welche Projekte und Timings lebensfreundlich sind und welche desaströs. Nach dem neuen Paradigma gibt es nichts mehr, was es wert ist, kopflos durchgezogen oder ausgebeutet zu werden, denn es stört Entfaltung und Lebensqualität.

Immer wieder mache ich die Erfahrung, dass Menschen sofort wissen, wann genug genug ist, wenn sie ihre Aufmerksamkeit bewusst auf ihre Ressourcen lenken. Sie wissen auch, welche Timings realistisch und dem Leben gegenüber vertretbar sind. Man kann es selbst für jedes Thema ausprobieren. Es funktioniert. Noch ein Meeting oder lieber Qualitätszeit mit einem uns wichtigen Menschen? Jetzt noch schnell die Wäsche machen oder herunterkommen, ausruhen, Lebensqualität spüren? Vieles, was uns heute den Terminkalender vollstopft und angeblich sofort erledigt werden muss, entspannt sich sofort. Anderes wird dringlicher, weil uns umgehend klar ist, was wirklich Priorität im Leben hat.

198

Worum es auch immer gehen mag, mit folgender Frage lässt sich dieser Entfaltungsframe jederzeit aktivieren: Was denke und fühle ich, wenn ich mir meiner und anderer Ressourcen bewusst bin? Wie gehe ich die Dinge an, wenn ich sie im eigenen Timing erledige?

Sind alle drei der bisherigen Entfaltungsframes aktiviert, haben wir einen enorm starken Zugriff auf unser inneres Kraftpotenzial. Wir sind zugleich offen, lebendig und entspannt. Unsere Möglichkeiten differenzieren sich noch weiter aus, wenn wir den folgenden Frame dazunehmen.

4. Entfaltungsframe: Bewertungsfreie Aufmerksamkeit, Großzügigkeit und Fairness

Menschen, die sich nicht mehr stören, die präsent sind im Hier und Jetzt und die Dinge mutig, neugierig und unerschrocken betrachten, greifen auf eine großartige psychoemotionale Fähigkeit zurück: bewertungsfreie Aufmerksamkeit. Wenn wir uns mit etwas beschäftigen und es nicht in gestörte Bewertungskategorien pressen, kommen wir in einen äußerst produktiven Zustand, den Kinder noch gut kennen, bevor er ihnen abtrainiert wird. Hintergrund ist, dass wir Leben nicht mehr als existenziellen Kampf oder dauerhaften Wettbewerb verstehen. Wir betrachten das, was wir erleben, unvoreingenommen, schauen genau hin, weiten die Perspektive, wollen möglichst viel erfassen und verstehen. Wir sind offen und zugleich konzentriert. In diesem fantastischen Zustand, den wir auch als Flow bezeichnen können, haben wir einen ausgesprochen feinen Sinn für Verhältnismäßigkeiten. Wir verlangen uns nicht mehr ab, perfekt zu sein, eine Sprache in wenigen Wochen zu erlernen, tausend Bälle zu jonglieren und dabei immer fabelhaft auszusehen; zehn Rollen gleichzeitig auszufüllen und dabei immer vorbildlich zu sein. Wir schämen uns nicht mehr, wenn wir einmal Fehler machen. Und was passiert? Wir lernen doppelt so viel doppelt so schnell. Der Entfaltungsframe bewertungsfreier Aufmerksamkeit ermöglicht uns immense geistige und emotionale Präsenz inmitten eines intensiven Lebensprozesses. Er eröffnet uns den Zugang zu einer unvergleichlich sensiblen Wahrnehmungsfähigkeit. Wir lassen Komplexität zu, erhöhen sie sogar gerne, weil uns mehr Informationen unter dem neuen Lebensparadigma ein klares Bild darüber geben, was wir für uns und andere tun können, um Lebensqualität zu erhöhen. Was Leistungen anbelangt, haben wir entstört ein klares Gespür für Fairness und sind uns selbst und anderen gegenüber großzügig, einfach deshalb, weil wir nicht mehr um Rangfolgen und ums Überleben kämpfen, sondern Möglichkeiten der gemeinsamen Entfaltung und qualitativ hochwertiger Kooperation suchen.

Worum es auch immer gehen mag, mit folgender Frage lässt sich dieser Entfaltungsframe jederzeit aktivieren: Was denke und fühle ich, wenn ich dem, was mich gerade beschäftigt, meine bewertungsfreie Aufmerksamkeit schenke? Was, wenn ich darüber hinaus großzügig und fair bin?

Menschen, die die vier bislang vorgestellten Entfaltungsframes aktivieren, haben Charisma. Sie strahlen Sicherheit aus, weil sie um ihre eigene Sicherheit wissen, und bereiten anderen Menschen damit den Raum für ihre Entfaltung. Es macht einfach Spaß, mit Menschen umzugehen, die sich in einem entstörten Modus befinden. Sie geben Energie, ohne ihre eigene zu verlieren. Das ist ansteckend, weil sich konstruktive Emotionen ebenso viral verbreiten wie die alten destruktiven. Es kommt dennoch noch ein fünfter Frame hinzu, der unsere vielleicht aufregendste menschliche Fähigkeit zur vollen Entfaltung bringt.

5. Entfaltungsframe: Fantasie, Kreativität und »Out of the box«-Denken

Entstört haben wir einen einzigartigen Zugang zu dem, was uns als Menschen besonders kennzeichnet: Fantasie, Kreativität, die Fähigkeit, Neues zu erschaffen und neu, also außerhalb des bisherigen Rahmens, zu denken. Es ist eine natürliche Fähigkeit, die unsere Vorfahren vor Hunderttausenden von Jahren ausgeprägt haben und die wir heute endlich im Sinne eines neuen Paradigmas für eine völlig neue Dimension von Lebensqualität nutzen können. Diese natürliche menschliche Fähigkeit zeigen Kinder, wenn sie sich noch nicht selbst stören können. Sie erfinden Neues, probieren spielerisch, genießen jeden Moment ungestörter Kreativität. Als Erwachsene können wir unsere breiten Kompetenzen hinzunehmen und Leben ebenso wie Institutionen auf unserem Planeten in einer neuen Dimension kreieren. Kreativität ist unsere ureigene, natürliche Begabung als Gattungswesen. Das heißt: Jeder Mensch ist kreativ, wenn er sich nicht durch gestörtes Denken daran hindert.

Worum es auch immer gehen mag, mit folgender Frage lässt sich dieser Entfaltungsframe jederzeit aktivieren: Was denke und fühle ich, wenn ich das, was mich gerade beschäftigt, kreativ, fantasievoll, *out of the box*-denkend angehe?

Sind diese fünf Entfaltungsframes aktiviert, können wir mit jedem Problem auf einem anderen psychoemotionalen Level umgehen. Unsere sozialen Fähigkeiten katapultieren sich in eine neue Dimension, wenn wir den sechsten Frame dazunehmen.

6. Entfaltungsframe: Unvoreingenommenheit, rationales Vertrauen, Zutrauen

Verstehen wir Leben als Entfaltungsprozess, fällt die Anspannung ab. Weil wir den anderen nicht als Konkurrenten, sondern als Kooperationspartner verstehen, können wir uns unvoreingenommen begegnen, uns selbst und anderen Gutes zutrauen. Das geht, weil wir uns im neuen Denkrahmen weder kleiner noch größer machen, sondern ein klares Bewusstsein über unsere Möglichkeiten als erwachsener Mensch haben. In dieser Haltung wissen wir, dass wir uns auch wehren können, wenn Vertrauen und Zutrauen missbraucht werden sollten. Das ist gemeint mit der Haltung des »rationalen Vertrauens«, die mit diesem Frame abgerufen wird.

Worum es auch immer gehen mag, mit folgender Frage lässt sich dieser Entfaltungsframe jederzeit aktivieren: Was denke und fühle ich, wenn ich einem Menschen, einer Situation oder Idee zuerst einmal unvoreingenommen und mit rationalem Vertrauen begegne? Wenn ich mir und anderen im positiven Sinne etwas zutraue, ohne deshalb naiv zu sein?

Manchmal arbeite ich damit, alle Frames bewusst gleichzeitig zu aktivieren, was einen wahren inneren Glücks- und Motivationsschub auslöst, der sich aber ganz anders anfühlt als die bisherige Übermotivation, die falsche Euphorie, die gestörtes Denken auslösen kann. Das gute Lebensgefühl ist sehr viel ruhiger, »geerdeter«, stabiler und führt zu einer starken inneren Vorwärtsbewegung. Es ist eine Stärke, die sich als im besten Sinne »unaufgeregt« beschreiben lässt. Der siebte Entfaltungsframe ist häufig die natürliche Folge der bisherigen sechs Frames.

7. Entfaltungsframe: Willensstärke aus Orientierung am Sinn

Leben als Prozess der Entfaltung mit dem Ziel hoher Lebensqualität zu verstehen gibt uns innerlich eine klare Orientierung. Das befreit von den vielen lästigen Ambivalenzen, Ängsten und kindlichen Sehnsüchten nach Erlösung, die wir aus dem gestörten Modus kennen. Wir brauchen keinen Kick mehr, keine künstlich erzeugte Euphorie, weil ein entstörtes Leben grundsätzlich sinnvoll ist. Was wir aus diesem Denken heraus entwickeln, hat Bestand, weil es einem unzweideutigen und starken Ziel folgt: Entfaltung und Lebensqualität. Das erzeugt einen ausgesprochen starken inneren Willen, genau deshalb, weil die Motivation nicht mehr ambivalent ist. In diesem Zustand sind wir klar, willensstark und wirksam. Wir setzen ohne großen Rummel oder Gejammer um, was wir für richtig und sinnvoll befunden haben.

Worum es auch immer gehen mag, mit folgender Frage lässt sich dieser Entfaltungsframe jederzeit aktivieren: Was denke, fühle und entscheide ich, wie verhalte ich mich, wenn ich mein Leben als Prozess der Entfaltung, mit dem Ziel einer hohen Lebensqualität für mich selbst und für alles Leben auf der Erde, betrachte?

Einige Entfaltungsframes sind natürliche Einstellungen und eine Haltung, die bereits Kinder in einem bestimmten Maß mitbringen, bevor ihnen gestörtes Denken antrainiert wird. Neugierde, ein bestimmter Mut und eine gewisse Unerschrockenheit sind für Heranwachsende in bestimmten Altersgruppen ebenso normal, wie anderen gegenüber zunächst unvoreingenommen zu sein oder ihrer Kreativität und Fantasie freien Lauf zu lassen. Wahrscheinlich würden Menschen so gut wie nichts lernen, wenn sie sich schon früher stören könnten. Als Erwachsene in einer immer noch gestörten Welt müssen wir sie erst wiederentdecken, auf eine reife Art austarieren und nutzbar machen für ein starkes, sinnerfülltes Leben.

Ein neuer innerer Kompass

Für manche Menschen ist es eine erschütternde Erfahrung, zum ersten Mal vom Modus der Störung in den der Entstörung zu wechseln. Zu dem fundamental anderen Lebensgefühl kommt manchmal zugleich eine Trauer um die vielen verschenkten Jahre, Jahrzehnte und – wenn wir über uns hinausdenken – vielleicht sogar Jahrtausende. Wie viel Furchtbares ist uns selbst und anderem Leben durch das gestörte Denken und Fühlen widerfahren? Und was für ein faszinierend anderes Potenzial haben wir, wenn wir unser Leben und die Welt entstört begreifen!

Was aufhört, ist die für westliche Menschen unserer Zeit so typische Ziel- und Orientierungslosigkeit. In einer entstörten Haltung können wir intuitiv und sicher beantworten, was für uns persönlich gut und stimmig ist. Im Coaching kann ich meinen Gesprächspartnern jede Frage stellen, und sie beantworten sie für sich selbst intuitiv richtig und in einer erstaunlich anderen Qualität als vorher.

Paaren, die vom Störungs- in den Entfaltungsmodus wechseln, stelle ich manchmal die Frage, was ihre Partnerschaft jetzt brauchte, wenn sie diese als eine Begegnung verstehen, in der es um Entfaltung und Lebensqualität geht. Männer wie Frauen antworten aus der neuen inneren Orientierung heraus intuitiv stimmig, passend für die Art der Beziehung und die menschlichen Qualitäten, die sie beide einbringen. Es gibt keine Schuldzuweisungen mehr, keine Opfer- und Täterkonstruktionen. Manchmal erkennen beide, dass es Zeit ist, getrennte Wege zu gehen. Viel häufiger entstehen Lösungen neuer Qualität: den anderen ernst

nehmen, Tabus aufbrechen, gemeinsam neue Erlebnisräume erschaffen.

Das gilt ganz genauso für den Beruf. Menschen hören auf,
Schuldige zu suchen, sich zum Opfer zu stilisieren oder in jenen
infantilen Zynismus zu verfallen, der in den vielen heute kursie-
renden »Null Bock«-Sprüchen in den sozialen Medien Ausdruck
findet. Wer sich nicht mehr stört, hat damit angefangen, sich
selbst und sein Berufsleben ernst zu nehmen und zu wissen, wann
er sich selbst verändern muss oder wann er die Umgebung wechseln muss, um seinen Job wieder als Entfaltungsraum mit hoher
Lebensqualität zu erleben. Es gibt dann keine einfachen Ausreden mehr. Aus der alten, an unbedingte Sicherheit und Kontrolle
orientierten Haltung heraus fragen mich Menschen zum Beispiel,
wer denn ihre Miete bezahlen solle, wenn sie sich beruflich verändern. Aus der neuen heraus wissen sie, dass sie sie natürlich weiterhin selbst bezahlen werden und weder Gefangene noch Abhängige sind, die keine andere Wahl haben. Man denkt stattdessen nach, zieht seine Schlüsse und fängt an mit dem ersten Tag
eines neuen Berufslebens. Selbst dann, wenn man sich dafür neu
bewerben, umziehen, umschulen oder andere Dinge zu lernen
und anzupacken hat.

Dieser Wechsel in eine konsequent erwachsene Haltung ist für
jeden Menschen wie eine Frischzellenkur. Nicht nur für uns
selbst, sondern auch für andere, die sich bisher mit unseren regressiven Einstellungen herumschlagen mussten. Unternehmen,
Institutionen und Gesellschaften, die Entstörung fördern, fördern
damit auch sich selbst.

Entstörte Intuition

Gestresste Führungskräfte, denen ich die Frage stelle, was es jetzt brauchte, wenn sie ihre beruflichen Herausforderungen als Teil ihrer persönlichen Entfaltung und Lebensqualität verstehen, können sofort sagen, wo der stärkste Hebel für die größte Veränderung ist. Manchmal ist es einfach Urlaub, manchmal sehr viel mehr. Die Dinge neu durchdenken, andere Perspektiven einnehmen, sich von blockierenden Vorannahmen verabschieden, frischen Wind in den eigenen Kopf und dann ins Team bringen.

Entscheider aus Wirtschaft und Gesellschaft entwickeln aus dem Stand eine Bandbreite kreativer Ideen, wenn ich sie frage, was es bedeuten würde, wenn sie ihr Unternehmen als eine Organisation verstehen, in der es nicht nur darum geht, Gewinne zu erwirtschaften, sondern um Entfaltung und Lebensqualität. Was wäre, wenn diese Sichtweise sogar sehr viel besser geeignet wäre, nachhaltige Gewinne zu erzielen? Sein Unternehmen oder eine Behörde, die man leitet, wie ein Lebewesen zu verstehen, das sich entfaltet, klingt vielleicht zunächst etwas blumig, öffnet aber ganz andere Frames, und diese wieder beflügeln Kreativität und Innovationsgeist.

Entfaltung lenkt den Blick weg von einer Fixierung auf Wettbewerb und das, was andere machen, hin zur Frage danach, was man selbst will und nach den Bedingungen, die ein Unternehmen in all seinen Facetten braucht, um Erfolg zu haben. Eine Pflanze wächst nicht schneller, wenn man an ihr zieht, und sie entwickelt sich auch nicht, wenn man ihre ureigene Individualität nicht begreift und stattdessen Standards durchzieht, die für andere gut, für einen selbst aber hinderlich sein können. Menschen in Leitungspositionen im öffentlichen Dienst entdeckten plötzlich die Spielräume in den oft zu eng ausgelegten Vorgaben und bringen beherzt neues Leben in ihre Abteilungen.

Doch auch Menschen aus anderen Berufen, Angestellte in Versicherungen oder Banken, Kfz-Mechaniker, Friseurinnen, Ärzte,

Büroangestellte, Beamte oder Polizistinnen und die vielen anderen, mit denen ich in den Jahren arbeitete, brachten aus dem Stand eine neue Qualität in ihr Berufsleben, wenn sie es aus dem neuen Paradigma heraus betrachteten.

Das soziale Gen aktivieren

Menschen denken im entstörten Modus nicht nur anders über sich, sondern schätzen von selbst sehr genau ab, welche Auswirkungen ihr Handeln auf andere hat. Auch das geht in Sekundenschnelle. Meine Gesprächspartner präsentieren mir so gut wie ausnahmslos individuell für sie selbst stimmige Lösungen, die andere relevante Menschen bereits berücksichtigen. Dehnen wir diese Fähigkeit bewusst auf die uns umgebende Natur aus, gibt es keine Lösungen mehr, die nicht ganz von selbst nachhaltig und umweltorientiert sind. Bei der Vielzahl der Fälle, die ich begleiten durfte, hatte ich manchmal den Eindruck, wir würden in einem offenen, entspannten Zustand ein bislang ruhendes Gen für soziale und ökologische Wirkungen unmittelbar aktivieren. Die spezifisch menschliche Fähigkeit der Empathie mit anderem Leben wird nicht mehr blockiert, sondern automatisch abgerufen. Lösungen, die Menschen im entstörten Modus erarbeiten, sind deshalb auf eine faszinierende Art weder egoistisch noch selbstvergessen. Die Scheuklappen sind weg. Sie zeigen eine Balance und Vielschichtigkeit, die uns aus dem Überlebensmodus unbekannt ist.

Es ist wichtig weiterzudenken, was passieren könnte, wenn immer mehr Menschen einen freien Zugang zu diesen mentalen Kapazitäten haben. Statt uns mit Störung gegenseitig zu blockieren, können wir ein Phänomen der Schwarmintelligenz initiieren, das uns auch die großen Aufgaben der Zeit intuitiver, schneller, kreativer und vor allem fair lösen lässt. Nicht nur in unserem

Sinne, sondern auch im Sinne anderen Lebens, das auf einen menschlichen Sinneswandel angewiesen ist.

Kooperation im Entfaltungsmodus

Die Qualität des zwischenmenschlichen Miteinanders ändert sich dadurch. Bei Paaren, im Freundeskreis, in der Familie, in Teams, überall, wo Menschen zusammenleben und -arbeiten. Ich konnte es oft genug erleben. Gruppen oder Teams blühen förmlich auf. Die Stimmung im Raum verändert sich. So viele Teams, mit denen ich gearbeitet habe, haben sich im alten Modus gegenseitig belauert, vorgeführt, abgelenkt oder haben unproduktive Machtspiele ausgefochten. Im Entfaltungsmodus ist es anders. Alle sind wach. Aber nicht mehr angespannt wach wie in einer Arena. Es ist eine andere Energie, eher vergleichbar mit der eines Bienenstocks. Menschen sind lebendig, dabei erstaunlich unaufgeregt und überaus produktiv. Sie fühlen sich sicher. Der Stress ist weg. Es geht nicht mehr darum, wer der Klügste, Tollste oder Wichtigste ist. Jeder ist präsent, alle tragen bei, nicht nur die wenigen Zugpferde, da jeder dazugehört und jeder zählt. Ich habe erlebt, dass Menschen, die bisher niemand wahrgenommen hatte, förmlich aufblühten und die mitunter wertvollsten Impulse gaben. Plötzlich war die Angst weg, der Knoten geplatzt.

Bestimmte Regeln und Gepflogenheiten, die für so viele Menschen im Beruf heute zur Belastung geworden sind, lösen sich auf. Entstörte Meetings sind anders. Sie sind kürzer, weil sich niemand langweilen will und weil sich keiner mehr in Szene setzen muss. Wenn Besprechungen doch einmal länger dauern, achtet man von sich aus auf Pausen. Nicht mehr unbedingt nach festen Zeiten, sondern nach der Energie und Stimmung im Raum. Menschen erleben sich als Lebewesen, die auch Zeit für Muße und Rekreation brauchen, nicht als Maschinen. Die Qualität der Ergebnisse explodiert. Vor allem, wenn man sie langfristig betrachtet. Leistung als gemeinsamen Entfaltungsprozess unter hoher Lebensqualität zu sehen bringt Quantensprünge, von denen Unternehmen heute größtenteils noch träumen. Die Teams sind um Längen kreativer, innovativer. Sie haben einen längeren Atem, weil sie nach natürlichen Rhythmen arbeiten. Die Energie lebender Organismen, zu denen auch wir Menschen gehören, ist erneuerbar, wenn wir ihr den Raum und die Zeit dazu geben. Menschen müssen nicht ausbrennen, und sie können, wenn sie das möchten, bis ins hohe Alter außergewöhnlich aktiv und produktiv sein. Das sind gute Aussichten. Unternehmen, die ihre Kultur in diese Richtung verändern, erleben weniger Konflikte, einen geringeren Krankenstand und weniger Fluktuation. Veränderung ist kein Horror mehr, sondern ein natürlicher Teil des Lebensprozesses. Menschen, die sich sicher und als lebende einzigartige Wesen gesehen und geschätzt fühlen, kooperieren, statt zu konkurrieren. Sie übernehmen von selbst Verantwortung, stecken andere damit an. Angestrengte Aufforderungen, sein Wissen zu teilen und mitzumachen, sind Vergangenheit, ebenso wie die heute wachsenden Probleme, Führungspositionen zu besetzen, wenn Menschen ihre Zusammenarbeit als Entfaltungsaufgabe verstehen und Leistung auch Lebensqualität bedeutet. Nicht irgendwann, sondern jetzt.

Den vollen Reifegrad abrufen

Das heißt nicht, dass ab jetzt alles nur noch einfach und schön wäre. Das wäre eine kindliche Wunschvorstellung. Was wir uns im entstörten Modus abfordern müssen und jederzeit können, ist, eine erwachsene Haltung zu uns selbst und dem Leben einzunehmen. Die meisten Erwachsenen wissen mit dem Begriff des Erwachsenseins nicht viel anzufangen. Erwachsen zu sein heißt, unfrei zu sein, festzustecken, nur noch Pflichten und keinen Spaß mehr zu haben. Man folgt eingefahrenen Gleisen und hat den Eindruck, ab einem bestimmten Punkt nichts mehr ändern zu können.

Erwachsen zu sein bedeutet aber etwas anderes. Es ist die Fähigkeit der Selbstregulation und der Selbstwirksamkeit. Es bedeutet, dass wir weder unseren eigenen Gefühlen ausgeliefert noch existenziell abhängig von anderen sind. Im Erwachsenenmodus sind wir innerlich in der Lage, Gefühle und Gedanken angemessen wahrzunehmen und zu steuern, und sind äußerlich dazu fähig, unser Leben zu gestalten.

Es ist ein angenehmes, stabiles und zugleich lebendiges Lebensgefühl, das aus der Sicherheit kommt, dass wir nicht mehr um unser Überleben kämpfen und keine Dominanz- und Abhängigkeitsstrukturen mehr dulden müssen. Man spürt Bodenhaftung. Die Energie pulsiert. Der Kopf ist frei und die Zukunft offen. Wir haben die Wahl, wie wir unser Leben gestalten.

Menschen im vollen Reifegrad erleben sich anderen gegenüber anders als vorher. Sie verzichten auf Rangkämpfe, aber auch auf unangemessene Gleichmacherei. Es geht zwischen Menschen um Augenhöhe im Sinne jener Ebenwürdigkeit, von der bereits die Rede war. Andere Menschen sind nicht gleich, aber gleichwürdig, nicht immer ebenbürtig, aber ebenwürdig. Kurz gesagt sind wir in der Lage, die Komplexität und Vielfalt von Leben auch in seiner Unterschiedlichkeit wahrzunehmen und anzuerkennen, ohne das, was anders ist als wir, auf- oder abwerten zu müssen. Schwächeren gegenüber spielt man sich nicht mehr auf, und Stärkeren gegenüber duckt man sich nicht mehr weg, passt sich nicht mehr einfach so an. Es ist ein anderer Umgang miteinander. Man begegnet sich, spricht miteinander, tauscht sich aus, nimmt sich ernst, kooperiert. Der andere ist kein Feind mehr, keine Bedrohung und auch kein Objekt gestörter Idealisierungs- oder Ausbeutungswünsche. Er ist ein echtes Gegenüber. Auch dann, wenn es Konflikte gibt. Wir lösen sie in einem anderen Stil. Das Ziel ist nicht mehr, den anderen zu besiegen, zu unterwerfen, mundtot zu machen, sondern zu einem ebenwürdigen Ausgleich unter erwachsenen Menschen auf Augenhöhe zu kommen. Dazu sind wir auch emotional in der Lage. Im vollen Reifegrad ist unser Gefühlshaushalt im Ganzen balanciert, weil wir uns grundsätzlich sicher fühlen, auch dann, wenn uns etwas gegen den Strich gehen sollte. Das ermöglicht uns, auch unter Stress offen, souverän und angemessen für unser jeweiliges Lebensalter zu agieren. Wir hegen keine infantilen Wünsche und Hoffnungen, sondern haben ein gutes Gespür dafür, welche Dinge zu beeinflussen sind und welche nicht.

Es ist jenes Lebensgefühl, das wir erst heute in der Breite erleben können, vor allem da, wo wir autoritäre Strukturen bereits hinter uns gelassen haben. Schon Kinder und Jugendliche können heute davon profitieren, wenn wir anfangen, sie ernst zu nehmen und ihnen an einigen Stellen, etwa was Perfektionsansprüche betrifft, weniger, an anderen aber, was die charakterliche und menschliche Entwicklung betrifft, um ein Vielfaches mehr abverlangen. Möglicherweise ist diese Fähigkeit und Möglichkeit, erstmals unseren vollen menschlichen Reifegrad zu erleben, der größte Reichtum und die stärkste Quelle von Erfüllung und Glück, die uns jemals zur Verfügung stand.

Das Beste daran ist: Es ist eine Haltung und ein Zustand, den wir jederzeit selbstständig innerlich abrufen und einnehmen können. Wir können uns in jeder Situation fragen, ob wir uns in einem innerlich voll entwickelten oder aber infantilen Zustand befinden, und eine eigene Entscheidung treffen, welche Haltung wir einnehmen wollen. Es ist also unabhängig von äußeren Umständen, davon, wer wir sind, wie viel wir haben oder wer sich uns gegenüber gerade wie benimmt. Und sie sorgt gleichzeitig dafür, dass wir unsere äußeren Belange um so viel besser und wirksamer gestalten und Wirklichkeit werden lassen können als jemals zuvor.

Das sind wir, wenn wir uns nicht stören: einzigartige und individuelle Persönlichkeiten. Mutig, neugierig und unerschrocken. Erwachsen. Selbstgewiss, präsent, aufmerksam mit uns selbst und anderem Leben, kooperativ, positiv zutrauend und in einer reifen Art vertrauend, bewertungsfrei sensibel, großzügig und fair. Achtsam mit den eigenen und fremden Ressourcen, hochwirksam im eigenen Timing, kreativ, fantasievoll und willensstark. Von Grund auf lebensfreundlich, an einem klaren inneren Kompass orientiert. Nicht mehr allein und abgetrennt, sondern in einer lebendigen Konnektivität verbunden in einem pulsierenden Netz des Lebens, das wir brauchen und das uns braucht, um sich zu entfalten und nicht nur uns selbst, sondern allem Leben eine beispiellose äußere wie innere Qualität zu ermöglichen.

Das führt zu einem anderen Menschenbild. Der entstörte Mensch ist kein Homo deus, ein infantil gedachter gottgleicher Mensch, der seine Technologien dazu nutzt, das Leben zu beherrschen oder gar durch eine technische Superintelligenz zu überwinden, wie es jüngst Yuval Noah Harari beschrieben hat, sondern ein *Homo adultus,* ein erwachsener, sich in seinen geistigen, emotionalen und charakterlichen Fähigkeiten voll entfaltender Mensch, der seine mentalen Qualitäten dafür nutzt, Leben und seine Qualität zu verbessern.

Anders weitermachen

Eines ändert sich im neuen inneren Modus sehr schnell und irreversibel: Wenn sich der Schleier einmal gelüftet hat und die Sensibilität da ist, kann man nicht mehr so tun, als würde man nicht sehen, welche Schieflagen Menschen jeden Tag aufs Neue in der Welt produzieren. In unserer unmittelbaren Umgebung, in unserer Gesellschaft, in Wirtschaft und Politik. Weil in einer komplexen Welt alles miteinander zusammenhängt, versteht man ganz von selbst, dass es nicht mehr möglich ist, sich in private Nischen zurückzuziehen. Für einen offenen Menschen, der mutig und neugierig auf das Leben schaut, ist das auch keine Zumutung mehr, sondern eine große, im guten Sinne fordernde Herausforderung. Sie braucht uns in unserer Kraft. Sie braucht uns entstört. In diesem und nur in diesem Zustand können wir die Welt zum Besseren verändern.

6
Inner Change:
Wie wir uns selbst und die
Welt verändern können

Es ist ein kalter klarer Wintermorgen. Ich gehe in mein Lieblingscafé, um, umgeben von anderen Menschen, darüber nachzudenken, wie der innere Wandel auf einer breiteren Basis gelingen kann. Wie können wir uns selbst verändern und darüber hinaus auch die Welt zu einem besseren, lebensfreundlichen Ort machen? Wie könnten wir es schaffen, dass etwas wie die Utopie jenes Sommertages im Jahr 2050, die mich immer wieder beschäftigt, Wirklichkeit wird? Das Café, in dem ich in den letzten Jahren oft Menschen getroffen, nachgedacht und geschrieben habe, liegt in einem der quirligsten Viertel Berlins. Um neun Uhr morgens gehöre ich zu den ersten Gästen, aber nach ein, zwei Stunden füllt sich dieser Ort, der mir dann vorkommt wie der Blick durch den Vorhang in eine bereits entstörte Welt. Menschen jeden Alters und unterschiedlichster Herkunft unterhalten sich. Viele Sprachen sind zu hören. Manche lesen eine Zeitung, andere arbeiten konzentriert an ihrem Laptop. Es ist ein freundlicher Ort, der mich, sobald ich ihn betrete, beruhigt, ankommen lässt und zugleich neugierig macht. Hier ist es nicht wichtig, wer ich bin, was ich mache oder wie viel ich bestelle. Ich fühle mich willkommen. Es ist viel los, aber alles ist in Balance, läuft Hand in Hand, ist in einem geradezu magischen Flow und zeigt mir zugleich, wie sehr genau das anderswo fehlt.

Die Veränderung, die wir in der Welt brauchen, beginnt nicht im Außen. Sie beginnt auch nicht bei uns, sondern *in* uns, was ein großer Unterschied ist. Sie bedeutet, nach einem anderen Paradigma zu denken, und sie ist eng verknüpft mit einem sich daraus ergebenden anderen Lebensgefühl. Wenn man so will, sind wir die ersten, die sowohl glücklichere als auch bessere Menschen werden können, die vielleicht sogar die Aufgabe haben, beides zu sein. Den Inner Change zu vollziehen heißt, sich selbst und die Welt mit anderen Augen zu betrachten. Was wir aber mit anderen Augen betrachten, verstehen und behandeln wir auch anders.

Was da passiert, ist nicht trivial. Es gibt einen Moment des Aufwachens, der aber nicht pathetisch ist, sondern seltsam unaufgeregt daherkommt. Man begreift auf einmal, wie man sich das Leben schwer macht, und erkennt, dass es auch anders geht. Es ist, als ob sich ein Schalter umlegen würde. Das ist keine Magie, sondern das Ergebnis eines Prozesses der bewussten Selbstaufklärung. Sich selbst zu entstören verändert unser Innerstes, das, was Platon für das Wesen des Denkens gehalten hat: den »Dialog zwischen mir und mir selbst«[43]. Dieser innere Dialog bekommt durch seine Ausrichtung an einem neuen Paradigma eine andere, lebensfreundliche Qualität. Er wird konstruktiv, weil unsere Haltung zum Leben eine konstruktive ist. Damit verändert sich die Beziehung, die wir zu uns selbst haben und über diese hinaus zu allem, was uns in unserem Leben begegnet. Latente Angst und Feindseligkeit verschwinden. Wir öffnen uns, kooperieren mit dem Leben, statt mit ihm zu kämpfen.

Je länger man damit experimentiert, desto größer werden die Abschnitte der Lebenszeit, die man entstört erlebt. Weil es sich um so vieles besser, stressfrei und ungewohnt kraftvoll anfühlt, bekommt es eine außerordentliche Anziehungskraft. Menschen, die es einmal erlebt haben, kehren immer öfter in die Haltung zurück, die genau das ermöglicht: die Haltung einer wachen, individuellen Persönlichkeit, die sich dem Leben gegenüber öffnet, sich entfaltet und in allem, was sie tut, eine besondere Qualität spürt.

Ich bin davon überzeugt, dass nur Menschen, die in einem entstörten guten Kontakt mit sich selbst stehen, die Welt zum Besseren verändern können. Es sind nicht die Wütenden, die Rachsüchtigen und Dogmatischen, die dieses Jahrhundert und seine

Chancen verstehen, sondern die, die zuerst einmal bei sich selbst angekommen sind, bevor sie von selbst damit beginnen, auch in der Welt den entscheidenden Unterschied zu machen. Das meine ich, wenn ich sage: Die große Veränderung, die wir brauchen, fängt *in* jedem Einzelnen von uns an, was, wie gesagt, ein großer Unterschied ist.

In meinem Lieblingscafé habe ich mittlerweile auf einem der hohen Stühle am Fenster Platz genommen. Draußen brandet der Verkehr über die Kreuzung. Für einige Momente wirkt es chaotisch, dann ordnet sich wieder alles wie von Zauberhand. Es fließt. An einem Ort wie diesem, wo sich so viele Menschen stressfrei begegnen, nebeneinander und miteinander leben und arbeiten können, ahne ich, dass so viel mehr möglich ist und dass es genau heute beginnen kann.

Echte Entstörung verändert Haltung und Lebensgefühl

Entstörung ist ein Prozess. Er läuft nicht immer reibungslos. Manchmal sieht man einfach den Wald vor lauter Bäumen nicht und versteht zwar, wie man sich stört, findet aber aus eigener Kraft nur zögerlich zu einem anderen Gefühl. Dieses Gefühl aber ist überaus bedeutsam für die Verankerung des neuen Denkens in unserer biologischen Basis – unserem Gehirn, das sich durch Neuroplastizität auszeichnet –, wobei wir die stärkste Wirkung erzielen, wenn Erkenntnis und Gefühl zusammenkommen. Entstörung rein intellektuell zu verstehen heißt deshalb noch nicht, sie auch zu vollziehen. Wenn sie nur verstanden, aber nicht vollzogen wird, ist sie lediglich eine andere, gut klingende Theorie darüber, wie man es anders machen könnte. Sie wird aber nicht viel bewirken und ist der Gefahr ausgesetzt, selbst in die Störung zu kippen. Dann würden wir womöglich andere als »gestört« bezeichnen, um sie im alten bipolaren Schema abzuwerten. Wir würden zwischen gestörten und angeblich entstörten Menschen eine neue Hierarchie bilden, würden gegen Störung »kämpfen«, was erneut gestört ist. Entstörung ist also nur dann echte Entstörung, wenn sie uns innerlich wirklich verändert. Wenn sie unsere Denkweise, unsere Gefühle und unsere Haltung zum Leben – uns selbst und anderen gegenüber – verwandelt. Wir sind dann dieselben und doch andere.

Den gesamten Inner Change bei einem anderen Menschen oder einem Team zu begleiten ist deshalb als Methode alles andere als trivial. Es verlangt sehr fortgeschrittene Fähigkeiten in der Veränderungsarbeit mit Menschen. Man muss beide mentale Algorithmen erkennen und beherrschen und von sich selbst abstrahieren können, um die Denkwelt eines anderen Menschen oder einer Gruppe in ihrer einzigartigen Struktur und Dynamik zu verstehen, sie in sehr kurzer Zeit quasi simulieren können, um ebenso präzise wie zielgerichtet wirklich hilfreiche neue, die eigene Wahrnehmung verändernde Impulse zu geben. Man muss ebenso präzise wahrnehmen können, ob sich beim Gegenüber ein echter innerer Wandel vollzieht oder ob es bei einer intellektuellen Erkenntnis bleibt. Auch ich selbst lasse mich häufig von Kolleginnen oder Kollegen, die ich darin geschult habe, begleiten, die mir wichtiges Außenfeedback geben und mich in einem methodisch sauber geführten Gespräch dabei unterstützen, nicht nur wertvolle Erkenntnisse zu gewinnen, sondern sie tatsächlich auch psychoemotional zu verankern. Für einen Inner Change auf breiter Basis wäre es hilfreich, wenn möglichst viele Menschen diese Kompetenz beherrschen.

Gibt es dennoch eine erste Anleitung zum Selbstlernen, eine Art »Starterkit« zum Einsteigen ins Aussteigen aus dem gestörten Leben? Was würde ich nach all den Jahren meiner persönlichen Arbeit mit Menschen antworten, wenn mich zum Beispiel ein guter Freund danach fragen würde? Kann man sich einfach so selbst auf den Weg machen? Ja, das kann man. Und es gibt ein paar Punkte, die auf jeden Fall hilfreich sind.

Eine kurze, sehr persönliche
Anleitung zur Selbstentstörung

1. Fange bei dir selbst an
Fange immer und unter allen Umständen bei dir selbst an. Entstöre also zuerst dein eigenes Denken, bevor du dich um die Störung anderer oder der Welt kümmerst. Entstörung heißt, vom Überlebensmodus in den Entfaltungsmodus zu wechseln. Du gibst das alte wettbewerbsorientierte, bipolar-hierarchische, simplifizierende Denken auf und schaltest um auf ein komplexes, konnektives und kooperatives Denken. Das ist ein Weg, der dich und die Art, wie du bisher lebst, fundamental verändern wird.

2. Sei vorbereitet auf den Prozess
Sei auf das vorbereitet, was du erleben wirst, wenn du dein Denken neu ausrichtest. Veränderung ist, wie alles, was lebt, ein Prozess. Am Anfang wird es dir an vielen Stellen fremd und ungewohnt vorkommen. Das ist normal. Das alte Denken ist tief konditioniert. Die ganze Welt denkt ebenso. Für ein soziales Wesen wie den Menschen ist es anspruchsvoll, sich von dem zu lösen, was andere machen, die eigentlich längst unkomfortable Komfortzone zu verlassen und etwas fundamental Neues zu lernen.

Lernen verläuft bei Menschen in mehreren Phasen. Zuerst musst du merken, dass es etwas zu lernen gibt. Bevor du jemals etwas über den fundamentalen Frame im Denken gewusst hast, kam es dir vor wie das »normale Leben«, vielleicht sogar wie die Wahrheit, so zu denken, wie du es bisher gewohnt warst. Das ist der Zustand *vor* dem Lernen und vor dem inneren Wandel, derjenige der *unbewussten Inkompetenz*. Sobald du verstehst und merkst, dass und wann du dich störst, bist du in der ersten Lern- und Wandlungsphase, derjenigen der *bewussten Inkompetenz*. Das kann anstrengend sein, weil du mit einem Mal siehst, wo du dich selbst störst und wie gestört die Welt heute ist. Lass dich davon nicht irritieren. Du fängst genau jetzt an, dich neu zu erfinden. Sobald du anfängst, mit dem alten Denken aufzuhören und an seine Stelle immer wieder das neue, lebensfreundliche setzt, kommst du in die Phase der *bewussten Kompetenz*. In ihr kann es zu Beginn immer wieder Rückschläge geben. Dann zweifelst du, ob es nicht doch richtig ist, mit den gestörten Mustern weiterzumachen, zum Beispiel deshalb, weil dein Umfeld immer noch so tickt und andere dir sagen, es sei normal, richtig und das, was du jetzt denkst und fühlst, falsch. Vielleicht sagst du dir selbst oder sagen dir andere, dass du es nicht wagen kannst, zu schwach bist oder nicht wert bist, dein Leben aus eigener Kraft zu verändern. Lass dir das nicht einreden und rede es dir nicht selbst ein. Jeder Mensch kann sich aus eigener Kraft verändern. Leichter wird es, wenn es auch andere tun, aber darauf solltest du nicht warten. Wenn du in dieser Phase, genau jetzt, dranbleibst und immer öfter, auch unter Stress, offen bleibst, wirst du immer deutlicher und sicherer in die Phase vier kommen: in eine andere innere Haltung, einen anderen mentalen Zustand. Entstört zu denken wird dann deine *unbewusste Kompetenz*. Du tust es einfach, das andere, alte Denken ist dir auf einmal fremd geworden. Du siehst es, spürst es, nimmst es wahr, aber regst dich nicht mehr auf, weil du in einem anderen Modus bist. Ab diesem Punkt hast du dein Leben vom Überlebens- in den Entfaltungsmodus umgestellt. Du störst dich und andere nicht mehr und verwirklichst ein anderes menschliches Potenzial. Diesen Weg kannst du nur selbst und nur freiwillig gehen. Wie kannst du ihn konkret beginnen?

3. Beobachte dein Denken und deine Gefühle

Es hilft, wenn du dir zuerst ein Bild über deine eigenen Störungsgewohnheiten machst und sensibel wirst für die Qualität der Beziehungen, die du mit dir selbst und anderen führst. Verstehe, wie das alte Denken funktioniert, und beobachte die Art, wie du mit dir selbst umgehst.[44] Besonders dann, wenn es nicht rundläuft, wenn du unter Stress stehst oder dich einfach nicht gut fühlst. Werde hellhörig, wenn du dich zum Beispiel kritisierst, unter Druck setzt, von oben herab mit dir sprichst, dich an verrückten Maßstäben misst oder dich kleiner und hilfloser gibst, als du bist. Werde aufmerksam darauf, wenn du streng oder überfürsorglich mit dir selbst umgehst, dich abwertest oder zu verständnisvoll mit Dingen bist, die du lieber ernst nehmen und ändern solltest. In beiden Fällen bist du im Störungsmodus und hältst dich selbst unter deinen Möglichkeiten.

Manche machen gute Erfahrungen damit, sich am Ende eines Tages die Zahl zu notieren, wie oft sie sich selbst kritisiert, beleidigt, selbst verleugnet, Angst gemacht, unter Druck gesetzt oder andere gestörte Frames abgerufen haben. Was du dann siehst, ist nur eine Zahl, aber sie sagt dir mehr als tausend Worte. Achte darauf, wie das dein Lebensgefühl beeinflusst. Ob du mitnotierst oder dir jeden Tag ein Zeitfenster der Reflexion darüber einräumst: Trainiere deinen inneren Radar für Stimmungen und Gefühle. Wann wirst du aggressiv? Wann gibst du klein bei? Was hast du unmittelbar davor gedacht? Welche Gedanken lösen welche Gefühle aus? Bringe diese Erkenntnisse in Verbindung mit der Frage, inwieweit du dein Leben bisher unbewusst als anstrengend oder als immerfort angepasst, als eine Aufgabe des Überlebens verstehst.

Du wirst beobachten können, dass du das, was du mit dir selbst machst, zumindest im Stillen auch mit anderen machst: kritisieren, an unrealistischen Maßstäben messen, lästern, warnen, unter Druck setzen, zu wenig oder nur Schlechtes zutrauen etc. Auch das lässt sich mitzählen. Es geht nicht darum, dich anschließend genau dafür zu kritisieren, sondern darum, deine Aufmerksamkeit auf das Wichtigste zu lenken, was es zu erkennen und zu überdenken gilt: das eigene Mindset, die eigene Denkweise, die Einstellung zu sich selbst, zu anderen und dem Leben. In dem Moment, wo du deine Aufmerksamkeit dafür öffnest, wird der alte Fundamentalframe, so, wie du ihn individuell erlernt und verinnerlicht hast, deutlich. Er verliert dadurch nach und nach seine Glaubwürdigkeit und wird unweigerlich instabil. Genau das solltest du zuerst erreichen: das alte System destabilisieren, indem du seine Mechanismen durchschaust und erkennst, dass sie eben nicht normal und nicht die Wahrheit sind.

4. Richte dich nach dem neuen Paradigma aus

Fange an, dich bewusst und konsequent nach dem neuen Paradigma auszurichten. Frage dich, was du brauchst, um dich zu entfalten und eine hohe Qualität deines Lebens zu erleben. Deine eigene Lebensqualität ist dabei *ebenso* wichtig wie die anderer. Wenn du es bisher gewohnt bist, dich an die letzte Stelle zu setzen und die Lebensinteressen anderer wichtiger zu finden, ist es jetzt entscheidend, dass du dich selbst und deine Lebensqualität ebenso ernst nimmst. Bist du es bisher gewohnt, dich selbst an erste Stelle zu setzen, ist es wichtig, dein Blickfeld zu weiten und andere ebenso wie dich selbst zu sehen. In einem dreidimensionalen Netz gibt es keine erste, zweite oder letzte Stelle. Frage dich also bei allem, was du tust, ob es jetzt oder in absehbarer Zeit die Entfaltung und Qualität *ebenso* deines Lebens *wie* anderen Lebens auf dem Planeten fördert, ob es neutral wirkt oder dagegenspricht. Entscheide dich dann konsequent im Sinne der Entfaltung und Qualität deines und anderen Lebens. Öffne dazu alle Sinneskanäle. Schau dir die Welt an. Sei unerschrocken. Mache sie größer und nimm sie in ihrer ganzen Fülle und Komplexität wahr. Alles wirst du nicht erfassen können, aber um so vieles mehr, als dir im alten Denkrahmen möglich war. Wähle dann in deinem eigenen Tempo nach dem neuen inneren Kompass aus. Was willst du erleben? Was steht in deinem Leben an, wenn du dich genau jetzt weiterentfaltest? Welche Menschen, welche Umgebung tun dir gut, motivieren und stärken dich? Wovon willst du mehr machen, wovon weniger, was neu entdecken?

Wenn dich die Fülle der Antworten überwältigt: Leben ist ein Prozess, du musst nicht alles gleichzeitig erleben und verwirklichen. Du hast Zeit und kannst dort beginnen, wo es dir zum Beispiel am leichtesten fällt oder der größte Hebel für deine Entfaltung und Lebensqualität liegt. Zögere dann aber nicht mehr. Probiere aus, experimentiere, auch da, wo du bisher gedacht hast, dass du es niemals ändern kannst. Manchmal ändert sich möglicherweise dein Gefühl für Entfaltung und Lebensqualität. Dann willst du vielleicht mehr zur Ruhe kommen, brauchst weniger Aktion und erlebst Entfaltung als einen täglichen Daseinsprozess, in dem du einfach da bist und dein Leben genießt.

Entfaltung heißt also nicht, dich selbst zu optimieren und immerzu erfahren, lernen und leisten zu müssen. Es kann auch heißen, einfach nur zu *sein* und dem ureigenen Rhythmus deines Lebens zu folgen. Manchmal auch bewusst für jemand anderen da zu sein, einen Menschen oder ein anderes Lebewesen, ein Projekt, ein Werk – ohne dich deshalb selbst zu vergessen. Es wird dich um Lichtjahre weiterbringen, wenn du auch dein eigenes Altern und eines Tages dein Vergehen als einen Prozess der Entfaltung unter möglichst hoher Lebensqualität verstehst. Es befreit dich von Manipulationen, die durch Angst entstehen, und du kannst eine Menge dafür tun, auf eine für dich gute Art zu altern. Und du kannst darauf vertrauen, dass in einer entstörten Welt auch andere für dich da sein werden, den Übergang in was auch immer dich erwartet zu bestehen. Die Welt war vor dir da, und sie wird auch nach dir weiter da sein. Mit deiner Entfaltung und Lebensfreundlichkeit machst du es für alle besser. Nicht nur für dich selbst, sondern für alle anderen, die da sind und da sein werden, wenn du selbst schon gegangen bist.

5. Trainiere den Entfaltungsmodus

Bringe dich immer öfter ganz bewusst in einen entstörten, erwachsenen Entfaltungszustand. Störung wird uns im Laufe des Lebens beigebracht, wir trainieren und konditionieren sie, ohne es zu merken. Irgendwann werden die Störungsframes zu unserem Lebensgefühl. Fange an, ein anderes inneres Level zu trainieren und deine gesamten konstruktiven und stärkenden psychoemotionalen und kognitiven Fähigkeiten voll zu entfalten. Gerade dann, wenn du dich nicht gut fühlst, ist es eine hervorragende Gelegenheit. Dein Lebensgefühl wird sich nachhaltig zum Besseren verändern.

Konditioniere dich also bewusst und konsequent, auch und gerade dann, wenn du Schwierigkeiten erwartest, von Störungs- auf Entfaltungsmodus. Gehe offen und neugierig in schwierige Gespräche. Schaue dich genau dann nach Alternativen um, wenn du dich gefangen fühlst. Beende das Stressdenken, das durch ständige Existenzängste und Überlebenskämpfe kommt, die gar nicht mehr sein müssen. Befasse dich stattdessen neugierig, mutig und unerschrocken mit allem, was in deinem Leben ansteht. Sei immer wieder präsent, dir deiner selbst bewusst und gewiss und nimm zugleich das Leben anderer, auch das anderer Lebewesen, ebenso präsent und bewusst wahr. Verleugne dich nicht mehr selbst, sondern sage und tue, was du für richtig hältst. Sei konstruktiv und kooperativ und dabei so individuell und originell, wie du bist, wenn du dich selbst ebenso wahrnimmst und ernst nimmst wie andere. Achte auf deine Ressourcen und dein eigenes Timing. Nimm dich selbst sensibel wahr, sei großzügig und fair mit dir und mit anderen. Traue dir selbst etwas zu, gehe unvoreingenommen mit dir um und schenke dir dein Vertrauen, ohne dabei naiv zu sein oder dich selbst zu betrügen. Bringe anderen die gleiche Haltung entgegen. Erlaube dir immer öfter, originell, kreativ, fantasievoll und *out of the box* zu denken, egal, worum es gerade geht. Es geht immer auch anders, gerade dann, wenn du zunächst keinen anderen Weg erkennen kannst.

Gestehe das Gleiche auch anderen zu. Tue das, wohinter du stehst, was dir wirklich wichtig ist und sinnvoll erscheint. Unterstütze deinen von Natur aus starken Willen, indem du umsetzt, was du für richtig und für wichtig hältst oder was dich neugierig und glücklich macht, dich inspiriert. Folgst du dem neuen Paradigma, dann wirst du umgehend unterscheiden können, welche

Impulse dich in gestörte Denk- und Verhaltensweisen treiben würden und welche genau jetzt richtig sind, um dein eigenes Leben und anderes Leben zu stärken. Du wirst immer öfter den richtigen Impulsen folgen und dich dadurch zu einer beispiellosen Offenheit und zugleich inneren Stärke konditionieren. Werde ebenso sensibel für den Entfaltungsmodus wie für den der Störung. Je öfter du es tust, desto schneller wird es zu deiner Gewohnheit und damit zu deiner neuen, stabilen Lebenswirklichkeit. Wenn du magst, notiere dir auch das. Reflektiere, wann und wie oft es dir gelungen ist und du dich anders gefühlt und anders verhalten hast als bisher. Vielleicht aber wird es dir so schnell in Fleisch und Blut übergehen, dass du diese Reflexionen nicht mehr brauchst. Du hast umgestellt, es geht dir besser, du bist um ein Vielfaches wirksamer.

6. Sei dir bewusst, dass du erwachsen bist, nimm dich ernst

Entstört bringst du dich in deinen vollen dir möglichen Reifegrad. Du bist nicht nur erwachsen, du denkst, fühlst und handelst auch so. Bekomme ein Gefühl für deine Präsenz im Erwachsenenmodus. Achte darauf, wie es sich anfühlt, dich als voll entwickelten und verantwortlichen Menschen wahrzunehmen, der sich trotzdem weiter entfaltet, lernt und einen außerordentlichen Grad an Lebensqualität erlebt. Es gibt vier Strategien, mit denen du deine erwachsenen Seiten stärken kannst. Erstens: Nimm dich selbst ernst. Das heißt nicht, dass du nicht über dich lachen kannst, was du von selbst immer wieder tun wirst, wenn du merkst, wie gestört du früher einmal warst oder manchmal immer noch bist. Aber nimm dich und die Themen, die dich beschäftigen, ernst. Setze um, was dir wichtig ist. Du stärkst dich damit, denn erwachsen sein heißt selbstwirksam sein. Zweitens: Stärke deine innere Sicherheit, indem du dich bei schwierigen Themen mit dem Worst Case konfrontierst. Frage dich, wie du damit umgehen wirst, wenn du in deinem vollen Reifegrad bist. Du wirst sehen, dass du im erwachsenen Modus mit allem umgehen kannst. Auch mit dem Schlimmsten. Das macht dich immun gegen Manipulationen durch Angst. Unterscheide drittens Impulse, die Leben und seine Qualität fördern, von solchen, die es stören. Folge immer öfter denen, die die Entfaltung und Qualität von Leben fördern. So werden sie eines Tages zu deiner Gewohnheit. Schätze, viertens, Risiken bewusst ein. Wie hoch sind Risiken in deinem Leben wirklich, wenn du dich nicht mehr störst und die Dinge aus deinem vollen Erfahrungs- und Reifegrad einschätzt? Fange an, hohe Risiken als solche ernst zu nehmen, und nimm die, die es nicht sind, nicht mehr als selbst gemachtes Hindernis oder Ausrede ernst. Sie sollten dich nicht mehr daran hindern, etwas zu tun, was du für richtig hältst, weil es dein Leben verbessert.

7. Entstöre den Umgang mit anderen

Du wirst sehen, dass du ebenso, wie du nun mit dir umgehst, auch mit anderen umgehen kannst. Änderst du deine Beziehung zu dir selbst, dann ändert sich automatisch auch deine Beziehung zu allem, was außerhalb von dir ist und wie du mit ihm in Kontakt trittst. Frage dich, wo du im Moment noch Feindbilder pflegst und damit immer wieder eine Kampfarena eröffnest, in der letztlich niemand jemals gewinnen wird. Denkst und fühlst du neu, dann handelst du anders. Du beendest den Krieg, den Wettbewerb, den Vergleich, die Konkurrenz und all die anderen gestörten Überlebensspiele und beginnst mit anderen Menschen und anderem Leben zu kooperieren. Du pflegst keine abgespaltenen Freund- und Feindschaften mehr, sondern förderst und erlebst immer öfter Entfaltungspartnerschaften, sogar mit Menschen, die du bisher nicht kanntest oder die dir bisher nicht nahestanden. Du bist offen und unvoreingenommen. Du schenkst anderen dein Vertrauen und gehst auf sie zu, ohne deshalb naiv zu sein. Du bist integer. Du bist da, siehst, spürst, denkst, sprichst konstruktiv, lebensfreundlich, du bist ein Teil der Lösung und nicht mehr des Problems. Wenn es Konflikte gibt, fragst du dich, was fair ist, und setzt dich für Lösungen ein, die niemanden zum Verlierer machen, weil du dich selbst nicht mehr dazu machst. Das ist keine Magie, sondern einfache Psychologie. Denken, Sprechen und Handeln haben immer eine nach innen und zugleich eine nach außen gerichtete Qualität. Wie man in den Wald hineinruft, heißt es, so schallt es auch wieder heraus. Das gilt auch im positiven Sinne. Du wirst auch von anderen anders behandelt, wenn du sie und dich selbst anders behandelst.

Du profitierst sehr davon, wenn du dich privat ebenso wie im Beruf in deinem vollen Reifegrad zeigst und nicht hilflos, trotzig, zynisch, streng oder überfürsorglich gibst, sondern das, was du tust und mit wem du zu tun hast, ernst nimmst, kooperierst, lernst, dich entfaltest und auf deine Art dein Bestes gibst, weil es nur so Freude macht und deines ebenso wie anderes Leben bereichert. Alles, was du als erwachsener Mensch in deinem Leben tust, geschieht, wenn du dich ernst nimmst, freiwillig. Das heißt nicht, dass du es akzeptieren musst, wenn dich andere schlecht behandeln. Mache dich niemals kleiner oder hilfloser, als du bist, und auch nicht größer und wichtiger. Beides stört dich selbst und andere. Achte auf deine Ressourcen und die anderer. Achte auf dein Timing und das anderer.

Neu zu denken kann vor allem dann eine Herausforderung sein, wenn du beruflich oder privat in einem Umfeld lebst, das von der Logik der Störung durchdrungen ist. Wenn zum Beispiel Angst, Misstrauen, Bewertung oder Druck zur Tagesordnung gehören. Vielen geht es so. Es ist nicht immer leicht, sich davon zu lösen und dabei vielleicht auch Menschen in einem neuen Licht zu sehen, die einem vorher ungeheuer wichtig waren. Genau jetzt aber kommt es darauf an, zwar fair, aber auch klar zu bleiben. Wir können das Wort ergreifen, uns abgrenzen von den vielen Zumutungen und Menschen darauf aufmerksam machen, wenn sie gestört agieren. Wir können und dürfen einen neuen Weg gehen, uns neue Umfelder suchen. Dass du auf dem besten Weg eines echten inneren Wandels bist oder ihn vielleicht sogar schon vollzogen hast, erkennst du daran, dass du dich nicht mehr über andere aufregst, über sie lästerst oder sie belehrst, sondern dich konstruktiv und klar äußerst, wenn es etwas dazu zu sagen gibt.

Es hilft dir sehr, immer mehr gute, entstörte Beziehungen mit anderen Menschen aufzubauen, dich mit denen zu vernetzen, die neu und anders denken. Irgendwann wirst du vielleicht nichts mehr anderes akzeptieren. Achte auf dein Gefühl, wenn du mit einem anderen Menschen zu tun hast. Fühlst du dich kleiner und unbedeutender oder größer, besser? Beides ist ein Zeichen für Störung. Sie beruht meistens auf Gegenseitigkeit. Achte auch auf dein Gefühl, wenn du dich mit anderen in den sozialen Medien beschäftigst. Fühlst du dich schlechter, fühlst du dich im Wettbewerb, schürt es Neid, Missgunst oder sogar Selbstverachtung? Denke darüber nach, ob es mit dir und deinen eigenen inneren Dialogen zu tun hat oder ob der andere tatsächlich manipulativ und selbstgerecht Perfektion inszeniert, mit der er oder sie sich selbst über andere stellen möchte? Um sich selbst aufzuwerten, um von einer eigenen inneren Leere abzulenken oder sich selbst oder irgendwelche Produkte zu vermarkten? Gleiches lohnt sich natürlich auch für dein eigenes Erscheinen in den sozialen Medien. Worum geht es dir, wenn du dich nicht mehr störst und auch andere nicht mehr stören willst? Der Kontakt mit Menschen, sei es in der realen oder der digitalen Welt, die sich und andere stören, wird dir dann vorkommen, als ob du dein Gesicht in den Auspuff eines Verbrennungsmotors hieltest. Du wirst es von selbst nicht mehr tun.

Verbinde dich stattdessen flexibel mit anderen, konnektiere dich, suche Lösungen für Probleme, die es immer noch gibt. Prüfe für dich, ob das, was du jeden Tag tust, das Leben fördert oder behindert, ob die Tätigkeiten und Geschäftsmodelle, mit denen du zu tun hast, gestört sind, menschliches und anderes Leben systematisch ausbeuten oder wirklich fair kooperieren und ein Beitrag zu Schutz und Entfaltung des Lebens und seiner Qualität auf der Welt sind. Höre auf mit Projekten, die gestört sind. Sie verletzen dich und das Leben auf der Erde. Mache stattdessen mehr von dem, was Leben fördert und seine Qualität für dich und andere erhöht.

8. *Entstöre dein Leben*

Gehe in dieser Haltung in aller Ruhe dein Leben durch. Lass keinen Bereich aus. Dein Körper und wie du mit ihm umgehst, die Qualität deiner Ernährung, dein direktes Umfeld, deine Wohnsituation, deine Familie, deine Freunde, Kolleginnen und Kollegen, Vorgesetzte, deine Mitarbeiter, deine Kunden, deine Geschäftspartner. Sieh sie dir genau an, deine täglichen Rituale, deine Konsumgewohnheiten, die Qualität deines Sexuallebens, deine Finanzen, das, womit du dein Geld verdienst, was du lernst, deine Freizeit, der Sinn und die Intensität in deinem Leben. Du musst deswegen nicht unbedingt alles hinschmeißen, eine Weltreise machen oder in einem Aschram leben. Einfach nur auszubrechen aus einem gestörten System und sich andere gestörte Systeme dieser Welt anzuschauen bringt nicht viel, wenn du selbst kein anderer wirst. In einem qualitativ neuen Kontakt mit dir selbst und dem Leben kannst du überall dein entstörtes Leben aufbauen und überall erfüllt und glücklich sein. Unterwegs ebenso wie zu Hause.

Der innere Kompass, an dem du dich orientieren kannst, ist einfach: Höre auf mit dem, was dich und andere stört, und tue das, was deine Lebensqualität und die anderen Lebens fördert. Verabschiede dich von einer bipolaren Denkweise und öffne deine Perspektive. Höre auf, dich selbst und andere mit Angst, Misstrauen, Druck und den anderen Blockaden zu drangsalieren, und fange an, dir selbst und deinem Leben offen, neugierig und unvoreingenommen zu begegnen.

Es ist hilfreich, alle Lebensbereiche systematisch vom Überlebens- in den Entfaltungsmodus zu bringen. Was interessiert dich wirklich? Wie willst du wirklich wirklich (!) leben? Was willst du wirklich wirklich tun?

Verstehst du dein Leben eingebettet in das pulsierende Gewebe allen Lebens, dann wird es für dich selbstverständlich, dass du mit deinem Lebensstil auch anderes Leben berührst. Nimm dir die Zeit, auch darüber nachzudenken, und finde deine eigenen Antworten. Was willst du konsumieren, was nicht mehr? Welche Anforderungen sollten die Dinge, die du kaufst, mietest oder teilst, erfüllen, wenn es um Entfaltung und Lebensqualität allen Lebens geht?

Weniges wird deine unmittelbare Lebensqualität und darüber hinaus die Welt mehr verändern, als wenn du damit anfängst, deinen Lebensstil zu entstören. Nicht, weil du von jetzt an politisch korrekt sein musst, sondern weil es um dich und deine Lebensqualität geht und es dir selbst besser geht, wenn es auch allen anderen gut geht.

Beantworte dir dazu folgende Fragen so intuitiv und aufrichtig wie möglich: Wer bin ich und was brauche ich eigentlich jenseits der gestörten Vorstellungen, die ich bisher von mir und meinem Leben produziere, mir selbst aufzwinge oder durch mein Umfeld, Medien, Produktwelten etc. aufzwingen lasse? Was will ich wirklich? Was brauche ich wirklich? Was will ich erleben? Was hat für mich Sinn? Was kann ich und was will ich lernen, was will ich leisten, wenn ich mich selbst ernst nehme, entfalte und eine hohe innere und äußere Qualität meines Lebens verwirkliche? Was, wenn ich mein Leben als eingebettet in das gigantische Netz allen Lebens verstehe und das, was ich lebe und tue, eine positive Wirkung auf anderes Leben hat?

9. Rechne mit Anfechtungen

Möglicherweise brauchst du einen größeren Systemwechsel in deinem Leben. Dann wirst du womöglich wichtige lebensverändernde Entscheidungen treffen. Wenn du ihn einleitest, sei vorbereitet darauf, dass dein altes Denken sich zurückmeldet und Alarm schlagen wird. Sieh es als eine innere Anfechtung, mit der du rechnen musst. Es ist keine höhere Macht, die dich in Versuchung bringen will, sondern die einfache Funktionsweise des alten Überlebensdenkens. Denke an die Sinuskurve aus dem Modell komplexer Veränderung: Kurz bevor der Wandel gelingt, werden alle deine Systeme für einen Moment instabil. Das Alte ist in Auflösung und das Neue noch nicht ganz da. Genau jetzt wird das alte Denken aktiviert. Gestörtes Denken ist ein veraltetes Überlebenssystem. Es muss anschlagen, wenn du dabei bist, es zu überwinden, weil es in einem falsch verstandenen Sinne dein altes Leben vor Veränderung schützen will. Es wird dir suggerieren, dass es zu gefährlich, unmöglich oder sogar falsch sei, sich ein konsequent lebensfreundliches Leben aufzubauen. Daran erkennst du, dass du auf dem richtigen Weg bist, dass du dabei bist, die alte innere Grenze zu berühren und zu durchbrechen. Bleib dran! Gehe im Notfall alle Schritte dieser kurzen Anleitung noch einmal durch, nimm dich und dein Leben ernst, zeige dich in deinem stärksten Reifegrad. Beweise dir selbst, dass du ein selbstwirksamer Mensch bist, der sowohl frei als auch mit dem Leben verbunden ist und in der Lage ist, sein Leben konsequent nach lebensfreundlichen Prioritäten auszurichten. Auch wenn du dafür vieles ändern musst: dich trennen, dich einlassen, dich trauen, alles neu strukturieren, lernen, umschulen, ausbilden, ausziehen, umziehen, neu anfangen. Nimm dich ernst und tue das, was getan werden muss.

Manche fragen sich, ob sie das tun dürfen, wenn sie nicht nur für sich allein, sondern auch für andere mitdenken müssen, weil sie zum Beispiel minderjährige Kinder haben. Auch dann, wenn du Kinder hast, kannst du dein Leben entstören und damit beginnen, dich zu entfalten. Da du automatisch in deinem vollen Reifegrad dich und anderes Leben mitdenkst, wirst du nichts tun, was deinen Kindern echten Schaden zufügt. Du wirst sie vielleicht sogar erstmals richtig wahrnehmen können. Vielleicht müsst ihr alle für einen Moment eure Komfortzone verlassen. Denke daran, dass sie nur bestanden hat, weil sich einer oder mehrere von euch gestört haben. Bleib dran! Du tust das alles nicht nur für dich, sondern auch für deine Familie, weil du ein Vorbild für deine Kinder bist, nichts mehr anderes zu akzeptieren als ein integres, mit dir selbst und anderen verbundenes, erfülltes und sinnvolles Leben.

10. Bleib locker

Vielleicht fragst du dich trotzdem immer wieder, was du tun kannst, wenn doch so viele um dich herum immer noch gestört denken. Nicht jeder Mensch wird darüber nachdenken wollen. Manche werden nicht gleich oder auch niemals überzeugt sein und andere Wege favorisieren. Wahrscheinlich, weil sie Angst haben, weil es unvorstellbar erscheint. Aber aushalten und mitmachen, das musst du nicht mehr. Du kannst und darfst dich abwenden von Menschen und Verhaltensweisen, die dein oder anderes Leben schädigen. Am meisten bewirkst du, wenn du selbst damit aufhörst, gestörte Spiele zu spielen oder auf die gestörten Erwartungen oder Provokationen anderer einzugehen. Bei sich bleiben, erwachsen bleiben, offen und fair bleiben ist manchmal schwer, aber es ist der beste Weg, konkrete Veränderungen auch für andere spürbar zu machen. Nicht mehr zu allem Ja und Amen sagen, sondern eine eigene, qualitativ andere Meinung äußern, es auf eine andere, entstörte Art tun. Gespräche auf Augenhöhe führen und dabeibleiben, auch wenn der andere in infantile Muster fällt, provoziert, angreift oder abwertet. Sei dir deiner Freiheit bewusst. Setze klare Grenzen und baue dir alternative Optionen auf, wenn du den Eindruck hast, dass ein Job, eine Beziehung oder andere Situation einfach keine Freude mehr macht und die eigene Entfaltung und Lebensqualität dauerhaft in zu engen Grenzen hält.

Irgendwann wird sich ein innerer Schalter umgelegt haben. Dann löst Störung nur noch ein eigenartiges Befremden aus. Du stehst vielleicht vor dem Spiegel und siehst denselben Menschen, bist aber ein anderer geworden. Du bist nicht perfekt, aber die aufrichtigste und beste Version, die du sein kannst, weil du dich und andere nicht mehr störst.

Egal, ob dir das alles sofort oder erst nach und nach gelingt – bleibe entspannt, offen und neugierig. Das ist der beste Zustand, um zu lernen und zugleich sein Leben in hoher Qualität zu erleben. Bleib auch dann locker, wenn andere dich mit Störung konfrontieren. Ärger verkrampft, er macht dich instabil, angreifbar und verletzlich. Du allein kannst zwar dich selbst, aber nicht die Welt in Eigenregie retten, und sie geht auch nicht unter, wenn du einen Fehler machst. Entstörung ist ein Prozess, und du bist ein Lebewesen. Lernen ist komplex und verläuft niemals linear. Umwege erhöhen die Ortskenntnis, heißt es. Auch wenn du selbst zurückfällst in das alte Denken, wirst du danach wieder auftauchen und immer mehr verstehen, was du wirklich brauchst und worum es in deinem Leben wirklich geht. Wenn es nicht nur du bist, sondern viele andere sind, die sich selbst, anderen und dem Leben so begegnen, dann können wir den Turnaround, den die Menschheit heute braucht, schaffen.

Das ist es, was ich in aller Kürze einem guten Freund sagen würde, wohl wissend, dass es noch sehr viel mehr dazu zu sagen gäbe.

So verändern wir die Welt

Neben der Eingangstür meines Lieblingscafés ist ein Ständer mit den Tageszeitungen. Auch heute überfliege ich sie rasch. Auf der Titelseite sehe ich ein Bild mit zwei Männern, die wie kleine, orientierungslose Jungs auf einem viel zu großen Sofa sitzen. Es sind, bei allem Respekt, Emmanuel Macron, der Präsident Frankreichs, und Donald Trump, der politisch mächtigste Mann der Welt. Ich lese, die Stimmung zwischen beiden sei schlecht, und denke mir, seit der Zeit des »roten Telefons«, das es zwischen

Leonid Breschnew und Ronald Reagan in den 1980er-Jahren gegeben haben soll, hat sich nicht viel verändert. Die Headline des Tages ist, dass China von der NATO nun zum ersten Mal als Bedrohung eingestuft wird. Ein weiterer Aufmacher informiert mich darüber, dass die deutschen Schüler in der PISA-Studie leistungsmäßig schon wieder zurückgefallen seien, vor allem in Mathe.

Hat man die Logik der Störung durchschaut, glotzt einem eine ziemlich dämlich gestörte Welt entgegen. Darüber aufregen bringt nicht viel. Wir müssen sie verändern. Aber ist das überhaupt möglich?

Innerhalb der bisherigen Zivilisation hat es immer wieder Veränderungen im Denken und in den Sichtweisen von Menschen gegeben. Nicht in den Fundamenten, aber immerhin an den Oberflächen. Es sind Religionen entstanden und vergangen, Philosophien, Traditionen und Moden. Auch wenn sie innerlich dem gleichen Bauplan folgten, es gab immer wieder auch echte Erkenntnisfortschritte. Eines Tages wussten Menschen, dass die Erde keine Scheibe ist. Irgendwann konnten sie sich Gewitter und andere Naturphänomene naturwissenschaftlich erklären, statt Dämonen oder Götter dafür verantwortlich zu machen. Innerhalb des alten Fundamentalparadigmas gab es in seinen Oberflächen inhaltlich immer wieder verschiedene Paradigmenwechsel, vor allem was unseren Blick auf die Welt betrifft.

In den letzten 300 Jahren haben sich Ansichten und Mentalitäten überall auf der Welt verändert, am schnellsten in den letzten siebzig Jahren, in denen Menschen durch den technischen Fortschritt ihre bisherige Welt auf den Kopf gestellt haben. Wenn die grundlegende These Charles Darwins stimmt und Evolution durch Varianzen entsteht, die besser an Umweltbedingungen angepasst sind als ihre Vorläufer, dann können wir damit rechnen, dass es bereits Menschen gibt und genügend Menschen auf der Welt geben wird, die das alte Denksystem durchbrechen und etwas Neues, Besseres und Lebensfähigeres ins Leben rufen. Es klingt paradox, aber: Wenn wir überleben, dann, weil wir uns rechtzeitig vom Überlebensdenken verabschiedet haben. Wir können sicher sein, dass das neue Denken nicht mehr dem Algorithmus der Störung folgt. Denn nur dann hat es jene disruptive Kraft, die einen evolutionären Unterschied machen kann.

Wie innere Revolutionen gelingen

Doch wie läuft ein solcher Wandel innerer Überzeugungen ab? Und wie kann man ihn gezielt vorantreiben? Der Philosoph Kwame Antony Appiah hat untersucht, wie große moralische Revolutionen innerhalb der Moderne ablaufen.[45] Er hat am Beispiel der Sklaverei, des Duells und des Abbindens von Frauenfüßen in China gezeigt, wie Dinge, die über lange Zeit als normal und richtig galten, ihr Ende gefunden haben. Er hat beobachtet, dass es zunächst erste, vereinzelte Kritik und Widerstand gegen jede dieser fragwürdigen Praktiken gegeben hat. Bücher und Pamphlete wurden geschrieben, Reden gehalten, Menschen überzeugt, dass beendet werden muss, was bisher als normal galt. Es gab und gibt immer Erste, denen es auffällt, wenn etwas nicht mehr funktioniert. Alle, die heute ihr Leben ernsthaft hinterfragen und merken, dass sie feststecken, obwohl sie alles haben, gehören aus meiner Sicht zu diesen Menschen. Je mehr Menschen anfangen, anderes zu denken und anders zu leben, je mehr Menschen darüber sprechen und dazu beitragen, das alte Denken aufzuklären und durch ein neues, lebensfreundliches zu ersetzen, desto wahrscheinlicher wird es jeden Tag, dass wir die kritische Masse an Menschen und Meinungen erreichen, die wir brauchen, um an den alles entscheidenden Tipping-Point zu gelangen, an dem sich nicht nur unser Leben, sondern auch unsere Systeme drehen.

Es sind drei Strategien, die Erfolg versprechen. Wir können, erstens, überall dort, wo wir leben und Einfluss haben, intensiv und umfassend über die Störung und ihre Folgen aufklären und, wenn wir bereits in der Position dazu sind, gestörte Systeme von innen heraus verändern. Dazu brauchen wir neue Ideen, Bilder und Konzepte, was Entstörung und Entfaltung in den verschiedenen Bereichen des Lebens von lokal bis global bedeuten kann und warum das für jeden Einzelnen ebenso wie für uns alle von Vorteil ist.

Zweitens können wir bereits heute damit beginnen, den Prototyp einer entstörten Welt, ich nenne ihn Planet B, zu entwickeln. Dazu können wir uns vernetzen, Modellprojekte suchen und die bekannt machen, die es bereits gibt, und neue Ideen und Konzepte entwickeln, die schon die Signatur des neuen Denkens zeigen. Drittens können wir eine Agenda 2050 aufstellen, die Menschen Transparenz gibt und die Politiker und einflussreiche Persönlichkeiten in Gesellschaft und Wirtschaft dazu inspiriert, den Wandel in ihren jeweiligen Kompetenz- und Einflussbereichen voranzutreiben. Zusammen können diese Strategien ein Momentum entwickeln, das immer mehr Menschen anzieht, die alte gestörte Welt nach und nach zu einer neuen, entstörten Welt transformiert und wir im Jahr 2050 an einem vollkommen anderen, sehr viel erfreulicheren Punkt stehen als heute.

Strategie 1: Aufklären und Einfluss nehmen

Die erste Strategie ist, auf Störung hinzuweisen und darüber aufzuklären. Diesmal aber entstört. Was ist der Unterschied? Gestörte Aufklärung bauscht Themen zu Überlebensthemen auf, suggeriert eine Dringlichkeit, die vor allem Stress auslöst, arbeitet mit bipolaren Feindbildern, Hierarchien von »Gut und Böse« und aktiviert die sieben Störungsframes: Angst, Misstrauen, Druck etc. Gestörte Aufklärung hat deshalb oftmals etwas Infantiles, Übertriebenes, unangenehm zur Hysterie neigendes, weil Menschen im gestörten Modus nicht in ihrer Kraft sind, sondern in verzweifelt trotziges kindliches oder strenges bzw. überfürsorgliches Verhalten fallen. Aufgeregte Aufregung und Meinungsmache wird auf diese Weise mit Aufklärung verwechselt. Die Migrationsdebatte der Jahre 2015 und 2016 hat in den deutschen Medien, aber auch in privaten Diskussionen das gesamte Repertoire davon ans Tageslicht gebracht. Die sich radikalisierende Umweltbewegung ist auf dem besten Weg dazu.

Entstörte Aufklärung ist immer selbstreflexiv. Sie misst sich an den eigenen Maßstäben. Der Kompass funktioniert einfach und verlässlich: Immer dann, wenn wir anfangen, uns aufzuspielen, Ängste zu schüren, andere für »böse«, überfordert oder minderbemittelt zu halten, sind wir im Modus der Störung und verstärken sie, statt Licht ins Dunkel zu bringen.

Die absolute Mehrheit der Menschen auf der Welt weiß noch gar nicht, dass sie sich selbst und andere systematisch stören. Sie halten es für normal, für menschlich oder vielleicht für »smart«, für rational, richtig oder sogar »gottgewollt«. Sie sind, lernpsychologisch gesehen, immer noch im Stadium der unbewussten Inkompetenz. Aggression und Schuldzuweisungen sind also fehl am Platz. Was jemand nicht weiß, das kann man ihm auch nicht vorwerfen. Andere ahnen oder merken schon, dass etwas nicht stimmt, aber sie setzen, wenn sie überhaupt etwas tun, an den falschen Hebeln an. Sie kämpfen gegen dieses und jenes, verkennen aber die aus dem fundamentalen Frame stammende Logik aller bisherigen Systeme und wiederholen selbst die Bewegungen der Störung, was bekanntlich zu nichts, außer vielleicht einer anderen Form der Störung, führt. Wie gesagt gibt es keine Veränderung *innerhalb* des alten Mindsets, weil es aus seiner Logik heraus immer neue gestörte Systeme hervorbringt.

Wenn wir etwas grundlegend verändern wollen, müssen wir genau darüber reden. Wir müssen Störung benennen und über ihre Mechanismen aufklären. Wirksam sind wir vor allem dann, wenn wir nicht nur über ein neues Denken reden, sondern es selbst leben. Dann sehen und spüren andere, dass sich etwas verändert hat bei uns, dass wir anders sind, irgendwie balancierter und zugleich stärker. Das schafft Vertrauen und ist anziehend für andere Menschen. Wir können überall da, wo unser Leben stattfindet, darauf aufmerksam machen, dass es Zeit ist, mit dem Katastrophendenken aufzuhören, mit der selbst inszenierten Angst, dem Druck, der Selbstverleugnung, den rigiden Regeln, dem chronischen Misstrauen und der verrückten Übermotivation, auf die immer die Katerstimmung folgt. Auch dann, wenn es Nachrichten geben wird, die alles andere als erfreulich sind. Und es wird sie geben, denn das Tempo der Veränderung steigt, die Stürme fangen gerade erst an. Die Zeit bis zur Jahrhundertmitte wird für uns alle ein Flug mit Turbulenzen. Wir müssen darauf vorbereitet sein. Die Tendenz zur Störung wird zunächst wahrscheinlich zunehmen und uns andere überzeugen wollen, ins alte Fahrwasser zu wechseln. Der Ton wird rau sein, und es wird noch viele gestörte Persönlichkeiten und politische Gruppierungen heraufspülen, die uns einreden wollen, dass wir nur dann eine Chance haben, wenn wir hart, dominant oder angepasst agieren. Dann heißt es, klar im Kopf zu bleiben, den Dingen erwachsen in die Augen zu sehen und sich eben nicht zu erlauben, in infantile Ängste und Wünsche zu kippen.

Wir können anderen zeigen und sie davon überzeugen, dass wir sehr viel mehr können, wenn wir in einem anderen inneren Zustand sind, wir können andere, bessere Haltungen einnehmen. In unseren Familien, im Freundeskreis, in Schulen, Ausbildungsstätten oder am Arbeitsplatz, in den klassischen und in den sozialen Medien, in der Politik. Je öfter wir selbst ein anderes Denken vorleben, es zeigen und darüber sprechen, desto mehr Veränderung wird sich auf allen Ebenen des Lebens zeigen. Der stete Tropfen höhlt den Stein. Je mehr mitmachen, desto schneller kommen wir voran. Die Wirkung eines neuen Denkens ist viral. Echte Paradigmenwechsel sind schnell.

Neue, anregende, Sicherheit stiftende Bilder finden

Aus dem Sportcoaching wissen wir, dass es nicht reicht zu wissen, was man falsch macht, sondern es auch wichtig ist zu sehen, wie es besser gehen könnte: Wer zum Beispiel den recht komplexen Abschlag beim Golfspielen erlernen will, braucht ein Bild davon, wie er aussieht, wenn er optimal ausgeführt wird. Fokussieren wir uns auf Probleme und Kritik, dann wird genau dieser Eindruck vertieft, und wir werden die Welt nicht verbessern. Die Lust, ins Handeln zu kommen, ist am höchsten, wenn wir sowohl eine deutliche »Weg von«- als auch eine klare »Hin zu«-Motivation haben. Entstörte Aufklärung sensibilisiert also und entwickelt Parameter, Ideen, Bilder und Konzepte, welche die alte Welt besser verstehen lassen und zugleich den inneren und äußeren Wandel mit neuen Bildern und Ideen gezielt fördern. Dazu müssen wir viele sein und unsere gesamten Expertisen zusammenbringen. Je mehr Menschen mitmachen und je verschiedener die Hintergründe sind, desto besser. Veränderung ist für jeden Menschen zunächst mit Stress verbunden und löst in der Regel die gesamte Klaviatur von Ängsten, Misstrauen und den anderen Störungsframes aus, vor allem dann, wenn sie befürchten, etwas existenziell Wichtiges zu verlieren. Ganz zentral ist, dass diese Aufklärung keine Angst macht, sondern motiviert. Sie soll Lust machen auf eine Veränderung, die allen etwas bringt. Schließlich geht es um mehr Lebensqualität, nicht nur für andere, sondern ganz konkret für jeden Einzelnen.

Ein Störungs- und Entfaltungsindex als Orientierungshilfe

Hilfreich könnte ein Störungsindex sein, der auf vielen Ebenen menschlichen Lebens für Transparenz in Sachen Störung sorgt. Ein Störungsindex für die Welt, für Staaten, Regionen, Organisationen, Parteien, für Produkte, Unternehmen, Branchen und Geschäftsmodelle. Parallel dazu könnten wir einen Entstörungs- und Entfaltungsindex entwickeln, der Erfolge sofort sichtbar macht und zeigt, in welche Richtung es gehen kann.

Darüber hinaus werden wir noch viele weitere Ideen und Konzepte brauchen, die immer mehr Menschen auf einen anderen Kenntnisstand bringen und ihnen dabei helfen, ihr Denken neu und lebensfreundlich auszurichten. Wir tun es nicht nur für uns. Wir müssen diesen *inneren Umschlagpunkt* erreichen, damit sich auch im Außen die Dinge ändern. Wir tun es auch für andere Lebewesen und für unsere Nachkommen, für eine gelingende Zukunft auf der Erde.

Strategie 2: »Let's create Planet B!«

»There is no planet B«, es gibt keinen zweiten Planeten, sagt Greta Thunberg. Sie hat recht, was die Erde als natürliche Grundlage betrifft. Aber wir können parallel zur ersten bereits eine zweite entstörte menschliche Welt aufbauen, Planet B, den Prototyp, der den derzeit massiv gestörten Planet A transformieren, den Absprung erleichtern oder im Notfall sogar ersetzen kann. Ich nenne die entstörte Welt bewusst Planet B, nicht um Greta Thunbergs Aussage infrage zu stellen, sondern um uns parallel zu dem Druck, den sie damit erzeugt, Kreationspotenziale freizusetzen.[46] Politik über Angst und Druck erzeugt, wie wir gesehen haben,

Stress und führt unweigerlich, auch wenn er etwas in Gang setzt und es um eine gute Sache geht, zu einem viel zu engen Blickfeld. Dann fällt uns als Lösung nicht mehr viel anderes ein, als abzuschaffen oder zu verbieten. Keine gute Idee, weil wir gerade jetzt das Rad der Entwicklungen beschleunigen sollten und nicht zurückdrehen dürfen.

Die Botschaft der Guerilla-Gärtner

Viele Menschen denken bereits seit Längerem in eine neue, lebensfreundliche Richtung. Erste Vorboten davon konnte ich bei meinen Streifzügen durch die Stadt bereits in den Nullerjahren beobachten. Damals waren es die »Guerilla Gardener«, die mein Interesse weckten, weil sie einfach irgendwo um einen Baum oder eine Laterne herum etwas angepflanzt hatten, was schöner ist als nackter Asphalt. Manchmal waren es liebevoll gestaltete Miniaturlandschaften mit Vogelhäuschen, Glöckchen in einem Meer von wilden Gräsern und Blumen. Es erschien mir von Anfang an mehr zu sein als eine naive Geste. Ganz privat, anonym und aus purer Freude am Sinn, etwas zu tun, was weder Geld noch Publicity bringt, sondern einfach für alle da ist, ohne von oben verordnet zu sein, ist bereits der Keim eines anderen Denkens. Darüber hinaus darauf zu vertrauen, dass etwas Schönes nicht gleich zerstört, sondern von anderen respektiert wird, erschien mir als ein seltsamer und dadurch auffälliger »Vertrauensvorschuss« in einer Zeit, in der bereits alles vom Nutzendenken und der Frage nach Effizienz geprägt war. Wir brauchen mehr von diesem Geist der Guerilla-Gärtner, der schon den Kern entstörter Lebensweise in sich trägt. Angefangen bei uns selbst, in unseren Nachbarschaften und direkten Lebensumfeldern. Es gibt überall Möglichkeiten, anzufangen, die Dinge anders zu sehen und anders zu machen.

In der Kreation von Planet B steckt aus meiner Sicht der größte Hebel für die Transformation menschlichen Lebens, die wir heute so dringend brauchen. Warum? Aus dem alten Denkmodus heraus müssten wir die gestörte Welt bekämpfen und radikal zu einem neuen Denken zwingen. Das bringt erstens, wie wir gesehen haben, aus seiner eigenen Logik nur anders gestörte Systeme hervor und ist zweitens schlichtweg falsch, wenn wir verstehen, wie Wandlungsprozesse tatsächlich funktionieren. Es ist niemals eine Mehrheit, die den Wandel hervorbringt, sondern eine Minderheit, die jedoch so gute Alternativen hervorbringt, dass eine Mehrheit bereit ist, damit zu experimentieren.

Neue, entstörte Ordnungen sollten also am besten schon da und so überzeugend sein, dass Menschen, die noch im alten System denken und handeln, irgendwann von sich aus bereit sind, umzusteigen. Das Prinzip kennen wir alle aus dem Leben. Es ist leichter, den alten Job aufzugeben, wenn es bereits ein neues Jobangebot gibt. Es ist leichter, eine tote Beziehung zu verlassen, wenn es bereits eine neue Liebe gibt. Es ist leichter, ein technisches System abzuschalten, wenn es bereits ein neues gibt, das das alte sinnvoll ersetzen kann und sogar mehr verspricht.

Nicht anders ist es im großen, sozialen und politischen Format. Wir verbessern die Chancen, dass der Wandel gelingt, geradezu exponentiell, wenn wir ganz konkret Alternativen bieten. Denken wir Wandel neu, dann fangen wir also am besten damit an, parallel zur alten eine neue entstörte Welt aufzubauen. Wir kreieren eine sinnvolle, attraktive Alternative und fokussieren unsere Energie auf Kreation, Vernetzung und den Aufbau fundamental neuer Systeme. Wir machen den Raum der Entstörung und Entfaltung von Leben größer und können damit eine kritische Masse erreichen, durch die das alte System kippen und ins Neue wechseln kann.

Es müssen also nicht alle Menschen entstört sein, und wir müssen auch nicht im veralteten Verständnis von Revolution eine Mehrheit von Menschen bevormunden und zu etwas zwingen, bevor wir die Welt entscheidend verändern können, aber es bringt den entscheidenden Unterschied, wenn wir damit beginnen, einen entstörten »Planeten B« als Parallelwelt aufzubauen, mit diesem Prototyp bereits störungsfreien kreativen Freiraum zu haben, wichtige Erfahrungen zu sammeln und immer mehr Menschen davon zu überzeugen, dass es sich lohnt, die alten Systeme abzuschalten und auf das neue umzusteigen.

Eine Parallelwelt im Sinne eines »Planeten B« ist damit wohlverstanden keine Gegenwelt. Sie bekämpft das Alte nicht, sondern lässt auf anderem Level, wie in einer anderen Daseinsform, etwas anderes, attraktiveres, endlich Zeitgemäßes entstehen, das die Herausforderungen unseres Daseins nicht mehr als Kampf, sondern als Aufgabe sozialer Evolution versteht. Auf dem Weg dahin haben wir viel zu entdecken und viel zu tun. Es gibt bereits hilfreiche Methoden, die uns beim Design eines entstörten Planeten B und seiner Institutionen helfen können. Design Thinking zum Beispiel, das bereits eine mit Netzwerkdenken operierende Innovationsmethode ist.[47] Wichtig ist, dass wir, wenn wir sie anwenden, selbst im Entfaltungsmodus sind.

Gesellschaftliche Herausforderungen neu denken

Modellprojekte, die den Keim eines neuen Denkens schon in sich tragen, gibt es bereits. Wir müssen sie suchen, sammeln, finden und uns vernetzen, gegenseitig stärken. Es sind Projekte, die sozialen und ökologischen Stress reduzieren, empfundene Lebenssicherheit stärken, Lebensqualität verbessern und Menschen dabei helfen, miteinander statt gegeneinander zu leben und zu arbeiten.

In dem Film »Tomorrow«[48] haben Mélanie Laurent und Cyril Dion Projekte dieser Art aus aller Welt vorgestellt und damit gezeigt, was möglich ist, wenn man anfängt, die Dinge anders zu machen. In Großbritannien haben zwei Damen in einer Kleinstadt einfach damit begonnen, sich zu fragen, wie sie einen Beitrag zu mehr Bewusstsein für die Qualität von Ernährung leisten können. Sie starteten damit, Kräuter und andere Nutzpflanzen an öffentlichen Orten anzupflanzen und Kindern und Erwachsenen ihr Wissen darüber weiterzugeben. Zuvor hatten sie die örtlichen Behörden gefragt, ob etwas dagegenspräche, und, als es dort keine Einwände gab, einfach damit angefangen. Sie haben sich getroffen, vernetzt und sind mehr geworden.

Transformation von innen

Engagement ist innerhalb und außerhalb der bisherigen Institutionen möglich. An vielen Orten der Welt sind Gemeinden und Städte bereits im Aufbruch. Auch Politiker und die lokalen Behörden machen mit und arbeiten an völlig neuen, lebensfreundlichen Konzepten. An diesen Stellen beginnt bereits die Transformation von Planet A, weil Menschen Probleme mit einer anderen Haltung angehen.

Einsamkeit ist zum Beispiel ein großes Problem vieler Menschen, besonders von Senioren, und sie erhöht nachweislich die Krankheits- und Mortalitätsrate.[49] In der schweizerischen Stadt Zug haben engagierte Bürgerinnen und Bürger die Genossenschaft KISS gegründet, in der die Mitglieder ein Zeitkonto führen, in dem sie sich ehrenamtlich für andere einsetzen. Es geht um tägliche Hilfen, vor allem aber um Gespräche, um menschlichen Kontakt. Jedes Mitglied kann Zeit anbieten und entsprechend seines eigenen Kontostandes auch Hilfe von anderen abrufen. Ein einfaches, transparentes Konzept, das nicht auf Aktionen »von oben« wartet, sondern auf die Selbstwirksamkeit von Bürgerinnen und Bürgern setzt.

Die britische Stadt Frome ist in dieser Hinsicht ebenfalls ein Vorbild. Ein großer Erfolg ist eine Werkstatt, der sogenannte »Männerschuppen«, der sich explizit an ältere Männer wendet. Die Bewohner der Stadt können dort kostenlos verschiedene Hausgeräte reparieren lassen. Inzwischen kommen auch jüngere vorbei, die einfach dabei sein wollen und Lust haben auf Basteln und Reden mit Gleichgesinnten, egal wie alt sie sind.

Das Projekt schlägt zwei Fliegen mit einer Klappe: Es beendet im Sinne der Umwelt die Wegwerfmentalität, und es gibt älteren Menschen einen Ort, an dem sie sich willkommen fühlen und an dem sie gebraucht werden. Es gibt bereits heute so viele kreative, engagierte Menschen, die etwas bewegen wollen. Der Männerschuppen ist nur ein Teil eines vorbildlichen lokalen Gesundheitskonzepts, das auf Initiative einer Ärztin gegründet wurde und mittlerweile ein öffentlich finanziertes Gesundheitsnetzwerk aus haupt- und ehrenamtlich arbeitenden Bürgerinnen und Bürger miteinander vernetzt. Es gibt eine digitale Plattform, auf der alle sozialen und gesundheitsrelevanten Hilfsmöglichkeiten und Projekte verzeichnet und erklärt sind. Sogenannte Health Connectors sind das Bindeglied zwischen Kommune und Bürgerinnen und Bürgern und kümmern sich vor allem um alleinstehende Ältere, für die Einsamkeit in Verbindung mit Depression eines der größten heute relevanten Gesundheitsrisiken darstellt. Es werden Gespräche und direkte Hilfen vermittelt, die sogenannten Community Connectors, darunter engagierte Jugendliche, informieren gezielt über die vielfältigen Unterstützungsmöglichkeiten. Mit ihrer Initiative ist es der Stadt gelungen, die ungeplanten Noteinlieferungen in Krankenhäuser drastisch zu reduzieren, Bürgerinnen und Bürger auf sinnvolle Art zu involvieren und die Lebensqualität von Menschen in der Community zu verbessern. Die Macher des Projekts halten es für erfolgsentscheidend, Initiativen in der Bevölkerung zu verankern und mit den Menschen vor Ort auf Augenhöhe Ideen zu erarbeiten, statt sie von oben zu verordnen.

Jede Stadt, jede Kommune hat die Chance, völlig neue Modelle auf den Weg zu bringen, wenn Menschen zusammenkommen, die neu denken. In San Francisco hat die Stadtverwaltung zum Beispiel ein weltweit vorbildliches Recycling-System aufgebaut, das Müll reduziert und verbleibende Reste zu wertvollem Dünger für die umliegende Landwirtschaft macht. Finanziert wird das Projekt durch den Verkauf des Düngers und durch deutlich gestiegene Gebühren für Müll, die alle Bewohner motivieren, von vorneherein bewusster einzukaufen. In Indien hat eine Gemeinde gemeinsam gemischte Wohnviertel aufgebaut, in denen die unterschiedlichen Kasten Tür an Tür miteinander leben und alle Belange des Ortes in einer Bürgerversammlung auf Augenhöhe besprechen. Eine Revolution im immer noch an hierarchischen Kasten orientierten Indien, die Wellen schlägt.

»Wenn du mehr hast, als du brauchst, mach die Tafel länger und nicht den Zaun höher« ist das zukunftsweisende Motto eines in Berlin initiierten und heute bereits weltweit verbreiteten gastronomischen Integrationsprojektes auf Vereinsbasis, das Essenstafeln organisiert und Menschen durch gemeinsames Kochen und Essen ins Gespräch bringt.[50] Es braucht nicht nur eine gute Idee, sondern auch Mut, Zutrauen und Unvoreingenommenheit, um solche Projekte zu gründen und, häufig in ehrenamtlicher Arbeit, in größerem Maßstab zu etablieren – psychoemotionale Haltungen und Zustände, die wir mit dem neuen Denken automatisch aktivieren.

Projekte wie diese funktionieren nur dort, wo Menschen wieder Sinn für die Belange ihrer Community bekommen, wo es sich unmittelbar erschließt, dass eigenes Mitdenken und Engagement das Leben für alle besser macht. Es lebt von Menschen und deren Haltung. Wer bereits entstört denkt, versteht das sofort. Je mehr wir davon werden, desto stärker wird der Prototyp von Planet B, den wir schon heute gemeinsam aufbauen können. Jede Gemeinde hat die Chance, sich zu einer konsequent lebensfreundlichen Community zu entwickeln.

Wir sollten uns vernetzen

Wir müssen damit beginnen, uns über Grenzen hinweg als gigantische Entfaltungsgemeinschaft zu verstehen. Jeder Mensch ist auf unterschiedliche Art und in unterschiedlicher Intensität vernetzt in etwas Größerem, was menschliches und nicht menschliches Leben auf der Erde verbindet. Je mehr und vielfältiger wir uns verbinden, desto tragfähiger wird das Netz, das uns alle trägt. Je tragfähiger aber das Netz ist, desto sicherer fühlen wir uns. Beste Voraussetzungen für einen grundlegenden Systemwandel zum Besseren. Am meisten erreichen wir und am schnellsten kommen wir voran, wenn wir uns zusätzlich digital und real vernetzen.

Sich zu vernetzen und zu kooperieren ist Teil des neuen Denkens und ist eine bewährte Erfolgsstrategie, die wir nutzen sollten. Sie war es immer schon, wenn es um tief greifenden Wandel und eine neue Sicht auf Leben und Welt ging. Die ersten Christen etwa haben sich getroffen, sich ausgetauscht, eigene Orte aufgebaut, Ideen und Konzepte entwickelt, die es ihnen ermöglicht haben, so zu leben, wie sie es im Gegensatz zum Rest der Welt für richtig gehalten haben. Sie haben über ihren Glauben gesprochen, sich ausgetauscht, andere darüber informiert. Irgendwann haben sie auch die Eliten ihrer Zeit erreicht und wurden zur treibenden Kraft des Wandels in der damaligen europäischen Welt.

Auch die ersten aufgeklärten Denker, meist Wissenschaftler, haben sich vernetzt, ausgetauscht, standen im brieflichen oder persönlichen Kontakt miteinander. Die Universitäten waren ein Treffpunkt, später die bürgerlichen Salons, die den Weg zum wissenschaftlichen Denken und zur Aufklärung und damit einem neuen Wirklichkeitszugang geebnet haben. In den 1980er-Jahren waren es in der DDR die Kirchen, in denen sich Andersdenkende getroffen, vernetzt, gemeinsam nachgedacht und neue Aktionen geplant haben. Und auch die technische Revolution in der Informationstechnologie hatte mit dem Silicon Valley ihren bis heute relevanten Ort, an dem sich experimentierende »Nerds« getroffen, vernetzt und eine neue digitale Welt erschaffen haben. Dass auch der christliche Glaube ebenso wie Teile der Wissenschaft oder der Technokraten des Silicon Valley in die Störung gekippt sind, steht auf einem anderen Blatt. Wir kennen mittlerweile die Ursachen, die im alten Denken liegen.

Ein digitales »bright net«

Auch heute sollten wir uns vernetzen. Auch heute sollten wir uns vernetzen und gemeinsam die Idee und die Infrastruktur einer entstörten Welt entwickeln. Hilfreich wäre zum Beispiel ein *bright net,* eine leistungsfähige digitale Plattform, die alle entstörten und Entstörung fördernden Aktivitäten weltweit bündelt, Kooperation und Transparenz für die Veränderung der Welt fördert. Es sollte uns die Möglichkeit geben, uns in Echtzeit sinnvoll zu den verschiedensten Themen zu vernetzen, Erfahrungen auszutauschen, Wissen zu teilen und an der Entfaltung von Leben weltweit teilzuhaben. Ein kritischer Erfolgsfaktor dabei ist, dass sich eine solche Plattform tatsächlich für alle für den menschlichen Fortschritt engagierten Menschen und die gesamte Bandbreite heutiger Herausforderungen öffnet.[51] Entstörung ist selbstreflexiv, sie muss sich an den eigenen Maßstäben messen, wenn sie einen Unterschied machen und erfolgreich einen echten Wandel einleiten soll. Es geht darum, einen entstörten Planeten B zu kreieren und Planet A Impulse für seine Selbsttransformation zu geben. Die Aufgabe, vor der wir stehen, verlangt von uns, uns in einem weitaus größeren Maße vorurteilsfrei zu begegnen und bei aller Unterschiedlichkeit integrierend zu denken und zu handeln.

Wirtschaft in eine andere
Qualität bringen

Wirtschaftliche Strategien und politische Ideen sollten sich auf Planet B nach dem neuen Paradigma ausrichten. Was zählt, ist, ob eine Politik oder eine wirtschaftliche Unternehmung Menschen und anderes Leben in Entfaltung und Qualität stärkt, neutral wirkt oder schwächt. Entstört bringt Wirtschaft eine Explosion menschlicher Kreativität hervor, Entdecker- und Erfindergeist, ungeheure Imaginationskraft, eine beispiellose menschliche Selbstwirksamkeit und Kooperationskraft, die uns Ideen und Artefakte kreieren lässt, die menschliche Entfaltung und die Qualität allen Lebens im 21. Jahrhundert brauchen.

Wirtschaft auf allen Ebenen zu stärken ist unverzichtbar, denn eine voll entfaltete, entstörte Humanwirtschaft ist in der Lage, die vielen Menschen, die bereits geboren sind und in diesem Jahrhundert noch geboren werden, nicht nur zu ernähren, sondern ihnen auch Möglichkeiten des Lernens, des Ausbaus und der Entfaltung ihrer Fähigkeiten und ihrer Selbstwirksamkeit zu geben. Arbeit ist ein wichtiger Bereich menschlicher Entfaltung, und Wirtschaft ist ein Nexus im Netz des Lebens, in dem sich Menschen kreativ und selbstwirksam erleben können und wo sie die außerordentlich stärkende Wirkung entstörter Kooperation erfahren. Wir brauchen all das, denn wir brauchen in diesem Jahrhundert neue Technologien, Geschäftsmodelle und humane Leistungs- und Kooperationsangebote in einer anderen Qualitätsdimension.

Im alten Denken arbeitet Wirtschaft nach der Strategie »Überleben durch Überlegenheit durch maximal effiziente Ausbeutung«. Im neuen Denken funktioniert Wirtschaft nach der Strategie »Wachstum und Entfaltung durch Kooperation und Orientierung an Lebensqualität«. Auch die volkswirtschaftliche Theoriebildung hat sich zu allen Fragen, die menschliche Fairness und lebensfreundliche Rationalität in der Ökonomie betreffen, erheblich weiterentwickelt. Amartya Sen oder Elinor Ostrom[52], beide Wirtschaftsnobelpreisträger, haben bereits fundierte Vorschläge gemacht, wie Wirtschaft global fair und in sich intelligenter gestaltet werden kann. Wir müssen die Frage von Gemein- und Privateigentum in diesem Jahrhundert neu austarieren und anders lösen. Was Leben grundlegend braucht, um sich entfalten zu können, darf zum Beispiel nicht in der Hand eines Konzerns oder einer nationalen Regierung sein. Nicht aus ideologischen Gründen, sondern weil sich die Außenbedingungen des Lebens in einer stark wachsenden Weltbevölkerung und bei knapper werdenden natürlichen Ressourcen fundamental verändert haben und wir die alten Strategien von Dominanz und Ausbeutung hinter uns lassen müssen. Es geht generell nicht mehr um Kategorien wie »links« oder »rechts«.

Neu gedachtes Business ist aus sich heraus ökologisch, fair und kooperativ. Nicht weil das »in« oder politisch korrekt ist, denn dann würde es nicht lange halten. Sondern deshalb, weil es die einzig rationale Perspektive ist, wenn wir Lebensfreundlichkeit ernst nehmen. Seit etwa der Jahrtausendwende hat sich unter dem Stichwort »next economy« auf diesem Gebiet viel getan. Schon heute gibt es zahlreiche Unternehmen und Netzwerke, die sinnvolle, sozial und ökologisch zukunftsweisende Erfindungen vermarkten und Geschäftsmodelle entwickeln. Wir brauchen mehr davon und sollten alle diese auf Fairness basierenden lebensfreundlichen Businesses fördern, herausstellen, bekannt machen und im Netzwerk einer entstörten Welt miteinander in Kontakt bringen, verknüpfen, um das Netz entstörter Wirtschaft stärker zu machen.

Wir sollten zugleich deutliche Aufklärung leisten, wenn Unternehmen mit ihren Geschäftsmodellen oder Praktiken sozialen oder ökologischen Stress erhöhen. Unternehmen, die monopolartig virtuelle Aufmerksamkeit kapern, sich parasitenartig in Wertschöpfungsketten einklinken oder Sozialstandards unterlaufen, gehören zur alten Welt und richten Schaden an, statt privaten ebenso wie gesellschaftlichen Mehrwert zu stiften. Auf Kosten der Ausbeutung von Leben Geld zu verdienen sollte Unternehmer, Manager und ihre Berater nicht mehr motivieren. In den 1990er-Jahren hat sich in einigen Teilen der Wirtschaft eine sonderbare Mentalität breitgemacht, in der als »smart« galt, was möglichst effizient ausgebeutet wird. Für viele Gründer der sogenannten New Economy wurde es zum erklärten Lebensziel, solche »smarten« Geschäftsmodelle zu schaffen, in denen die menschliche und soziale Verantwortung mitsamt ihren häufig kostenintensiven Risiken ausgeklammert wird. Nur weil abstrakt gesehen die Rechnung stimmt, ist etwas menschlich noch lange nicht stimmig. Und die Rechnung stimmt auch nur deshalb, weil es Politik versäumt, mehr Einfluss zu nehmen und zum Beispiel Umwelt- und Sozialkosten in wirtschaftliche Rechnungen einpreisen zu lassen.

In ein einfaches Bild gebracht ist smartes Business dieser Art, als ob man eine Kuh bis auf den letzten Tropfen melkte, für deren Leben andere sorgen. Es ist hart, aber wahr: Solche Geschäftsmodelle gehören zu einer durch gesetzliche Lücken immer noch legitimierten Form schamloser Ausbeute oder eines digital getarnten Raubrittertums. Wir sollten sie weder nutzen noch bewundern, sondern als das kennzeichnen, was sie sind: durch und durch gestört.

Unternehmen neu erfinden

Entstörte Unternehmen arbeiten in einer anderen Qualität. Es geht dabei nicht um einen neuen Lifestyle-Hype. In entstörten Unternehmen arbeiten schlichtweg erwachsene Menschen mit einem lebensfreundlichen Mindset konstruktiv und auf Augenhöhe miteinander. Sie müssen dazu nicht immerfort »achtsam«

oder »positiv« sein. Im Entfaltungsmodus zeigen wir sehr viel vielschichtigere Qualitäten, sind innerlich ebenso stark wie flexibel.

Sie arbeiten nach dem Prinzip der persönlichen Ebenwürdigkeit, der Kooperation und des gegenseitigen Vertrauens. Sie arbeiten unaufgeregt und selbstverständlich und verstehen sich selbst und ihre Umwelt als lebendiges dreidimensionales Netz, das sich entfaltet und für alle Stakeholder eine hohe Lebensqualität verwirklicht. Es kann um soziale, aber auch um andere Projekte der Vivilisation gehen. Geschäftszweck ist, egal, um welches Business es geht, im Profit- wie Nonprofit-Bereich auf individuelle und vielfältige Art die Entfaltung und Qualität von Leben voranzubringen. Auch hier ist Vernetzung vorteilhaft. In Berlin und hundert weiteren Orten weltweit gibt es zum Beispiel den »Impact Hub«, einen Co-Working-Space, der explizit innovative, lebensfreundliche Businesses, Aktivisten und Sozialprojekte vernetzt und die Kooperation zwischen ihnen im Sinne einer gemeinsam stärkeren Kreativität fördert.

Bestehende Unternehmen transformieren

Doch auch Unternehmen auf Planet A sind vielfach bereit, sich auf einen neuen Weg zu machen. Einen inneren Wandel erreichen bestehende Unternehmen am schnellsten, wenn sie nicht nur ihre Führungsteams, sondern auch eine nennenswerte Zahl an Mitarbeitern in lebensfreundlichen Strategie- und Kommunikationsmethoden ausbilden lassen und damit als Kernkompetenz ins Haus holen. Schon ab zehn Prozent entwickelt sich eine relevante Veränderungskraft, zwanzig bis dreißig Prozent bilden bereits die kritische Masse für einen Wandel im Denken der gesamten Organisation. Auch dort, wo bislang altes Denken zu harten

Verkrustungen führt, ist es möglich, den Wandel zügig zu vollziehen. Mit einer völlig neuen Qualität für Mitarbeiter, Kunden und Lieferanten.

Beispielhaft hat einen solchen Wandel die Berliner Wohnungsbaugenossenschaft »Neues Berlin« in Gang gesetzt. Der Vorstand hat in wenigen Jahren sich selbst und dreißig Prozent der Mitarbeiter zu Mediatoren und Coachs ausbilden lassen und Mediation und Coaching als ersten Weg bei Konflikten und Entwicklungsfragen eingeführt. Dadurch konnten menschlich und betriebswirtschaftlich enorm positive Effekte erzielt werden. Die Konfliktrate in der Belegschaft und mit Kunden sank erheblich, der Krankenstand wurde reduziert, und statt Frühverrentung und Fachkräftemangel erlebt das Unternehmen, dass Mitarbeiter über das gesetzliche Rentenalter hinaus weiterarbeiten möchten.[53]

Viele andere sind im Moment ebenfalls dabei, ihre Kultur auf »New Work« und damit flexiblere, menschenfreundlichere Strukturen umzustellen und darüber hinaus ökologisch oder sozial sinnvolle Projekte zu fördern. Transformativ werden diese Projekte, wenn sie nicht mehr aus Wettbewerbsgründen, sondern aus einer neuen Denkweise heraus vorangetrieben werden. Also nicht nur, um Kosten zu sparen, Mitarbeiter zu gewinnen, Innovation zu fördern und Fluktuation zu minimieren und damit im Wettbewerb die Nase vorn zu haben, sondern um in aller Ernsthaftigkeit den menschlichen Fortschritt zu fördern, weil wir ihn brauchen, um in diesem Jahrhundert eine andere Qualität des Lebens zu erreichen.

Auch hier gibt es bereits zahlreiche Ideen und hilfreiche Unterstützung. Allein ein Blick auf die Liste der Nominierten und Preisträger des Next Economy Award[54] aus dem Jahr 2019, mit dem innovative Start-ups ausgezeichnet werden, zeigt, wie schnell und kreativ Unternehmen in allen relevanten Belangen bereits heute auf die Herausforderungen unserer Zeit reagieren. Da gibt es zum Beispiel das Frankfurter Start-up »right. based on science«, das ein Modell entwickelt hat, das Unternehmen hilft, die Risiken für das eigene Geschäftsmodell einzuschätzen und zugleich zu ermitteln, inwieweit ihre Arbeitsweise zur Erderwärmung beiträgt. Das Berliner Unternehmen »SIRPLUS« kauft Großhändlern, Herstellern und Produzenten zu einem symbolischen Preis nahe am Verfalldatum stehende Lebensmittel oder von der Norm abweichende verderbliche Waren zu fairen Preisen ab und verkauft sie zu einem reduzierten Preis weiter.[55]

Für gesellschaftliche Anliegen gibt es bereits eine Reihe intelligenter Social Businesses, zum Beispiel »Careship«, eine gewinnorientierte Plattform, die Alltagshelfer für pflegebedürftige Menschen organisiert.[56] Gerade im Bereich der Social Businesses ist so viel Bewegung, dass es längst nötig wäre, sie im Sinne einer Kartografie des Planeten B bereits heute zu listen, bekannt zu machen und weltweit zu vernetzen. In einer entstörten Welt schotten wir uns nicht mehr ab, um unsere Ideen für uns zu behalten, denn es ergibt aus dem neuen Denken heraus keinen Sinn mehr. Wir werfen unsere Ideen und unser Wissen stattdessen zusammen, kreieren mit innovativen Methoden neue, um in profitablen oder gemeinschaftlich geförderten Projekten einer neuen Generation Lösungen neuer Qualität zu bekommen.

Was helfen könnte, entstörte Wirtschaft zu fördern, wären neben einem Störungs- und Entfaltungsindex für Branchen, Produkte und Unternehmen auch Zertifikate, die die allgemeine Lebensfreundlichkeit kennzeichnen, neue ISO-Normen, ein Rat der »entstörten Wirtschaftsweisen«, der Zahlen, Daten, Fakten und Strategien nach dem neuen Paradigma analysiert und fundierte Empfehlungen gibt. Wir brauchen eine Menge Expertise für die »next economy«, für alle Bereiche menschlichen Lebens, die auch einer ökonomischen Perspektive bedürfen: Technologie, Energie, Pharmaindustrie, Land- und Ernährungswirtschaft, Finanzwirtschaft u. v. m. Eine klare Ausrichtung an ökologischen Kriterien oder nach Prinzipien sozialer Verantwortung ist darin

Voraussetzung, nicht ein nettes »Add-on« für alle Überlegungen, denn im Mittelpunkt einer solchen Wirtschaft stehen nicht abstrakte Gewinnprinzipien, sondern ein Mehrwert an Lebensqualität, der sich für Menschen und anderes Leben direkt bemerkbar machen muss.

Das Finanzsystem breiter aufstellen

Viele kritisieren die Schieflagen, die das heutige globalisierte, von wenigen großen Playern bestimmte Wirtschafts- und Finanzsystem hervorbringt. Wir können das ändern, und zwar da, wo wir leben. Es gibt bereits zahlreiche erfolgreiche Projekte, wie zum Beispiel in den britischen Städten Totnes oder Bristol, aber auch in großen Städten wie Kopenhagen, mit dem Ziel, die Produktion von Nahrung oder die Energiegewinnung unabhängiger von Konzernen zu machen und wieder stärker und zugleich umweltorientiert in der eigenen Stadt oder Region anzusiedeln. Es spricht vieles dafür, bestimmte Bereiche der Wirtschaft wieder stärker zu relokalisieren.

Wir können den entstörten »Planeten B« mit der gleichen Strategie auch anders finanzieren. Breiter, sicherer, unabhängiger, lokal bis global konsequent kooperativ und lebensfreundlich. Auch dazu gibt es bereits Best Practices. In der Schweiz und in Großbritannien haben Unternehmensverbünde und einige Städte bereits vor Jahren damit begonnen und eigene, parallel zum nationalen, EU-weiten oder globalen System erfolgreich laufende Geld- und Wirtschaftskreisläufe mit eigenen Währungen gestartet. In Basel gibt es schon seit 1934 ein erfolgreiches genossenschaftlich organisiertes Finanzinstitut für mittelständische Unternehmen in der Schweiz[57], das seit Jahrzehnten erfolgreich sowohl mit nationalen und internationalen Währungen als auch mit einer eigenen Parallelwährung arbeitet und seinen Mitgliedern echten Mehrwert bietet.

Das Prinzip ist einfach. Die Bank gibt eine Währung, in diesem Fall den WIR aus, der dann in allen Unternehmen als Zahlungsmittel genutzt werden kann, die sich dem WIR-Verbund angeschlossen haben. Das funktioniert auch mit anderen Währungen, die Kommunen und Städte selbst ausgeben. Stärker wird dieser Kreislauf, wenn auch Privatpersonen die Währung zum Einkaufen in den angeschlossenen Geschäften nutzen können und wenn Städte mit eigener Parallelwährung kommunale Steuern, Lieferanten oder öffentliche Gehälter bezahlen, um die Mittel erneut in die lokale Ökonomie zu investieren, die dadurch stabiler und stärker wird. In Bristol zum Beispiel kann man das britische Pfund in ein »Bristol Pound« umtauschen und in den lokalen Geschäften und Restaurants damit bezahlen.

Wir können schon heute auf verschiedenen geografischen Organisationsebenen einen Verbund entstörter Unternehmen und sogar Städte und Regionen bilden und diesen durch ein zum Beispiel genossenschaftlich organisiertes Bankwesen zusätzlich stützen, das konsequent nach den Prinzipien der Entstörung und Entfaltung von Leben arbeitet.

Was uns gelingen muss und wozu eine starke Wirtschaft unverzichtbar ist, ist, immer mehr Menschen existenzielle Sicherheit zu bieten. Unsicherheit und Existenzangst sind ein Nährboden für gestörtes Denken. Wir müssen erheblich sozialer, vernetzter und lebensfreundlicher denken, wenn wir Wirtschaft neu denken. Es gibt Bereiche, die gerade heute besondere Aufmerksamkeit brauchen, weil sie direkt mit dem Leib und Leben von Menschen in Verbindung stehen. Politik und Unternehmen in der Gesundheitsbranche zum Beispiel werden sich gemeinsam mit politischen Entscheidern, neu verstanden, sehr viel mehr an einer lebensfreundlichen Rationalität orientieren müssen. Gesundheit, Krankheit und die Qualität der späten Jahre prägen die Lebens-

qualität und die Entfaltungsmöglichkeiten von Menschen mehr
als alles andere. Wir müssen die Strukturen, die Arbeitsbedin-
gungen und die Geschäftsmodelle in diesen Bereichen grundlegend überdenken, damit sie gerade für alternde Gesellschaften
zukunftsfähig sind. Und darüber hinaus in unseren Gemeinden
und Städten Graswurzelbewegungen für mehr Gesundheit in
den alternden Gesellschaften ins Leben rufen.

Den technischen für den menschlichen Fortschritt nutzen

Technologie wird auch in der Zukunft eine große Rolle spielen.
Netzbasierte Technologien, künstliche Intelligenz und andere
wegweisende Innovationen. Wir brauchen sie, um vielfältige Herausforderungen einfacher und besser zu bewältigen. In Gesundheit und Pflege, bei der Koordination weltweiter Wanderungs-
ströme, für ein globales Monitoring von Sicherheit und Entfaltungsmöglichkeiten für alles Leben. Technologie selbst ist nicht
gestört. Sie ist es nur, wenn wir sie aus einer gestörten Motivation
heraus für gestörte Zwecke missbrauchen. Entstört dient sie dem
menschlichen Fortschritt und ermöglicht uns, die nächste Welt,
um die es heute bereits geht, digital zu fundieren und wirksam zu
vernetzen.

Was wir heute an gestörter Manipulation, Selbstdarstellung,
purer Dummheit und Brutalität im Netz erleben, wird eines
Tages nichts weiter sein als das Kuriositätenkabinett des gestörten
Spätholozäns. Wir werden es in digitalen Museen bestaunen, so,
wie wir heute mittelalterliche Folterkammern bestaunen oder
fasziniert die dürftigen Hygieneeinrichtungen in den Schlössern
des 18. Jahrhunderts besichtigen. Nicht weil das Netz ein anderes
wäre, sondern der Mensch, der seinen Content bestimmt, ein anderer ist.

Politik entstören und stärken

Die Beispiele zeigen, wie schnell, kreativ und wirksam innovative Unternehmen und Social Businesses bereits heute reagieren können und es auch tun, denn Wirtschaft reagiert viel schneller auf Außenwandel als so manche Politik. Politik neu zu erfinden ist, denke ich beim Blick auf die Titelseiten der Tagespresse, eine noch größere Herausforderung, als Wirtschaft neu zu denken.

Verstehen wir Politik neu, dann hat sie unsere besondere Aufmerksamkeit verdient. Denn sie ist der Ort, an dem Erwachsene miteinander bereden und entscheiden, was ihre Gemeinschaften auf verschiedenen Organisationsebenen brauchen, um Orte der Entfaltung und Lebensqualität für alles Leben zu sein. Dorthin müssen wir Politik erst noch begleiten. Sie ist in ihren Kommunikationsstilen und Verfahrensweisen auch in unseren modernen Demokratien verkrustet. Sie stammen, wie alle unsere Institutionen, aus dem Holozän und tragen überall die Signatur der bipolaren, konflikthaften, auf Dominanz und Unterordnung ausgerichteten Störung. Angefangen bei Wahl*kämpfen*, in denen auf Teufel komm raus polarisiert und der politische Gegner für dumm erklärt oder anderweitig »bekämpft« wird, über das bipolare Schema von Regierung und Opposition bis hin zum kümmerlichen Stil politischer Kommunikation, der häufig eher Auseinandersetzungen in einer entgleisten Spielgruppe gleicht als der ernsthaften Diskussion erwachsener Menschen um ihre gemeinsamen Belange. Politik braucht auch in der Demokratie ein Update auf vielen Ebenen. Wie könnte das aussehen?

Wir können auf die gleiche Weise damit beginnen wie in allen anderen Bereichen. Mit einer offenen und fairen Analyse und mit einer unaufgeregten und konstruktiven Aufklärung über Prinzipien und Gepflogenheiten, die schlichtweg gestört sind. Wir können uns selbst als politisch erwachsene Menschen ernst nehmen, damit aufhören, einen so wichtigen Bereich einfach wegzudelegieren und zuzusehen, wie mit gestörten Mustern gestörte Politik gemacht wird. Wir können es ebenso freundlich wie klar kommentieren, wenn Politiker uns oder andere von streng bis überfürsorglich bevormunden wollen, wenn sich sogenannte führende Köpfe wie trotzige oder hilflose Kinder benehmen und sich in Wortwahl, Gebaren, Kommunikationsstil und Inhalten vergreifen. Wir können zugleich andere Vorschläge machen. Von innen heraus, wenn wir uns in Parteien engagieren, oder von außen, digital und analog, sei es als Journalisten, Medienmacher und politische Influencer oder schlichtweg als mündige Bürgerinnen und Bürger einer neuen, entstörten Generation.

Einfluss nehmen auf Planet A

Unsere Demokratien sind so, wie sie derzeit beschaffen sind, nicht immun gegen ein Anwachsen der Störung. Sie stammen in ihrem Kern aus der Mitte des letzten Jahrhunderts und damit aus der Zeit vor dem Beginn der Great Acceleration, die mehr verändert hat, als viele Politiker heute wahrhaben wollen. Sie bilden ab, was passiert, wenn Gesellschaften in Stress- und Überlebensängste kippen. Überall werden extremistische Tendenzen deshalb stärker.

Unsere Stimme gibt uns dennoch Möglichkeiten, die Menschen anderswo nicht haben. Wir können Wahlprogramme und programmatische Aussagen unter die Lupe nehmen und sie auf Störung hin überprüfen und zugleich Vorschläge machen, wie sich die Aussagen ändern, wenn wir Leben und Politik als Prozess der Entfaltung, Qualität und Kooperation von Leben verstehen. Manche Aktivisten und Blogger, wie zum Beispiel Rezo, haben bei der letzten Europawahl gezeigt, wie viel es bringt.

Noch spannender werden Aktionen wie diese, wenn sie auf Abwertungen verzichten. Im Moment gibt es auch wenige Gründe, eine einzige Partei zu favorisieren, denn jede Partei hat Anlass, sich zu entstören. Wir sollten diejenigen stärken, die damit anfangen, sich zu entstören, und Entfaltung und Lebensqualität für alles Leben voranbringen.

Wenig interessant, weil hoffnungslos aus der Zeit gefallen, sind Positionen, die zurückwollen zu veralteten, zum Beispiel religiös begründeten, Vorstellungen. Die Welt von heute ist zu vielfältig, um sich nach ihnen auszurichten. Sie versuchen, Menschen über Ab- und Ausgrenzung ein Gefühl von Zusammengehörigkeit zu geben. Es bringt aber auf einem gemeinsamen Planeten Erde nichts mehr, Menschen nach verschiedenen aus der Luft gegriffenen Kriterien auszugrenzen und damit die gestörte bipolar-hierarchische Ethik des Holozäns zu beschwören. Manche meinen, damit noch verwirrtere politische Extremisten einzufangen. Aber nichts wird besser, wenn man die Störung in der eigenen Programmatik verstärkt, um anderen Wählern abzuluchsen, die gestörte Konzepte gut finden. Zeitgemäßes politisches Denken muss unter allen Umständen auf jede Form der Polarisierung verzichten. Es ist ein Gebot lebensfreundlicher Rationalität in einem Jahrhundert, das sich keine selbst gemachten Konfliktlinien mehr leisten kann. Auch dann nicht, wenn sie scheinbar gefahrlos auf Kosten von Minderheiten geschehen. Was Leben gegeneinander ausspielt, egal aus welchem Grund, gehört heute in den Bereich der mentalen Umweltverschmutzung einer Spezies, die sich auf ein neues Niveau bringen muss. Es lässt sich weder religiös noch als »freie Meinungsäußerung« legitimieren.

Es gibt politische Richtungen, die einen Entstörungsprozess nicht überleben werden, weil ihr Zweck die Repräsentation der Störung ist. Parteien, die ihr Selbstverständnis auf der bipolaren Diskriminierung von Menschengruppen gründen, weil sie zum Beispiel aus einer anderen Kultur stammen, eine andere Religion favorisieren, eine andere sexuelle Orientierung als die Mehrheit haben oder mehr Geld haben als der Durchschnitt, leiten sich direkt aus den Prinzipien der Störung ab. Entstört lösen sie sich deshalb in Luft auf. Sie werden auf Planet B schlichtweg nicht mehr gebraucht, weil sie aus einem anderen Fundamentalframe heraus keinen Sinn mehr ergeben.

Des Kaisers neue Kleider lüften

Eine gestörte Welt funktioniert im Grunde wie das Märchen »Des Kaisers neue Kleider«. Wir müssen so tun, als ob wir nicht sähen, was offensichtlich ist. Es gibt, wenn wir ehrlich sind, viele solcher Themen und Vorgehensweisen, die bei Tageslicht betrachtet sonnenklar daneben sind. Wir akzeptieren sie gegen besseres Wissen, weil wir es gewohnt sind, auch die unsinnigsten Gepflogenheiten zu tolerieren, weil sie still, zäh oder mit dem nötigen Rummel verteidigt werden. Warum fördern wir noch eine konventionelle Landwirtschaft, wenn es längst eine biologische gibt, die dem Leben auf dem Planeten auf allen Gebieten nichts als Vorteile bringt? Warum subventionieren wir sie in Europa, statt konsequent alle Fördergelder in lebensfreundliche, nachhaltige Wirtschaftsweisen zu stecken?

Gleiches gilt für die fossile Energiegewinnung, die mittlerweile längst den Dürftigkeitsgrad des Abbindens von Frauenfüßen oder des Duellierens erreicht hat. Wann fangen wir an, uns und das Leben auf der Erde konsequent ernst zu nehmen? Greta Thunberg spricht diese Dinge immer wieder an. Sie ist nicht die Erste und nicht die Einzige. Auch wenn man über ihren Stil und ihre Forderungen nicht in allen Punkten einer Meinung sein muss, sind ihre Impulse nicht weniger ernst zu nehmen, weil man sie als Person auf infantile Art lächerlich macht. Es ist Zeit, dass wir sehr viel mehr Dinge so offen und ehrlich ansprechen, wie es die Aktivisten beim Thema Umwelt und Klima tun.

Das Thema Migration und unsere weltweit offensichtlichen Probleme mit der Integration zum Beispiel. Wir brauchen bei diesem Thema eine global steile Lernkurve und sollten uns nicht mehr hinter den zu einfach gestrickten Argumentationsmustern des 20. Jahrhunderts verschanzen. Die demografischen Disbalancen auf der Welt werden bis zur Mitte des Jahrhunderts ihren Höhepunkt erreichen. Wir brauchen in den extrem jungen Regionen ebenso neue Konzepte wie in den alternden Gesellschaften, wo wir lieber den Kopf in den Sand stecken, als mutig und unerschrocken nach vorne zu denken. Entstört verschanzen wir uns nicht mehr hinter Traditionen, Tabus und mühsam austarierten, schiefen Machtverhältnissen, sondern bringen offen und unvoreingenommen auf den Tisch, was unter Erwachsenen besprochen werden muss.

Lasst uns Politik konsequent und konzentriert an der Frage ausrichten, was wir brauchen, damit unsere Kommunen, Länder, Nationen und Gesellschaften zu Orten der Entfaltung und Lebensqualität werden. Wir sollten alle relevanten Gesetze auf ihre Wirkung in Sachen Lebensfreundlichkeit überprüfen und notfalls neu formulieren. Manchmal können, wie bereits häufig in der Geschichte rechtstaatlicher Demokratien, Gerichte dabei helfen. Vieles aber könnten die Parlamente selbst in Gang setzen.

Übergänge stressfrei und menschenfreundlich gestalten

Bei allem, was wir an tiefem Wandel in Gang bringen, müssen wir diesmal darauf achten, *wie* wir das tun. Sicherlich brauchen Unternehmen und Menschen, die in heute umweltschädlichen Branchen arbeiten, Übergangshilfen. Entstörte Politik heißt, auch im Wandel Stress zu reduzieren und Sicherheit zu stiften, das

Netz des Lebens stärker zu machen und niemanden einfach fallen zu lassen.

Wenn Menschen um ihre Existenz fürchten, steigt der Stress. Das ist der ideale Nährboden für Störung. Wir erreichen nichts, wenn wir drohen, abschaffen und wegnehmen, ohne echte Alternativen zu bieten. Menschen, die das betrifft, werden aggressiv oder sie verzweifeln, geben auf. Das ergibt in einem lebensfreundlichen Zeitalter ebenso wenig Sinn, wie weiterhin unsere natürlichen Ressourcen mit pseudorationalen Argumenten auszubeuten. Wir müssen alles an Großzügigkeit, Fairness und gleichzeitiger Klarheit aufbringen, um einen gigantischen Prozess des Aushandelns unter Erwachsenen in Gang zu setzen, die zu einer lebensfreundlichen Vernunft gekommen sind, ein Prozess, in dem wir alle gewinnen. Das geht, wenn wir uns von der alten Logik verabschieden.

Es geht nicht ohne parteiübergreifende Kooperation

Würden wir tiefer ins Detail gehen, ließe sich noch klarer herausarbeiten, welche gigantischen Veränderungen in der Gesetzgebung ein fundamentaler Wandel in der Denkweise nach sich ziehen muss, wenn wir die Welt nicht mehr als Spielplatz nationaler oder regionaler Interessen, sondern als gemeinsamen Entfaltungsraum einer Spezies verstehen, der darüber hinaus die Sorge um anderes Leben obliegt. Bleiben wir weiter bei den Mechanismen der sich weiter aufsplitternden Demokratien heutiger Prägung, dann wird uns das nicht gelingen, weil sich für entscheidende Fragen keine Mehrheiten finden werden. Kooperation wird dann, wie das Beispiel der arg gerupften Sozialdemokratie der Bundesrepublik Deutschland zeigt, zu einem Existenzrisiko, solange Polarisierungen und erkennbare »Gegenprofile« der ausschlaggebende Erfolgsfaktor sind und Menschen sich für eine und damit gegen andere Parteien entscheiden müssen.

Bei zeitgemäßer Politik kann es nicht mehr um kurzsichtige Interessenspolitik gehen, sondern um gemeinsame Belange des Lebens, die uns alle verbinden, in denen wir kooperieren und gemeinsam neue, menschlich bessere Lösungen entwickeln können. Wieder ist Wirtschaft im Moment schneller und aufgeweckter als Politik. Weil sich zum Beispiel die Automobilindustrie komplett neu erfinden muss, kooperieren deutsche Autobaugiganten, wenn es um die Entwicklung autonomer Fahrzeuge geht. Sie werfen ihre Kompetenzen zusammen, statt gegeneinander zu arbeiten.

Ich glaube, wir sind an einem Punkt, an dem sich alle Parteien entstören, ihre jeweiligen Kernkompetenzen herausarbeiten, zusammenbringen und kooperieren sollten. Das wäre eine Revolution in der Demokratie, und sie braucht hellwache Beobachter, denn es geht nicht um die Produktion von Einheitsmeinungen wie in einer pseudodemokratischen »Volksrepublik«, sondern um einen Turnaround unserer Systeme in Richtung Zukunftssicherung für alles Leben auf der Erde.

Demokratie weiterentwickeln

Auch was politische Systeme betrifft, gibt es bereits weltweit Ideen, Projekte und zunehmend auch öffentlich geförderte Kommissionen, die auf der Suche nach neuen Lösungen sind. Alle demokratischen Systeme können heute dazulernen. In Deutschland hat im Herbst 2019 ein Bürgerrat in Leipzig seinen Bericht dem Bundestagspräsidenten Wolfgang Schäuble überreicht.[58] Dort wird empfohlen, die repräsentative Demokratie um mehr Möglichkeiten des Volksentscheides und spezieller, durch Losverfahren bestimmter Bürgerräte zu ergänzen.

Es ist also Bewegung im System. Leider aber noch zu wenig. Ton und Inhalt der Ergebnisse des Leipziger Bürgerrates sind ein Anfang, aber nicht mutig genug. Manche Passagen über die immer wieder beschworene »bewährte repräsentative Demokratie« lesen sich wie ein Kotau vor dem Monarchen im Eingabewesen des 19. Jahrhunderts. Es wird zwar über einen durch Losverfahren besetzten Bürgerrat nachgedacht, aber seine Empfehlungen sollen nicht bindend sein und können sogar jederzeit vom Parlament rückgängig gemacht werden. Ein Bürgerrat, dessen »Empfehlungen« bereits vom Parlament rückgängig gemacht werden können, ist etwa so viel wert wie ein Parlament, dessen Gesetze der Monarch rückgängig machen kann. Wir müssen nötige Veränderungen offen und klar ansprechen, ohne Angst zu haben oder zu machen. Dafür gibt es nämlich keinen Grund.

In Deutschland mag diese enorme Rücksicht mit der Angst vor erneutem Extremismus zu tun haben. Aber der Extremismus wird stärker, wenn die demokratischen Systeme zu schwach sind. Sie werden aber nicht stark, indem man sie zementiert, sondern indem man sie in ihrer Logik und ihren Mechanismen gezielt entstört, flexibler und schneller macht, den inneren wie äußeren Wandel fördert und damit tiefer in einer Bevölkerung verankert, die sich selbst verändert.

Es braucht also sehr viel mehr Mut und noch mehr Energie, um aus Initiativen wie dem Bürgerrat ein echtes Momentum entstehen zu lassen, das die Verkrustungen einer in die Jahre gekommenen repräsentativen Demokratie aufbricht und erwachsenen Menschen des 21. Jahrhunderts eine neue Dimension von Partizipation ermöglicht.

In Island haben die Menschen in den Nullerjahren gute Erfahrungen mit einem durch Losverfahren bestimmten Verfassungsrat gemacht. Ein solcher Rat aus Laien, der von Experten beraten wurde, hat damals eine Verfassung geschaffen, die zu den modernsten und besten unserer Zeit gehört. Wir dürfen ganz nor-

malen Menschen in der Politik, die keinen Partei- oder Lobby-
interessen folgen, sehr viel mehr zutrauen, als wir es bisher tun.
Sie sind vielleicht sogar das wahre Kraftfeld der Demokratie des
21. Jahrhunderts.

Neue Systeme kreieren

Wir können auf heutige Akteure Einfluss nehmen und parallel
damit anfangen, zu den alten Systemen neue zu kreieren, die
jeden Menschen einladen, sich auf eine neue, entstörte Weise
politisch zu engagieren. Wir brauchen auf den verschiedenen
geografischen Ebenen analoge und digitale Diskussionsforen
und Gremien einer entstörten politischen Willensbildung, in der
wir für alle Bereiche konstruktive, lebensfreundliche Ideen entwickeln, wo Menschen Gehör finden und sprechen können, ohne
dass neue Feindbilder und Hierarchien entstehen. Das bereits an-
gedachte »bright net« als digitale Plattform, in der die Projekte
des entstörten Planeten B digital angesiedelt sind, braucht auch
politische Projekte und könnte entscheidende Impulse für Planet
A bringen.

Jüngere Generationen stärken

Unmittelbaren Handlungsbedarf haben wir bereits beim Wahlrecht. Auf einem Planeten, dessen Bevölkerung niemals so jung
war wie heute, beginnt Erwachsensein früher. Manchmal notge-
drungen – neu verstanden aber aus gutem Grund.

Gerade in den alternden Gesellschaften sollten wir, neu gedacht, junge Menschen früher und stärker in politische Prozesse
einbeziehen, das aktive und passive Wahlrecht absenken und

irgendwann auch eine faire Gewichtung jüngerer Stimmen einführen. Es würde junge Menschen frühzeitiger als heute für politische Fragen sensibilisieren, erwachsene Haltungen frühzeitiger aktivieren und ihnen dadurch dabei helfen, ungeahnte Herausforderungen schneller und anders zu begreifen als wir Heutigen. Unsere hoffnungslos veralteten, auf eine längst nicht mehr existierende Demografie der letzten Jahrhundertmitte ausgerichteten Systeme benachteiligen sie bereits heute systematisch. Das müssen wir ändern, wenn Demokratie weiterhin glaubwürdig sein und unsere Nachkommen zu wirksamem politischen Handeln befähigen soll.

Erziehung und Bildung neu ausrichten

Um auf Mathematik und die PISA-Studien zurückzukommen, ist es längst Zeit, dass wir neu definieren, was der Kern einer zeitgemäßen Bildung und Erziehung ist. Die Welt wird nicht untergehen, wenn der Durchschnitt der Matheleistungen einmal vorübergehend fällt, aber sie ist in ernster Gefahr, wenn wir Erwachsenen so weitermachen wie bisher und darüber hinaus unsere Kinder auf eine falsche Art auf eine Zukunft vorbereiten, die in die falsche Richtung läuft.

Jeder, der im 20. Jahrhundert oder zu Beginn des 21. Jahrhunderts geboren wurde, ist selbst in Erziehungs- und Bildungssystemen groß geworden, die auf ihre Art die Grundzüge gestörten Denkens vermittelt haben. Wir haben heute die großartige Chance, genau das unseren Kindern und Enkelkindern und allen nachfolgenden Generationen zu ersparen. Auch hier geht es um die Analyse dessen, was bereits da ist, darum, gestörtem Denken in Kitas, Schulen, Universitäten und Ausbildungsstätten den Nährboden zu entziehen, wo es geht, bereits heute Veränderungen vorzunehmen und parallel neue Konzepte und Einrichtungen ins Leben zu rufen, die uns dabei helfen, die alten Systeme zu transformieren.

Aus einem neuen Verständnis von Leben heraus geht es nicht mehr darum, Kinder und junge Menschen »fit« zu machen für einen globalen Wettbewerb, in dem sie täglich um ihr Überleben kämpfen und deshalb funktionieren oder dominieren müssen. Orte, an denen minderjährige wie erwachsene Menschen lernen, sind, im neuen Paradigma gedacht, keine Trainingsplätze mehr für gestörte Überlebensmechanismen des Holozäns, sondern Lebens-, Lern- und Entfaltungsbiotope für die intelligenteste und kreativste Spezies, die wir derzeit kennen. Maßgeblich für ihren Erfolg ist die innere und äußere Qualität, die wir dort erleben, denn sie garantiert uns am besten, dass wir unser menschliches Lern- und Kreationspotenzial entfalten.

Bei den zahlreichen und so vielfältigen komplexen Impulsen, die das Wachstum und die Entwicklung von Menschen ausmachen, geht es darum, die Momente, Einsichten und Emotionen zu fördern, die bereits Kinder befähigen, zu Menschen heranzuwachsen, die später in der Lage sind, eine konstruktive Haltung zum Leben einzunehmen und diese auch dann zu behalten, wenn es unübersichtlich wird. Kinder bringen diese Fähigkeit mit, doch wir müssen einiges dafür tun, dass sie unter Stress nicht von Störungsmechanismen der alten Welt blockiert und überwuchert wird.

Worum es geht, ist, dass Menschen von klein auf ihre Wahrnehmung öffnen, sich selbst und andere ernst nehmen und zugleich über sich lachen können, ihre Gefühle balancieren, ihre Gedanken austarieren und all die konstruktiven Frames der Entfaltung voll entwickeln und als Lebenshaltung verstehen: Mut, Neugierde und Unerschrockenheit, Kreativität, Fantasie, Imaginationskraft, Aufmerksamkeit für die eigenen Ressourcen und das eigene Timing; differenzierte Wahrnehmung und faires Urteilsvermögen, Originalität und Individualität, eine starke innere

Motivation und den Willen, Leben und seine Qualität auf der Erde zu entfalten. Es geht auch darum, ihnen die nötige Selbstgewissheit zu geben, dass sie sich wirksam gegen gestörte Verhaltensweisen wehren können und wehren dürfen. Entstört sind Menschen nicht schwächer oder duldsamer, sondern sehr viel souveräner und stärker als im Störungsmodus.

Bei entstörter Erziehung geht es also ausdrücklich nicht um neue, überspannte Ideale oder naive Träume aus einem pädagogischen Wolkenkuckucksheim, sondern um ein Anliegen, dessen Relevanz nicht größer sein könnte. Es liegt an den heute lebenden Elterngenerationen, welcher Sinnesart die Menschen sind, die dieses Jahrhundert noch gestalten werden. Je nachdem, welche Haltung Menschen einnehmen, ob sie diesseits oder jenseits der alten Trennlinie denken, wird sich die Qualität des Lebens in diesem Jahrhundert fundamental unterscheiden. Entstörte Erziehung und Bildung sind damit keine Nebenschauplätze, sondern gehören zum Kern und den wichtigsten Anliegen unserer Zeit.

Eine globale Aufgabe

Erziehung und Bildung bilden im 21. Jahrhundert darüber hinaus eine Aufgabe, die nur aus einem globalen, die Menschheit und ihre Kulturen umspannenden Blickwinkel heraus erfolgreich gelingen kann. Sie braucht dazu weltweit einen gemeinsamen roten Faden, vielfältige Partnerschaften und Initiativen, die Kinder und Jugendliche überall auf der Welt aus einem neuen Paradigma heraus denken, lernen und handeln lässt.

Allein die Wanderungsbewegungen von Menschen sind bereits heute so stark und werden zunehmen, dass eine gute Vorschule und Schule Expertise darin aufbauen muss, zu einem entstörten, Entstörung auf allen Ebenen fördernden Wachstums-

und Entfaltungsbiotop von Menschen sehr unterschiedlicher Hintergründe zu werden. Kulturelle Vielfalt ist in Europa und anderswo auf der Welt bereits lange Realität, die sich weiterentfalten wird. Wenn es jedoch eine Vielfalt der Störung ist, ist Vielfalt kein Biotop für die Entfaltung von Leben, sondern für dessen Blockade. Dann wird Leben für jedes Kind ein Kampf um Selbstbehauptung, um ein soziales Überleben in einer divers gestörten, in unterschiedliche bipolare Hierarchien gespaltenen Gruppe. Vielfalt ist aber nur dann eine Bereicherung, wenn es eine entstörte Vielfalt ist, ansonsten ist sie lediglich eine Störung in Vervielfältigung, was homogen gestörte Gesellschaften nicht besser macht, aber Menschen darin möglicherweise bequemer leben lässt.

Wir werden dieser enormen Herausforderung, die das Jahrhundert allen Menschen überall auf der Welt stellt, weder durch Überfürsorglichkeit noch durch Autoritarismus oder eine falsch verstandene Toleranz gegenüber Ansichten und Verhaltensweisen gerecht, die immer die gleichen Probleme bringen, die wir nun seit Menschengedenken kennen. Was wir brauchen, ist ein gemeinsamer, gesellschaftlich getragener roter Faden jener entstörten Ethik, der erwachsene Menschen aller Generationen, seien sie Eltern, Lehrer oder einfach Bürgerinnen und Bürger, bei aller erwünschten Unterschiedlichkeit an einem Strang ziehen lässt.

Disbalancen ausgleichen

Wir dürfen Kinder dabei nicht alleinlassen. In der heutigen Welt lassen sich deutlich zwei Tendenzen ausmachen, in denen die Erwartungen an Kinder Schlagseite bekommen. Die eine ist eine sehr frühe Leistungsorientiertheit, eine starke Disziplin sowie das Bestreben, vernünftig, unterwürfig und angepasst zu sein. Bei der anderen Tendenz werden Kinder wie Erwachsene behandelt, sie sollen früh über tragende Fragen ihres Verhaltens selbst entscheiden, dabei können sie die Folgen ihres Verhaltens für andere oder die Entfaltung ihres eigenen Lebens noch gar nicht abschätzen. In manchen, schwer gestörten Familiensystemen erwartet man bereits von Säuglingen oder Kleinkindern Selbstdisziplin, in anderen wird selbst Jugendlichen im Stadium der Volljährigkeit enorm schädigendes Verhalten zugestanden.

Neues Denken muss deshalb bereits in den Familien beginnen, die sich sofort erfrischend neu und anders erleben, sobald sie sich aus dem Paradigma der Entfaltung und der Lebensqualität verstehen.

Wie wir aus der Entwicklungspsychologie wissen, entwickeln Kinder auch ohne jede Erklärung durch Erwachsene eine eigene sogenannte »private Logik«, die jedoch von den begrenzten kognitiven Möglichkeiten, die Kinder in einer frühen Phase noch haben, geprägt sind. Es sind einfache Wenn-dann-Wahrheiten, wie wir sie auch in der Architektur der Störung finden, nicht weil Kinder von Natur aus gestört wären, sondern weil sie zu diesem Zeitpunkt die massive Komplexität um sie herum, die sie jeden Tag neu entdecken, mit einfachen Gesetzen greifen wollen, um möglichst wirksam zu sein und sich, wenn auch noch sehr rudimentär, erklären zu können, was passiert.

Es entstehen Logiken wie: Wenn ich brav bin, haben mich meine Eltern lieb. Das wiederum ist für ein Kind, das sein Leben als abhängig von anderen erfährt, tatsächlich eine »überlebenswichtige« Logik. Lernen Kinder später auch in anderen Umgebungen, etwa in Schulen oder religiösen Institutionen, dass sie nur dann richtig sind, wenn sie sich in einer bestimmten Weise verstehen und verhalten, dann schließt die gestörte Logik einer gestörten erwachsenen Denkweise geradezu nahtlos an den Bau der eigenen kindlichen Logik an. Das macht es so einfach, Kinder mit autoritären Methoden in einem sehr zweifelhaften Sinn zu erziehen. Das macht es aber auch schwer, Kinder mit einer klaren

Haltung zu erziehen, was das Gegenteil der autoritär gestörten Haltung ist.

Kinder, die zu Beginn ihres Lebens tatsächlich von ihrer Außenwelt abhängen, suchen klare Orientierungspunkte. Gibt es dann keine klaren Signale, immer wieder wechselnde Signale oder gar überfordernde Rückfragen an das Kind, entsteht eine sehr krude Form der nicht linearen Unsicherheit, die als Chaos wahrgenommen wird. Sie verstört schlichtweg die kindliche Suche nach Lebensorientierung und wirft es auf infantil einfache Wahrheiten zurück. Sie lädt Kinder ein, unter diesen Umständen entweder gar nicht erwachsen werden zu wollen oder frühzeitig die gestörten Anpassungs- und Dominanzstrategien gestörter Erwachsener zu erlernen und anzuwenden.

Eine gemeinsame humane Sprache sprechen

Ebenso verstörend ist es, wenn zu Hause vollkommen andere Werte und Leitlinien erzählt und gelebt werden als in den öffentlichen Bildungsorten. Auch in Erziehung und Bildung müssen wir als Erwachsene also bei uns selbst beginnen und können die Veränderungen nicht an Kitas, Schulen und andere Ausbildungsstätten delegieren.

In der Schule zum Beispiel etwas über Klimawandel und Umweltschutz zu hören, zu Hause aber kopflosen Konsum, Verschwendung von natürlichen Ressourcen und damit das Gegenteil dessen wahrzunehmen ist eine Botschaft, die Kindern den Eindruck vermittelt, dass in der Welt der Erwachsenen mit unterschiedlichen Karten gespielt wird. In der Schule etwas über Gleichberechtigung und Ebenwürdigkeit aller Lebewesen zu hören, zu Hause aber mit gestörten Fundamentalhierarchien konfrontiert zu sein ist eine verstörende Doppelbotschaft. Es ist auf nichts Verlass und nicht klar, wem man dann Glauben schenken soll.

Je mehr Informationen aus unserer heute noch schwer gestörten Welt Kinder über unser eigenes Verhalten und das anderer Erwachsener, über unsere Erzählungen und Ängste, über Freunde, Klassenkameraden oder Medien erfahren, desto undurchsichtiger und chaotischer wird ihr Bild. So verlaufen Kindheiten in den noch privilegierten freien, reichen Gesellschaften des frühen 21. Jahrhunderts als ein manchmal immer noch autoritärer oder mehr oder weniger chaotischer, überfordernder Schlingerkurs. In anderen Teilen der Welt, und zwar gerade in jenen, in denen die Mehrheit der zukünftigen Menschheit heranwächst, ist es schon ein Privileg und nicht selbstverständlich, überhaupt Zugang zu Bildung zu bekommen. Das sind, gelinde gesagt, keine optimalen Voraussetzungen für die Generationen, die mit Herausforderungen umzugehen haben, die beispiellos sind und die aus dem alten Denken heraus nicht zu lösen sein werden.

Ein Update für Bildungseinrichtungen

Um dazu wirklich gute Voraussetzungen zu schaffen, ist es wichtig, Bildungseinrichtungen an vielen Stellen zu transformieren und weltweit miteinander zu vernetzen. Wir sollten sie zu lebendigen Kraftorten menschlichen Lernens und persönlicher wie sozialer Entfaltung machen, in denen *alle* Beteiligten eine hohe Lebensqualität erleben. Auch und besonders Lehrer oder Eltern, soweit sie in diesen Prozess einbezogen sind.

Machtkämpfe und Konkurrenzgerangel unter Erwachsenen, die es heute zum Beispiel im deutschsprachigen Raum häufig gibt, sollten wir als das erkennen, was sie sind: Relikte einer vergangenen Denktradition. Sie bringen uns nicht weiter. Erziehung und Bildung der nächsten Generationen sind keine reine Privatsache, die nur die Eltern etwas angehen. Schulen und Lehrer sind keine Dienstleister reiner Privatinteressen. Was in Kitas und Schulen passiert, geht uns alle an. Erziehung und Bildung sind von gesamtgesellschaftlichem und darüber hinaus den gesamten Planeten betreffendem Interesse. Die Aufgabe könnte nicht größer sein: Es geht darum, Erziehung und Bildung von der Zivilisation des Holozäns ins Anthropozän und in die menschliches Leben übergreifende Vivilisation zu führen. Sie dürfen deshalb auch nicht parteipolitischen Interessen unterworfen sein, vor allem dann nicht, wenn diese altes Denken in die nächste Generation transportieren wollen.

Wir brauchen also eine neue Perspektive innerhalb der alten Institutionen auf Planet A und können zugleich an bereits vorhandene richtungsweisende Projekte anschließen. Es sind viele Initiativen, die bekannt gemacht und vernetzt werden sollten. Im Schulbereich sind es so viele, dass hier nur zwei Beispiele genannt werden sollen: Da gibt es das 2012 gegründete Projekt »Law-4school«, das Informationsveranstaltungen und Webinare über den Umgang mit und die Prävention gegen Cybermobbing in Schulen anbietet.[59] Oder das von dem inzwischen verstorbenen Pädagogen Jesper Juul gegründete »Familylab«[60], das Familien dabei unterstützt, ebenwürdige Beziehungs- und Erziehungskonzepte umzusetzen.

Viele Schulen verlassen bereits von sich aus ausgetretene Pfade und unterstützen Jugendliche mit besonderen Projekten dabei, sich für andere zu engagieren und sich zugleich zu selbstwirksamen, erwachsenen Persönlichkeiten zu entwickeln. Wir brauchen darüber hinaus jedoch gezielte pädagogisch fundierte Initiativen und Programme, die Familien und Bildungseinrichtungen über die Dynamik und die Folgen des alten Denkens aufklären und für alle Beteiligten neue Perspektiven eröffnen.

Auf die Sinnesart kommt es an

Ein Update brauchen auch Universitäten und andere Bildungseinrichtungen für Erwachsene. Ebenso wie auf Wissen und wertvolle Kompetenzen sollten wir auf die menschlichen Fähigkeiten und ganz allgemein auf die Sinnesart achten, die wir in den sogenannten höheren Bildungseinrichtungen, zum Beispiel auch Eliteuniversitäten, fördern. Bringen wir Eliten hervor, die Strategien von Wettbewerb und Dominanz perfekt beherrschen, oder Menschen, die ihr Wissen und ihre Kompetenzen konsequent dafür nutzen, das Netz des Lebens zu stärken? Was heißt Elite eigentlich in einer entstörten Welt?

Auch wenn an dieser Stelle nur wenige Schlaglichter auf die Transformation von Planet A und die Neuerfindung des Planeten B genügen müssen, dürfte deutlich sein, worum es geht: alle unsere Institutionen und Systeme zu prüfen, zu entstören und neue, lebensfreundliche, zukunftsfähige daraus zu machen.

Strategie 3: Agenda 2050 – Was Entscheider von heute für ein besseres Morgen tun können

Der entscheidende Anstoß zum Wandel kommt nicht immer von außen. Manchmal wird er auch von Persönlichkeiten und Gruppen aus dem bestehenden System heraus befördert, die erkannt haben, dass es Zeit für eine Veränderung ist. In vielen Situationen der Weltgeschichte gab es Menschen, die sich beherzt für das Neue, Bessere entschieden und es vorangetrieben haben. Auch heute ist es so. Die zahlreichen Modellprojekte auf der Welt, die bereits erfolgreich laufen, beweisen es. Wer heute also Einfluss hat oder sich um einflussreiche Positionen in einem demokratischen System bewirbt, kann unmittelbar Wirkung erzielen. Was

Entscheider von heute tun können, ist, vor allem gute Rahmenbedingungen für den inneren und äußeren Wandel in Richtung Lebensfreundlichkeit zu schaffen.

Entstört euch!

Ich wünsche mir dazu von Entscheidern in Wirtschaft, Gesellschaft und vor allem in der Politik, dass sie sich noch sehr viel stärker und systematischer mit ihrer bisherigen Denkweise auseinandersetzen. Nicht an den Oberflächen, sondern in der Tiefe. Es geht um die Prämissen, die Logik und die Qualität der Strategien, auf denen ihre Vorstellungen beruhen. Keine einzige heutige Partei ist frei von gestörten Mustern, und niemand kann heute Wahrheit und Lösungskompetenz für sich allein beanspruchen. Es mag an der von unseren bisherigen Systemen erzwungenen Konkurrenz liegen, aber wir müssen heute dringend alle Schalter von Konkurrenz auf Kooperation umlegen. Wir kommen nur dann auf Lösungen neuer Qualität, wenn wir die Herausforderungen unserer Zeit nicht mehr als Konkurrenzkämpfe, sondern als Entfaltungsaufgabe verstehen, in der es um die Qualität allen Lebens geht.

Sicherlich werden wir aus verschiedenen Perspektiven darüber diskutieren müssen, welche lebensfreundlichen Veränderungen wir brauchen. Ich wünsche mir von den heutigen Eliten, auch und gerade denen der älteren Generation, dass wir dazu auf Augenhöhe mit dem angemessenen Respekt voreinander diskutieren und der aggressive Ton in der Politik als das erkannt und verbannt wird, was er ist: eine Regression in alte Denkmuster, ein »No-Go« in einer Zeit, die uns alle in unserem vollen Reifegrad braucht. Verstehen wir, wie das alte Denken entstanden ist, ergeben sich darüber hinaus klare, parteiübergreifende, politische wie geografische Grenzen überschreitende Handlungsempfehlungen.

Eine der Hauptaufgaben gelungener Führung liegt heute darin, Sicherheit zu stiften, Stress zu reduzieren und Krisen kommunikativ und inhaltlich menschen- und lebensfreundlich zu lösen. Auch die Medien sind gefragt, ihre bisherigen Glaubenssätze dazu zu hinterfragen. Jeder Profi weiß, wie leicht es ist, Öl ins Feuer zu gießen, Angst zu verstärken und Menschen mit einfachen Erklärungsmustern auf die falsche Spur zu bringen. Wir brauchen eine Renaissance eines exzellenten Journalismus, der Menschen ernst nimmt und dabei hilft, komplexe Zusammenhänge zu verstehen und konstruktive Lösungen zu finden. Wir brauchen Medien, die keine Rücksicht auf Sponsoren, wirtschaftliche Interessen und politischen Proporz nehmen müssen, und sollten uns das auch etwas kosten lassen.

Gestörtem Denken den Nährboden entziehen – weltweit!

Menschen können sich leichter öffnen, wenn sie sich sicher fühlen. Es ist wichtig, dass wir die gefühlte wie reale Sicherheit in allen Bereichen unseres Lebens stärken. Auch in den reichen Ländern müssen wir hier mehr tun. Der fruchtbarste Nährboden des alten Denkens aber ist existenzielle Not. Not und Mangel lösen unter Menschen eine erbitterte Konkurrenz um knappe Güter aus. Aus dieser Situation heraus ist das alte Denken vor rund 12 000 Jahren entstanden. Wir haben heute die erstmalige Chance, diese Voraussetzungen zu ändern. Wir haben das Wissen und die Technologien dazu. Doch wir müssen auf einem neuen Niveau kooperieren, um sie wirksam gegen Not und Mangel zu machen. Wir müssen verstehen, dass es in diesem Jahrhundert für uns alle existenziell wichtig ist, dass Not und Mangel und damit der Nährboden für gestörtes Denken verschwindet, weil es niemals zuvor in so kurzer Zeit solche desaströsen Folgen für menschliches wie nicht menschliches Leben hervorgebracht hat. Es geht nicht mehr um Verteilungsgerechtigkeit, sondern um die vitalen Interessen allen Lebens auf der Erde. Nur wenn wir die Voraussetzungen dafür schaffen, dass Menschen existenziell sicher sind, kann gestörtes Denken weltweit schwächer werden. Es ist ernst: Gelingt das nicht, müssen wir weltweit mit einem enormen Anstieg an Störung rechnen. Nicht nur bei uns, wo Ängste und Unsicherheiten steigen, sondern genau dort, wo die meisten Menschen auf der Welt leben: in Asien und Afrika und in den stark beeinträchtigten Gegenden Südamerikas.

Die westliche Welt ist wirtschaftlich und technisch um ein bis zwei Generationen länger in existenzieller Sicherheit. Wir sind genau jetzt gefragt, einen bislang nicht gekannten konstruktiven Beitrag zu leisten, ohne deshalb einen gestörten westlichen Lebensstil zu exportieren, der uns selbst in seiner jetzigen Form krank macht. Was ich mir von den Eliten unserer Zeit wünsche, ist, dass sie all ihre Kompetenzen und ihren ganzen Einfluss dafür nutzen, gestörtem Denken den Nährboden zu entziehen, indem sie die Rahmenbedingungen dafür setzen und konkrete Maßnahmen initiieren, um Not und Mangel auf der Welt ohne Ansehen der Person, Nation oder Kultur zu beseitigen. Entwicklungspolitik gehört, wie wir heute bereits wissen, zu den zentralen Politikfeldern unserer Zeit. Sie braucht neue Prämissen und konsequente Leitlinien. Sie muss sich im Westen konsequent von postkolonialen Schuldgefühlen ebenso lösen wie von gestörten nationalen, regionalen oder wirtschaftlichen Interessen. Beide verengen und verzerren die Wirklichkeit, die auch in den armen Ländern sehr viel komplexer ist, als wir, gefangen in alten politischen Scheuklappen, wahrhaben wollen.

Ökologie priorisieren

Klimaschutz und ökologisches Handeln auf allen Ebenen sind dabei zentrale Elemente. Nicht aus ideologischen Gründen, sondern erneut als Gebot lebensfreundlicher Rationalität: Natürliche Ressourcen übermäßig auszubeuten und Lebensgrundlagen zu zerstören ist ein wesentlicher Auslöser von Not und Mangel, gerade dort, wo in diesem Jahrhundert noch die meisten Menschen geboren werden, und es verstößt gegen eine grundlegende vivilisatorische Fairness, die wir auch anderen Lebewesen schuldig sind. Wir müssen die ökologischen und sozialen Probleme unserer Zeit als globale Aufgabe verstehen, die Priorität haben. Ich fordere unsere Eliten in Wirtschaft und Politik auf, dass sie alles dafür tun, Menschen in diesem Sinne aufzuklären, über die heute längst bekannten Zusammenhänge ohne taktische Rücksichten zu informieren und für Maßnahmen zu werben, die wirklich Wirkung zeigen, auch wenn sie uns vieles abverlangen. Als aufgeklärte, erwachsene Bürgerinnen und Bürger einer komplexen und interdependenten Welt können wir uns zutrauen, damit umzugehen. Es muss uns gelingen, das Netz des Lebens bis zur Jahrhundertmitte um ein Vielfaches stärker zu machen.

Global kooperieren

Aufgaben wie diese kann keine Nation und keine Region alleine schultern. Umwelt, Klima, Migration oder demografischer Wandel hängen ebenso wie Wirtschaft und Politik zusammen. Sie haben ihre Wurzel im technischen Fortschritt und der Veränderung der Welt seit der Great Acceleration. Wir brauchen einen gemeinsamen, universellen Ansatz für alle. Welche Lösungen wir auch finden werden: Sie müssen entstört sein. Und wir werden sie nur finden, wenn wir dazu in einen globalen entstörten *Multilog* auf Augenhöhe gehen, in der alle konstruktiven Stimmen und Sichtweisen willkommen sind, egal wer sie äußert. Ich wünsche mir und ich fordere von Politikern und einflussreichen Persönlichkeiten unserer Zeit, dass sie die bereits bestehenden Institutionen und Gremien dazu nutzen, einen Durchbruch in Sachen Solidarität und Kooperation zu erreichen, und zugleich mächtige Menschen und Organisationen weltweit für die Ursachen und Folgen gestörter Denkweisen sensibilisieren.

Wie aufregend und bedeutungsvoll es ist, gerade heute Verantwortung zu übernehmen, denke ich mir, als ich mein Notizbuch schließe und mich auf den Weg mache.

Epilog:
Die innere Revolution,
die alles verändert

Es ist keine laute, sondern eine stille Revolution, die unsere Welt verändern wird und die mit unserer Sicht auf das Leben beginnt. Mit unserer Sicht auf uns selbst, auf das, was wirklich wichtig ist. Wie wir anderen begegnen. Bei den Entscheidungen, die wir täglich treffen. Genau da beginnt es. Welche Haltung wir dem Leben gegenüber einnehmen. Den wunderschönen Seiten ebenso wie den Herausforderungen. Ducken wir uns weg, oder begegnen wir dem Leben neugierig und unerschrocken? Denken wir weiter in Feindbildern? Oder fangen wir an, die Wirklichkeit in ihrer ganzen Komplexität und ihrer Vielfalt und Fülle zu begreifen? Akzeptieren wir weiter aggressive und infantile Verhaltensweisen, oder fordern wir endlich konsequent auch den Respekt, den wir anderen und nun auch uns selbst geben? Verlieren wir uns weiter in kindischen Erwartungen, oder fangen wir an, unser Leben in die Hand zu nehmen, ohne dabei den Kontakt zu anderen zu verlieren oder zu vergessen, dass wir von Natur aus soziale Wesen sind, die einander brauchen?

Es gibt einen roten Faden, einen neuen inneren Kompass, nach dem wir unser Leben ausrichten können: Was hilft uns selbst und dem Leben, um sich zu entfalten und eine bislang nie da gewesene innere wie äußere Lebensqualität zu erleben?

Eine Frage der Ehre

Gekippt ist die Sklaverei erst, als es, wie Appiah in seinem Buch über moralische Revolutionen formuliert, *eine Frage der Ehre* war, sie als inhuman und nicht mehr zeitgemäß zu betrachten. Genau darauf müssen wir hinarbeiten: dass es eine Frage der Ehre ist, das alte Denken abzulegen und ein neues, fundamental lebensfreundliches zu pflegen.

Wie lange wird es dauern?

Innerhalb eines Jahrhunderts haben Menschen die Welt verändert. Wir haben Flugzeuge erfunden, sind zum Mond geflogen, und wir manipulieren das Erbgut. Bis vor Kurzem war das noch unvorstellbar. Und dennoch fällt es heute manchen schwer, sich vorzustellen, dass sich das menschliche Denken ändern könnte.

»Der Mensch ändert sich nie« heißt es, und es werden vielfältige Argumente bemüht, die beweisen sollen, dass wir nun mal Raubtiere sind und nicht anders können, als zu erobern und zu zerstören. Doch wir sind keine Raubtiere. Wir sind Menschen. Wir steuern uns über unser Denken. Wir können uns verändern. Was uns selbst gelingt, kann auch anderen gelingen. Was uns dabei in die Hände spielt: Menschliches Denken muss und wird sich in seinen Grundlagen ändern, wenn sich Außenbedingungen des Lebens auf der Erde drastisch ändern. So war es vor 12 000 Jahren, nach der letzten Klimaerwärmung und zu Beginn des Holozäns, und es wird heute, zu Beginn des Anthropozäns mit seiner menschengemachten Klimaerhitzung, wieder der Fall sein.

Wir können uns also ändern. Und wir werden es tun. Womöglich nicht alle, aber es wird genügend geben, die den inneren Wandel vollziehen und damit die entscheidenden äußeren Hebel in Bewegung setzen. Wird das lange dauern? Wenn wir damit anfangen, kann es sehr schnell gehen. Rechnen wir die Beschleunigung der Veränderungen innerhalb der letzten Jahrzehnte hoch, dann können wir plausibel einen Faktor fünf ansetzen. Wir könnten dann in den nächsten dreißig Jahren einen Schub vollziehen, wie wir ihn innerhalb der letzten 150 Jahre erlebt haben. Das Jahr 2050 würde sich dann von 2020 qualitativ so weit unterscheiden, wie das Jahr 1870 vom Jahr 2020 entfernt ist. Technisch liegen Welten zwischen den Jahren 1870 und 2020. Menschlich können wir in dreißig Jahren das Gleiche erreichen.

Fangen wir also an. Gewinnt jeder von uns nur einen einzigen anderen, haben wir die Chancen auf Veränderung schon verdoppelt. Der Wandel nimmt Tempo auf, wenn immer mehr von uns erkennen, dass es eine Frage der Ehre ist, dass wir andere in ihrer Vielfalt und Einzigartigkeit anerkennen, ebenso wie uns selbst. Wenn immer weniger Menschen bereit sind, sich den vielen irrwitzigen Dos and Don'ts zweifelhafter Erwartungen anzupassen, die wir an uns selbst und andere richten und denen wir täglich aufs Neue ausgesetzt sind. Wenn wir anfangen, uns gegenseitig ernst zu nehmen, und keine kleingeistigen Vorschriften mehr machen, sondern die großen Themen endlich unerschrocken und auf Augenhöhe anpacken. Wenn wir ohne großes Aufheben aufhören mit dem, was uns selbst und anderes Leben kaputtmacht. Wenn wir unsere Kompetenzen zusammenbringen und dafür nutzen, aufregend neue, kreative Lösungen zu erarbeiten. Gemeinsam.

Heimfinden in unsere Epoche

Es verlangt zu Beginn Mut und Unerschrockenheit, doch ist der Schritt auf die andere Seite des Vorhangs auch nur ein einziges Mal gelungen, lässt sich das Wissen um dieses neue, starke, zugleich tief verankerte und weit ausgreifende Lebensgefühl nicht mehr vergessen. Wir suchen es wieder, selbst wenn wir es einmal verloren haben. Haben wir es nur ein einziges Mal erlebt, gefühlt und begriffen, dann ist sie plötzlich da, deutlich und unverrückbar, die neue Trennlinie im menschlichen Denken, die unsere mentale Welt unterscheidet wie die Wasserscheiden in den Tiefen unserer Kontinente, und wir wissen instinktiv, auf welcher Seite der Linie das Leben wartet, das wir wirklich haben wollen, und ein Denken stattfindet, das uns wieder aufnimmt in die Zeit. Ein Denken, das die Erde uns Menschen heute dringender abverlangt und zugleich großzügiger anbietet als jemals zuvor.

Bis dahin werden wir noch vieles erleben. Jeder kann seine Erfahrungen mit Störung und Entstörung machen. Es ist wie mit dem Übergang von den Rauchzeichen zu unseren heutigen Informationstechnologien. Wie mit dem Übergang vom Pferd zum Automobil oder dem Glauben an Geister und Dämonen zur Wissenschaft. Vieles wird längere Zeit nebeneinander Bestand haben. Irgendwann aber denken genügend Menschen neu und bilden den Tipping-Point, an dem sich unsere Systeme drehen.

Sie drehen sich, wenn eine kritische Masse von Menschen neu denkt. Zehn Prozent Neudenker sind ein guter Anfang. Wenn einer von fünf bereits anders denkt, kommen auch die schwerfälligsten Systeme in Bewegung. Je früher und je mehr Menschen dabei sind, die schon heute in Schlüsselpositionen sind, desto schneller wird es gehen.

Wie es sein wird, wenn es anders ist

Irgendwann werden wir gemeinsam auf die andere Seite des Vorhangs getreten sein und nur noch in Verwunderung und merkwürdiger Faszination zurückblicken auf die gestörte Zeit und die gestörte Welt des Holozäns, die unsere Vorfahren vor langer Zeit hervorgebracht und die wir Heutigen noch erlebt haben. Es wird uns ganz und gar lächerlich vorkommen, was wir einmal gedacht und was wir mit ungeheurer, ja tödlicher Vehemenz für richtig und wahr gehalten haben. Es ist dann, als ob man auf der gleichen Bühne durch einen Vorhang getreten wäre und die Welt mit anderen Augen sähe. Wir sehen dann, wie wir uns selbst gestört haben und wie andere sich selbst und andere immer noch stören. Wir regen uns nicht mehr darüber auf. Es wird enden. So oder so. Es ist altes Denken, veraltetes Denken, nun ist ein neues dran.

Unsere Nachkommen werden bereits mit jenem Befremden auf gestörtes Denken und Handeln zurückblicken wie wir heute, wenn wir an eigenartige Rituale der Ehre wie das Duell, die Sklaverei oder das Abbinden der Frauenfüße denken. Es wird eine Frage der Ehre sein, offen und konstruktiv miteinander umzugehen, eine Selbstverständlichkeit für jeden Menschen, der sich und anderes Leben achtet. Niemand wird den Stürmen dieser Zeit allein ausgesetzt sein, denn wir sind viele, sehr viele, und wir brauchen einander, und das Leben braucht uns.

Die Renaissance des Menschen

Es ist eine gute Nachricht, vielleicht die beste des Jahrhunderts, dass es gerade heute, wo der Mensch von Menschen so oft beschimpft, belächelt und totgesagt wird, doch auf uns, den Menschen, ankommt. Auch wenn wir selbst und die lange Reihe unserer Vorfahren über alle Kulturen hinweg vieles falsch gemacht haben, können wir heute verstehen: Wir sind weder Bestien noch Maschinen, weder ein Auslaufmodell noch eine Katastrophe, weder allmächtig noch ohnmächtig, sondern filigrane, hochintelligente und über die Maßen kreative Natur, die zu Bewusstsein gekommen ist und genau heute lernen möchte, weil sie lernen muss und das Lernen und Kreieren ihr ureigenes Element ist.

Jeder von uns ist auf seine Weise frei und kann jederzeit ein entstörter Mensch sein. Jeder von uns und wir alle können jederzeit damit beginnen, ein wichtiger, einzigartiger und unersetzlicher Teil der Entfaltung und Qualität allen Lebens zu sein in diesem aufregenden 21. Jahrhundert. Zusammen sind wir den Aufgaben gewachsen. Wir können auf die andere Seite des Vorhangs treten und auf der gleichen Welt die Luft einer neuen Zeit atmen, als seien wir die ersten Menschen am Beginn des Anthropozäns, des Zeitalters des entstörten Menschen, der Entfaltung von Leben und seiner Qualität im sich ausdehnenden Raum der Vivilisation.

Anmerkungen

1 Al Gore: Die Zukunft. Sechs Kräfte, die unsere Welt verändern, München 2014, S. 458 ff.

2 Z. B.: Mindfuck. Warum wir uns selbst sabotieren und was wir dagegen tun können, München 2011. Die Reihe der Mindfuck-Bücher über mentale Blockaden und ihre Überwindung ist 2019 außer in Deutschland, Österreich und der Schweiz in den jeweiligen Landessprachen in folgenden Ländern erschienen: Türkei, Italien, Tschechien, Ungarn, Ukraine, Lettland, Litauen, Serbien, Japan, Korea und China.

3 WHO-Regionalbüro für Europa, auf www.euro.who.int/de, Stichwort »Depressionen in Europa«. Die Europäische Kommission (Generaldirektion Gesundheit und Verbraucherschutz) sieht in der »Bekämpfung von Depression eine der größten Herausforderungen im Bereich der öffentlichen Gesundheit im 21. Jahrhundert«. Zit. nach Europäische Kommission, Generaldirektion Gesundheit und Verbraucherschutz, Maßnahmen gegen Depressionen, Luxemburg.

4 Herz-Kreislauf-Erkrankungen und Depressionen sowie affektive Störungen sollen nach den Prognosen der WHO ab 2020 die häufigsten Krankheiten der Welt sein, die zu einem verfrühten Tod führen. Sie stehen in engem Zusammenhang mit Stress und subjektiv empfundener Überforderung. Wer an einer Depression erkrankt, hat ein deutlich erhöhtes Risiko, an einer Herz-Kreislauf-Erkrankung zu erkranken und umgekehrt.

5 Laut Informationen aus dem Fachbereich Ethnologie der Universität München werden im südindischen Bundesstaat Kerala, der für seine regelmäßig hohen Rankings in Entwicklungsindizes bekannt ist, in den letzten Jahren mehr Depressionen diagnostiziert. Experten erklären diese Entwicklung mit dem Zerfall von Großfamilien durch Migration in die Golfstaaten, mit Mehrfachbelas-

tungen von Eltern, vernachlässigten Kindern, allein gelassenen Alten sowie einer hohen Arbeitslosigkeit bei hohem Bildungsstand. Quelle: www.ethnologie.uni-muenchen.de/personen/mitar beiterinnen/lang/lokale_realitaet_depression/index.html (abgerufen am 3. November 2019). Zu China gibt es unterschiedliche Zahlen. Laut WHO leiden 100 Millionen Menschen an psychischen Erkrankungen, 54 Millionen davon an Depressionen (www.wpro. who.int/china/).

6 Die Definitionen finden sich seit 1990 im neu konzipierten Human Development Report Index der Vereinten Nationen.

7 Martha C. Nussbaum: Creating Capabilities. The Human Development Approach, Cambridge, Massachusetts, and London 2011 oder Robert und Edward Skidelsky: Wie viel ist genug? Vom Wachstumswahn zu einer Ökonomie des guten Lebens, München 2014.

8 Christian Schubert: Was uns krank macht. Was uns heilt. Ein Aufbruch in eine neue Medizin, Munderfing 2017, S. 126 f. Den Zusammenhang zwischen Stress, einem modernen Lebensstil (Überernährung, Bewegungsmangel etc.) und Depressionen zeigt der Neuropsychiater und Neurowissenschaftler Edward Bullmore in seinem Buch: Die entzündete Seele. Ein radikal neuer Ansatz zur Heilung von Depressionen, München 2018.

9 Ebd.

10 Erwerbstätigenbefragung der Bundesanstalt für Arbeitsschutz und Arbeitsmedizin (BAuA) 2018, Zeitdruck und Co – Wird Arbeiten immer intensiver und belastender?, Dortmund 2018.

11 Barmer Arztreport 2018, Schriftenreihe zur Gesundheitsanalyse, Grobe et al., Wuppertal 2018.

12 Gerd Laux, Otto Dietmaier: Psychopharmaka im Alter, Springer, Berlin 2013.

13 Yong Du et al.: Psychotropic drug use and alcohol consumption among older adults in Germany: results of the German Health Interview and Examination Survey for Adults 2008–2011, *BMJ Open* 2016;6(10):e012182. doi: 10.1136/bmjopen-2016-012182

14 Neben dem Human Development Index der Vereinten Nationen bestätigen das verschiedene repräsentative Studien, z.B. das Best Countries Ranking 2019 des Nachrichtenmagazins *U.S. News,* für das weltweit 20300 Menschen zu 80 ausgewählten Nationen befragt wurden. https://de.statista.com/statistik/daten/studie/731635/umfrage/top-20-laender-nach-dem-best-countries-ranking/

15 Facundo Alvaredo, Lucas Chancel et al.: Bericht zur weltweiten Ungleichheit 2018. Siehe hierzu auch: www.sueddeutsche.de/wirt schaft/einkommensverteilung-deutschland-ist-so-ungleich-wie-vor-100-jahren-1.3791457

16 Die Zahlen stammen aus einer vom Allensbach-Institut im Auftrag der *Frankfurter Allgemeinen Zeitung* im Juli 2019 durchgeführten Umfrage; https://www.zeit.de/gesellschaft/zeitgeschehen/2019-07/institut-fuer-demoskopie-identitaetsgefuehl-ostdeutsch land-umfrage (zuletzt aufgerufen am 3. November 2019).

17 Dazu eindrücklich: Jürgen Renn, Bernd Scherer: Das Anthropozän. Zum Stand der Dinge, Berlin 2015, Einführung, S. 10 und 11.

18 Renn, Scherer: a. a. O., S. 9.

19 Dazu sagte der Klimaforscher Gernot Wagner in einem Interview:»Das Klimawandelproblem ist globaler, es ist langfristiger, es ist ungewisser und letztlich irreversibler als alle anderen gesellschaftlichen Probleme, die ich kenne.« https://science.orf.at/stories/2918723/

20 Clive Hamilton: Getting the Anthropocene so wrong, in: *The Anthropocene Review*, Vol. 3 (2), S. 93–106, 2015 und ders.: The Anthropocene as rupture, in: *The Anthropocene Review,* Vol. 3 (2), S. 93–106, 2016.

21 Gernot Wagner, Martin L. Weitzman: Klimaschock, Die extre men wirtschaftlichen Konsequenzen des Klimawandels, Wien 2016. Siehe dazu auch den Ausschnitt aus Eva Menasses Dankesrede anlässlich der Verleihung des Ludwig-Börne-Preises 2019, der in Deutschland großes Aufsehen erregt hat:»Gernot Wagner, ein Österreicher, der in Harvard forscht, nannte den

Klimawandel das ›perfekte Problem‹. Selbst wenn wir Menschen es schaffen würden, unsere Emissionen von einem Tag auf den anderen abzudrehen wie einen Lichtschalter, dann würden die Temperaturen erst recht und mit katastrophalen Folgen hochschnellen. Warum? Weil wir nicht nur das klimaschädliche CO_2 in die Atmosphäre blasen, sondern auch das luftverschmutzende CO_2, das in den erdnahen Schichten hängen bleibt und damit die Sonneneinstrahlung abmildert. Es wirkt für die malträtierte Erde wie ein Sonnenschirm. Die Luftverschmutzung mindert also die schlimmsten Folgen unserer Emissionen, auch wenn sie im Jahr 3 bis 6 Millionen Menschen tötet.«, www.kiwi-verlag.de/blog/2019/05/29/fuer-pessimismus-ist-es-zu-spaet-dankesrede-von-eva-menasse-anlaesslich-der-verleihung-des-ludwig-boerne-preises/

22 Jeremy J. Schmidt, Peter G. Brown, Christopher J. Orr: Ethics in the Anthropocene: A research agenda, in: *The Anthropocene Review*, Vol. 3 (3), S. 188–200, 2016.

23 Auf dieses Phänomen haben in den 1990er-Jahren bereits Soziologen wie Ulrich Beck und Elisabeth Beck-Gernsheim hingewiesen. In Untersuchungen der Einstellungen junger Frauen des Jahrgangs 1970 haben sie 1992 festgestellt, dass spätestens mit Beginn der 1990er-Jahre homogen traditionelle Lebensvorstellungen verloren gegangen sind. Sie haben die Ambivalenz dessen erkannt und benannt und das moderne Phänomen des Lebens als »Patchwork« identifiziert, in der man alle Freiheiten, aber so gut wie keinen festen Halt mehr hat, jedoch darüber hinaus keine Anregungen gegeben, wie man mit diesem Phänomen produktiv umgehen könnte. Vgl. Ulrich Beck und Elisabeth Beck-Gernsheim (Hg.): Riskante Freiheiten: Individualisierung in modernen Gesellschaften, Frankfurt a. M. 1994.

23 Eva Horn: Zukunft als Katastrophe, Frankfurt a. M. 2014.

24 Zitiert nach Volker Weidermann: Max Frisch. Sein Leben, seine Bücher, München 2012, S. 368.

25 »Für Pessimismus ist es zu spät«, Interview mit Gernot Wagner

vom 14. 06. 2018; das Interview führte Robert Czepel für sience.orf.
at.

26 Peter Kruse: Next practice. Erfolgreiches Management von Instabilität. Veränderung durch Vernetzung, Offenbach 2004, S. 57.

27 Petra Bock: Mindfuck. Warum wir uns selbst sabotieren und was wir dagegen tun können, München 2011.

28 Dazu grundlegend: Daniel Kahneman: Schnelles Denken, langsames Denken, München 2012.

29 Der Literaturwissenschaftler Victor Klemperer, von den Nazis ausgegrenzter Professor, schrieb in der sogenannten Inneren Emigration im Dritten Reich geheime Tagebücher. Sie erschienen 1995 unter dem Titel »Ich will Zeugnis ablegen bis zum letzten«.

30 Eindrucksvolle Zeugnisse dieser literarischen Methode der Kritik an einer gestörten Welt, die er freilich nicht in diesen Begriff fasste, sind vor allem seine Werke »Auslöschung. Ein Zerfall« aus dem Jahr 1986 und »Alte Meister. Komödie« aus dem Jahr 1985.

31 Siehe dazu grundlegend: Hermann Parzinger: Die Kinder des Prometheus. Eine Geschichte der Menschheit vor der Erfindung der Schrift, München 2014.

32 Diese Zahl nennen neueste Forschungen. Vgl. Ewen Callaway: Oldest Homo sapiens fossil claim rewrites our species' history, in: *Nature*, Juni 2017.

33 Vgl. die Ausführungen Parzingers zu den Grabfunden in Çatal Höyük, einer großen frühzeitlichen Siedlung aus den Jahren 7400 bis 6200 vor unserer Zeitrechnung. In Parzinger, a. a. O., S. 145.

34 Parzinger, a. a. O., S. 116.

35 Karl Marx und seine geistigen Nachfolger waren der Meinung, es war die Einführung des Privateigentums in genau dieser Epoche, die den Anfang allen menschlichen Unglücks markierte. Aber die Erfindung des Privateigentums war die Folge der Sesshaftwerdung, und diese wiederum folgte einem tief greifenden Paradigmenwechsel im menschlichen Denken, der der ältesten Frage der

Menschheit entsprang: der Frage nach einem besseren und sichereren Überleben. Den Spieß mental umzudrehen und die Natur mit menschlicher Intelligenz so zu bearbeiten, dass sie Menschen ernährte, statt ihr in Gruppen zu folgen und sich ihr optimal anzupassen, war eine gigantische mentale Leistung und ist zugleich der Ursprung der heutigen Ambivalenz menschlichen Daseins. Es hat nicht nur zur Entstehung von Privateigentum geführt, sondern auch zur Idee von Dominanz und Unterwerfung sowie der Ausbeutung von Mensch und Natur. Genau deshalb verändern sich Gesellschaften auch dann nicht zum Besseren, wenn Privateigentum abgeschafft wird. Im Gegenteil, denn es beraubt Menschen innerhalb strenger Hierarchien eines Mindestmaßes an Kontrolle über die eigenen Lebensgrundlagen. Die Abschaffung des Privateigentums würde Menschen unter den Bedingungen gestörten Denkens noch mehr und schutzloser dem Recht des Stärkeren preisgeben, als es bereits heute der Fall ist. Alle Experimente in diese Richtung, die wir aus dem 20. Jahrhundert kennen, haben genau das bewiesen. Nirgends ist die Abhängigkeit von Menschen größer als dort, wo sie nichts Eigenes besitzen dürfen oder können.

36 Bereits in den 1970er-Jahren wies die feministische Philosophin Hélène Cixous in ihrem Essay »Sorties« auf bipolare Denkstrukturen hin und hielt sie für eine Machtstrategie des Patriarchats. Ich bin anderer Auffassung. Bipolares Denken ist keine bewusste Erfindung männlicher Menschen, um weibliche Menschen zu unterdrücken, sondern eine menschliche Denkbewegung, die in einer bestimmten Phase der Menschheitsentwicklung evolutionspsychologische Relevanz hatte. Menschen aller Geschlechter haben sie vollzogen und nicht nur auf sich, sondern auch auf anderes bezogen, bis hin zur Gegensatzbildung und Hierarchisierung von Gedanken, Gefühlen und Ideen. Die Zuordnung bestimmter Werte auf ein Geschlecht ist nur eine von vielen Formen der Zuordnung von Rangordnungen und der Bildung von Hierarchien. Und sie bedarf Menschen, die in der Lage und bereit sind, eine angebliche

Nachordnung und Unterlegenheit kognitiv und psychoemotional nachzuvollziehen. Das heißt nicht etwa, dass Frauen gerne gehorchen würden, sondern dass Menschen Beziehungssysteme kreieren, in denen sie bereit sind zu glauben, dass bipolare Gegensätze und Rangfolgen real und legitim sind, und diese Überzeugungen auch an ihre Nachkommen weitergeben. Die Mehrheit der Menschen lernt, sich mit den ihnen gesellschaftlich zugewiesenen Positionen zu identifizieren. Das kann ein schmerzhafter, aber auch ein unbewusster oder sogar aktiv unterstützter Prozess sein. Die Fundamentalhierarchien sind ein so tief verankertes Erbe des alten Denkens, dass sie aus meiner Sicht innerhalb des alten Denkrahmens nicht vollständig zu überwinden sind. Und dass sie sich möglicherweise von selbst in Luft auflösen, wenn menschliches Denken einem anderen Paradigma und dadurch einer anderen Logik folgt.

37 Ebenso wie der Feminismus keine weibliche, sondern eine menschliche Erfindung ist, die wir nur im Kontext verschiedener, im 20. Jahrhundert auftauchender Emanzipationsbewegungen verstehen können. Sowohl das Patriarchat als auch der Feminismus brauchen ein gemeinsames Grundverständnis über Gegensätze und Hierarchien, die Menschen sehr wahrscheinlich erst im Holozän entwickelt haben.

38 Vgl. Julia Tao: Die Natur des Menschen und das Fundament der Moral. Eine chinesisch-konfuzianische Perspektive, in: Hans Joas (Hg.): Vielfalt der Moderne. Ansichten der Moderne, Frankfurt a. M. 2012, S. 91 ff.

39 Matthew Reed: Africa connectivity metrics and forecasts, https://ovum.informa.com/resources/product-content/afrika-report, November 2017.

40 Damit erhalten wir ein Denken, das in Programmierung und Design längst angekommen ist, sich im alten Denkrahmen aber nicht wirksam verankern lässt: ein Netzwerkdenken, das sich, wie Ulrich Weinberg vom Hasso-Plattner-Institut sagt, elementar vom alten »Brockhaus-Denken« unterscheidet. Es entsteht aus meiner

Sicht bei Menschen aber nur dann organisch und nachhaltig, wenn sich die Leittheorie über das Leben ändert. Ansonsten wird es lediglich, wie so viele gute Ideen, in den alten Denkrahmen hineingepresst, der es uns – wie den Gedanken von Diversity – entweder nicht verstehen lässt oder zu schnell zu einer Ideologie pervertiert, der man folgen möchte, weil man sonst den Anschluss verlieren könnte. Ulrich Weinberg: Network Thinking. Was kommt nach dem Brockhaus-Denken?, Hamburg 2015.

41 Zu einem ähnlichen Schluss kam der Naturforscher Alexander von Humboldt durch die gezielte Beobachtung von Naturphänomenen. Er beschrieb Natur als lebendes Netz, in dem alles miteinander zusammenhängt. Vgl. Alexander von Humboldt: Kosmos-Entwurf einer physischen Weltbeschreibung. Das Werk erschien in den Jahren 1845 bis 1862 in mehreren Bänden. Vgl. dazu jüngst: Andrea Wulf: Alexander von Humboldt und die Erfindung der Natur, München 2016.

42 Meine Überlegungen zur Natur unterscheiden sich in einem wesentlichen Punkt erheblich von den wertvollen und inspirierenden Impulsen, die der norwegische Philosoph und Ökologie-Denker Arne Naess (1912–2009) gegeben hat. Naess forderte den Menschen auf, zu »denken wie ein Berg«, und er meinte damit in Anlehnung an den amerikanischen Ökologen Aldo Leopold, sich als Teil der Natur wahrzunehmen, ein ökologisches Selbstverständnis zu entwickeln und uns unseres Verhältnisses zur Gemeinschaft aller Lebewesen bewusst zu sein. In seinem Konzept der Tiefenökologie forderte er, sich umfassend mit einer Welt zu identifizieren, in der auch andere Lebewesen ebenso wie Berge und andere natürliche Entitäten vorkommen. Vieles an diesen Überlegungen ist erfrischend und passend für die Herausforderungen des frühen Anthropozäns, in dem die ökologische Krise erst an ihrem Beginn steht. Doch entstört müssen wir tatsächlich mit aller Kraft und Konsequenz weiterdenken und die besondere mentale Kondition des Menschen nicht zurückbinden, sondern weiterentwickeln, denn sie ist selbst Natur. Unsere menschlichen Eigenheiten und

unsere bahnbrechende Imaginationskraft in eine Rückwärtsbewe-
gung in Richtung Identifikation und Symbiose mit der Natur zu
drängen, wie Naess es vorschlägt, wäre kein Fortschritt. Weder
für die Natur noch für den Menschen, der selbst Natur ist. Naess
schlug vor, die Entfaltung und die Selbstrealisierung des Individuums im Rahmen eines großen Ganzen zur Leitidee einer ökologischen Philosophie zu machen, erkannte aber die gegenläufige Bewegung innerhalb der Architektur des Denkens nicht, das Selbstverwirklichung und Entfaltung innerhalb seines eigenen, nicht
aufgeklärten Verständnisses ebenso wenig denken kann wie Freiheit oder Gleichheit. Naess hoffte darüber hinaus, der Mensch
würde verstehen, dass er selbst ein Teil der Natur ist, und deshalb
auch damit aufhören, sie zu zerstören. Doch Menschen wissen
durchaus, dass sie ein Teil der Natur sind und dass sie ihre eigenen
Lebensgrundlagen zerstören, und hören dennoch nicht damit auf.
Denn wir suchen aus dem alten Rahmen heraus geradezu zwanghaft nach dem anderen, dem Gegenläufigen, das wir bezwingen,
ausbeuten und kontrollieren können. Es ist das Selbstverständnis
des gestörten Menschen, und es unterwandert jede andere Einsicht.

43 Vgl. Hannah Arendt: Vita activa oder Vom tätigen Leben, Frankfurt a. M. 1992 (7. Auflage), S. 72 in Verweis auf Platons »Gor-
gias«.

44 Um klassische Blockaden aus dem gestörten Denken zu erkennen
und aufzulösen, finden sich zahlreiche Tipps und Praxisbeispiele
in meiner Buchreihe unter dem Titel »Mindfuck«.

45 Kwame Anthony Appiah: Eine Frage der Ehre oder Wie es zu
moralischen Revolutionen kommt, München 2011.

46 Vgl. dazu auch das Projekt des Autoren- und Moderatoren
teams »Viertausendheitz«. Der Blogger, Podcaster und Buch-
autor Michael Seemann ist Host eines Podcasts mit dem Titel
»Planet B. Ideen für den Neuanfang«, der sich mit neuen Ideen
für ein gesellschaftliches Zusammenleben beschäftigt. www.vier
tausendhertz.de

47 Neu betrachtet ist Design Thinking keine Methode, die technisches Denken auf menschliche Kreationsprozesse überträgt und auf Teufel komm raus Wettbewerbsvorteile bringen soll, sondern eine schlicht und einfach aus technischen Entwicklungsprozessen stammende gut funktionierende Methode, mit der wir den menschlichen Fortschritt voranbringen können. Am besten funktioniert sie, wenn sich die am Prozess beteiligten Menschen selbst bereits im Entfaltungsmodus befinden, was selbst wiederum keine Frage spezieller Rituale oder der Vorgehensweise, sondern der Denkweise ist. Um Design Thinking in seinem vollen Potenzial für eine positive Veränderung der Welt zu erschließen, ist es aus meiner Sicht unerlässlich, den menschlichen und kommunikativen Wandel im Sinne der Entstörung zu integrieren.

48 Mélanie Laurent und Cyril Dion: »Tomorrow. Die Welt ist voller Lösungen«, Frankreich 2015. Filmstart in deutschen Kinos war im Sommer 2016.

49 Die folgenden Beispiele zu KISS und den Initiativen der Stadt Frome in Großbritannien stammen aus der Sendung »Epidemie Einsamkeit«, die am 14. Februar 2019 auf 3sat unter der Rubrik »Wissen« ausgestrahlt wurde. Sie ist noch bis zum 15.2.2024 abrufbar und stellt viele weitere fantastische Projekte und Initiativen vor. Vgl. www.3sat.de/wissen/wissenschaftsdoku/epidemie-einsamkeit-102.html, zuletzt abgerufen am 6. Januar 2020.

50 Ein Motto des in Berlin gegründeten Integrationsprojektes »Über den Tellerrand kochen e.V.« lautet: »When you have more than you need, build a longer table. Not a higher fence.« (Wenn du mehr hast, als du brauchst, baue einen längeren Tisch, nicht einen höheren Zaun.) Quelle: https://ueberdentellerrand.org, abgerufen am 29.12.2019.

51 Das bedeutet, sehr genau darauf zu achten, dass das *bright net* keine reine Umweltplattform ist und auch nicht einfache Ursache-Wirkungs-Theorien des Holozäns à la »eigentlich ist ›der Kapitalismus‹ schuld oder ›der weiße Mann‹« transportiert. In Großbritannien hat sich ein Netzwerk unter dem Namen Anthropocene

Actions gebildet, das verschiedene Bewegungen bündeln und auf ein neues Wirkungsniveau bringen möchte, die sich für eine Veränderung menschlicher Kultur in Richtung Kooperation statt Konkurrenz einsetzen. Vgl. https://www.anaction.org. Dort findet sich auch ein jeweils aktuelles Verzeichnis von »Bewegungen«, die man aus der Sicht des Netzwerkes für kompatibel und ähnlich denkend einstuft. Diese Bewegungen vertreten zum Teil gestört radikales Gedankengut, was dem Anliegen von Anthropocene Actions aus meiner Sicht schadet.

52 Amartya Sen: Ökonomie für den Menschen. Wege zu Gerechtigkeit und Solidarität in der Marktwirtschaft, München 2011. Elinor Ostrom: Was mehr wird, wenn wir teilen. Vom gesellschaftlichen Wert der Gemeingüter, München 2011.

53 Für diese Informationen danke ich Andrea Köhn, die diesen Wandel in den Jahren 2015 bis 2020 als Vorstand maßgeblich mitgestaltet hat.

54 Vgl. www.nexteconomyaward.de, zuletzt abgerufen am 02. Dezember 2019.

55 SIRPLUS gibt dabei grundsätzlich den »Tafeln« Vorrang, die auch Überschüsse abnehmen und als reines Nonprofit-Projekt zu einem symbolischen Preis an Menschen, die Unterstützung brauchen, weitergeben. Vgl. https://sirplus.de. Auf dieser Seite finden sich detaillierte Informationen über das durchdachte, faire und umweltorientierte Konzept, in dem aus meiner Sicht an alles gedacht wurde, was komplex gedachtes entstörtes Business ausmacht.

56 Die Alltagshelfer müssen zwar selbstständig sein, werden aber im Gegensatz zu anderen mit Selbstständigen arbeitenden Vermittlungsdiensten in anderen Branchen mit einem fairen Stundenlohn, der deutlich über dem Mindestlohn liegt, entlohnt.

57 Es handelt sich um die bereits im Jahr 1934 gegründete WIR Bank Genossenschaft mit Sitz in Basel. Mit der Währung kann in rund 30 000 am Währungsverbund teilnehmenden Schweizer kleinen und mittleren Unternehmen bezahlt werden. Es gibt keinen Zins,

was den Anreiz erhöht, die Komplementärwährung, den sogenannten WIR, schnell wieder zu investieren und damit den Wirt-
schaftskreislauf zwischen den teilnehmenden Unternehmen zu
stärken.
58 Bürgergutachten Demokratie. Die Empfehlungen des Bürgerrats
in Leipzig, 13./14. und 27./28. September 2019. Download unter
www.buergerrat.de/fileadmin/downloads/buergergutachten.pdf
59 www.law4school.de
60 www.familylab.de

Literatur

Acemoglu, Daron, Robinson, James A.: Warum Nationen scheitern. Die Ursprünge von Macht, Wohlstand und Armut, Frankfurt a. M. 2014.

Adler, Alfred: Praxis und Theorie der Individualpsychologie, Köln 2012.

Adorno, Theodor W.: Erziehung zur Mündigkeit. Vorträge und Gespräche mit Hellmut Becker 1959 bis 1969, Frankfurt a. M., 1. Auflage 1971.

Adorno, Theodor W.: Minima Moralia, Frankfurt a. M. 1969.

Appiah, Kwame Anthony: Eine Frage der Ehre oder Wie es zu moralischen Revolutionen kommt, München 2011.

Arendt, Hannah: Benjamin, Brecht. Zwei Essays, München 1986.

Arendt, Hannah: Über die Revolution, München 1974.

Arendt, Hannah: Vita activa oder Vom tätigen Leben, München 1992.

Assmann, Aleida: Ist die Zeit aus den Fugen? Aufstieg und Fall des Zeitregimes der Moderne, München 2013.

Bauer, Joachim: Selbststeuerung. Die Wiederentdeckung des freien Willens, München 2015.

Beck, Ulrich, Beck-Gernsheim, Elisabeth (Hg.): Riskante Freiheiten. Individualisierung in modernen Gesellschaften, Frankfurt a. M. 1994.

Becker, A. et al. (Hg.): Gene, Meme und Gehirne, Frankfurt a. M. 2003.

Berger, Peter, Luckmann, Thomas: Die gesellschaftliche Konstruktion der Wirklichkeit. Eine Theorie der Wissenssoziologie (Gesellschaften), Frankfurt a. M. 2013.

Berger, Peter L.: Sehnsucht nach Sinn. Glauben in einer Zeit der Leichtgläubigkeit, Gütersloh 1999.

Blumenberg, Hans: Die kopernikanische Wende, Frankfurt a. M. 1965.

Bock, Petra: 100 Fragen Ihr Leben betreffend, München 2009.

Bock, Petra: Mindfuck. Warum wir uns selbst sabotieren und was wir dagegen tun können, München 2011.

Bock, Petra: Mindfuck – Das Coaching. Wie Sie mentale Selbstsabotage überwinden, München 2013.

Bock, Petra: Mindfuck Love. Wie wir uns in der Liebe selbst sabotieren und was wir dagegen tun können, München 2014.

Bock, Petra: Mindfuck Job. So beenden Sie Selbstblockaden und entfalten Ihr volles berufliches Potenzial, München 2015.

Bolz, Norbert: Die ungeliebte Freiheit. Ein Lagebericht, München 2010.

Bolz, Norbert: Diskurs über die Ungleichheit. Ein Anti-Rousseau, München 2009.

Botton, Alain de: Religion für Atheisten, Frankfurt a. M. 2013.

Bude, Heinz: Gesellschaft der Angst, Hamburg 2014.

Chalmers, David J.: The Conscious Mind. In Search of a Fundamental Theory, Oxford 1997.

Dalby, Simon: Framing the Anthropocene. The good, the bad and the ugly, in: *The Anthropocene Review,* Vol. 3 (1), S. 33–51, 2016.

Dawkins, Richard: Das egoistische Gen, Heidelberg 2007.

Dawkins, Richard: Der Gotteswahn, Berlin 2007.

Diamandis, Peter H., Kotler, Steven: Überfluss. Die Zukunft ist besser, als Sie denken, Kulmbach 2012.

Diner, Dan: Versiegelte Zeit. Über den Stillstand in der islamischen Welt, Berlin 2005.

Ehmann, Sven, Borges, Sofia, Klanten, Robert (Hg.): Learn for Life, Berlin 2012.

Ehrenberg, Alain: Das Unbehagen in der Gesellschaft, Berlin 2012.

Felsch, Philipp: Der lange Sommer der Theorie. Geschichte einer Revolte 1960–1990, München 2015.

Frankfurt, Harry G.: On Inequality, Princeton 2015.

Freud, Sigmund: Abriß der Psychoanalyse. Das Unbehagen in der Kultur, Hamburg 1965.

Fromm, Erich: Anatomie der menschlichen Destruktivität, Reinbek bei Hamburg 2011.

Fromm, Erich: Die Furcht vor der Freiheit, München 2012.

Fromm, Erich: Humanismus als reale Utopie. Der Glaube an den Menschen, Berlin 2005.

Gabriel, Markus: Ich ist nicht Gehirn. Philosophie des Geistes für das 21. Jahrhundert, Berlin 2015.

Gabriel, Markus: Warum es die Welt nicht gibt, Berlin 2013.

Galindo, Michelle: The New Nomads. Temporary Spaces and a Life on the Move, Berlin 2015.

Gallwey, Timothy W.: The Inner Game of Tennis, New York 1974.

Geier, Manfred: Aufklärung. Das europäische Projekt, Reinbek bei Hamburg 2012.

Gelernter, David: Gezeiten des Geistes. Die Vermessung unseres Bewusstseins, Berlin 2016.

Gerlach, Christian: Extrem gewalttätige Gesellschaften. Massengewalt im 20. Jahrhundert, München 2010.

Giddens, Anthony: Konsequenzen der Moderne, Frankfurt a. M. 1996.

Gore, Al: Die Zukunft. Sechs Kräfte, die unsere Welt verändern, München 2014.

Greiner, Ulrich: Schamverlust. Vom Wandel der Gefühlskultur, Reinbek bei Hamburg 2014.

Hamilton, Clive: Getting the Anthropocene so wrong, in: *The Anthropocene Review,* Vol. 3 (2), S. 93–106, 2015.

Hamilton, Clive: The Anthropocene as rupture, in: *The Anthropocene Review,* Vol. 3 (2), S. 93–106, 2016.

Han, Byung-Chul: Neoliberalismus und die neuen Machttechniken, Frankfurt a. M. 2014.

Händeler, Erik: Kondratieffs Welt. Wohlstand nach der Industriegesellschaft, Moers 2006.

Harari, Yuval Noah: Homo Deus, München 2017.

Hastedt, Heiner: Aufklärung und Technik. Grundprobleme einer Ethik der Technik, Frankfurt a. M. 1994.

Heidegger, Martin: Die Technik und die Kehre, Stuttgart 1962.

Heidegger, Martin: Über den Humanismus, Frankfurt a. M. 2010.

Heil, John: Philosophy of Mind. A Contemporary Introduction, New York 2013.

Heinsohn, Gunnar: Söhne und Weltmacht. Terror im Aufstieg und Fall der Nationen, München 2008.

Heller, Christian: Prima leben ohne Privatsphäre, München 2011.

Henning, Christoph: Freiheit, Gleichheit, Entfaltung. Die politische Philosophie des Perfektionismus, Frankfurt a. M. 2015.

Henning, Christoph: Theorien der Entfremdung zur Einführung, Hamburg 2015.

Hobsbawm, Eric: Das Zeitalter der Extreme. Weltgeschichte des 20. Jahrhunderts, München 2001.

Horn, Eva: Zukunft als Katastrophe, Frankfurt a. M. 2014.

Hüther, Gerald: Was wir sind und wer wir sein könnten, Frankfurt a. M. 2011.

Ibrahim, Solava, Tiwari, Meera (Hg.): The Capability Approach. From Theory to Practice, New York 2014.

Illies, Florian: 1913: Der Sommer des Jahrhunderts, Frankfurt a. M. 2013.

Illouz, Eva: Die Errettung der modernen Seele. Therapien, Gefühle und die Kultur der Selbsthilfe, Berlin 2015.

Iriye, Akira, Osterhammel, Jürgen (Hg.): Die Geschichte der Welt. Die Welt vor 600. Frühe Zivilisationen, hg. von Hans-Joachim Gehrke, München 2017.

Jaeggi, Rahel: Kritik von Lebensformen, Berlin 2014.

Joas, Hans: Sind die Menschenrechte westlich?, München 2015.

Joas, Hans (Hg.): Vielfalt der Moderne, Ansichten der Moderne, Frankfurt a. M. 2012.

Judt, Tony, Snyder, Timothy: Nachdenken über das 20. Jahrhundert, München 2013.

Jullien, François: Sein Leben nähren. Abseits vom Glück, Berlin 2006.

Jullien, François: Über die Wirksamkeit, Frankfurt a. M. 2008.

Jullien, François: Es gibt keine kulturelle Identität, Frankfurt a. M. 2017.

Junge, Barbara et al.: Big Data. Das neue Versprechen der Allwissenheit, Berlin 2013.

Kahneman, Daniel: Schnelles Denken, langsames Denken, München 2012.

King, Vera: Die Entstehung des Neuen in der Adoleszenz. Individuation, Generativität und Geschlecht in modernisierten Gesellschaften, Wiesbaden 2004.

Kissler, Alexander: Keine Toleranz den Intoleranten, Gütersloh 2015.

Knell, Sebastian: Die Eroberung der Zeit. Grundzüge einer Philosophie verlängerter Lebensspannen, Berlin 2015.

Konersmann, Ralf: Die Unruhe der Welt, Frankfurt a. M. 2015.

Lanier, Jaron: Wem gehört die Zukunft?, Hamburg 2014.

Latour, Bruno: Das Parlament der Dinge. Für eine politische Ökologie, Frankfurt a. M. 2015.

Latour, Bruno: Wir sind nie modern gewesen. Versuch einer symmetrischen Anthropologie, Frankfurt a. M. 2015.

Leopold, Aldo: Am Anfang war die Erde. Plädoyer zur Umwelt-Ethik, München 1992.

Lewis, Simon L., Maslin, Mark A.: A transparent framework for defining the Anthropocene Epoch, in: *The Anthropocene Review,* Vol. 2 (2), S. 128–146, 2015.

Luhmann, Niklas: Liebe als Passion. Zur Codierung von Intimität, Frankfurt a. M. 2012.

Madeja, Michael, Müller-Jung, Joachim: Hirnforschung. Was kann sie wirklich?, München 2016.

Marschalck, Peter: Bevölkerungsgeschichte Deutschlands im 19. und 20. Jahrhundert, Frankfurt a. M. 1984.

Martynkewicz, Wolfgang: Das Zeitalter der Erschöpfung. Die Überforderung des Menschen durch die Moderne, Berlin 2013.

Maslin, Mark A., Lewis, Simon L.: Anthropocene. Earth System, geological, philosophical and political paradigm shifts, in: *The Anthropocene Review,* Vol. 2 (2), S. 108–116, 2015.

Monocle (Ed.): The Monocle Guide to Good Business, Berlin 2014.

Morozov, Evgeny: Smarte neue Welt. Digitale Technik und die Freiheit des Menschen, München 2013.

Müller, Jan-Werner: Das demokratische Zeitalter. Eine politische Ideengeschichte Europas im 20. Jahrhundert, Berlin 2013.

Munro, Donald J.: A Chinese Ethics for the New Century. The Ch'ien Mu Lectures in History and Culture, and Other Essays on Science and Confucian Ethics, Hong Kong 2005.

Neckel, Sighard, Wagner, Greta (Hg.): Leistung und Erschöpfung. Burnout in der Wettbewerbsgesellschaft, Berlin 2013.

Neiman, Susan: Warum erwachsen werden? Eine philosophische Ermutigung, München 2015.

Nida-Rümelin, Julian: Humanismus als Leitkultur. Ein Perspektivenwechsel, München 2006.

Nida-Rümelin, Julian: Über die menschliche Freiheit, Stuttgart 2005.

Nussbaum, Martha C.: Creating Capabilities. The Human Development Approach, Cambridge, Massachusetts, and London 2011.

Nussbaum, Martha C.: Die Grenzen der Gerechtigkeit. Behinderung, Nationalität und Spezieszugehörigkeit, Berlin 2010.

Nussbaum, Martha C.: Gerechtigkeit oder Das gute Leben, Frankfurt a. M. 2012.

Nussbaum, Martha C.: Konstruktion der Liebe, des Begehrens und der Fürsorge. Drei philosophische Aufsätze, Stuttgart 2002.

Oldfield, Frank: Paradigms, projections and people, in: *The Anthropocene Review,* Vol. 3 (2), S. 163–172, 2016.

Ortega y Gasset, José: Vom Menschen als utopisches Wesen, Zürich 2005.

Ostrom, Elinor: Was mehr wird, wenn wir teilen. Vom gesellschaftlichen Wert der Gemeingüter, München 2011.

Parzinger, Hermann: Die Kinder des Prometheus. Eine Geschichte der Menschheit vor der Erfindung der Schrift, München 2015.

Pfaller, Robert: Wofür es sich zu leben lohnt. Elemente materialistischer Philosophie, Frankfurt a. M. 2011.

Piaget, Jean: Das Weltbild des Kindes, München 1994.

Pinker, Steven: Wie das Denken im Kopf entsteht, Frankfurt a. M. 2013.

Plamper, Jan: Geschichte und Gefühl. Grundlagen der Emotionsgeschichte, München 2012.

Precht, Richard David: Erkenne die Welt. Eine Geschichte der Philosophie I, München 2015.

Precht, Richard David: Tiere denken, München 2016.

Rauterberg, Hanno: Die Kunst und das gute Leben. Über die Ethik der Ästhetik, Berlin 2015.

Reckwitz, Andreas: Die Erfindung der Kreativität. Zum Prozess gesellschaftlicher Ästhetisierung, Berlin 2014.

Renn, Jürgen, Scherer, Bernd (Hg.): Das Anthropozän. Zum Stand der Dinge, Berlin 2015.

Ritsert, Jürgen: Schlüsselprobleme der Gesellschaftstheorie. Individuum und Gesellschaft, soziale Ungleichheit, Modernisierung, Wiesbaden 2009.

Rödder, Andreas: 21.0. Eine kurze Geschichte der Gegenwart, München 2015.

Rorty, Richard: Wahrheit und Fortschritt, Frankfurt a. M. 2003.

Rosa, Hartmut: Resonanz. Eine Soziologie der Weltbeziehung, Berlin 2016.

Roth, Gerhard: Aus Sicht des Gehirns, Frankfurt a. M. 2009.

Rousseau, Jean-Jacques: Vom Gesellschaftsvertrag, Stuttgart 2011. Die Erstausgabe erschien im Jahr 1762 in Amsterdam.

Schlögl, Rudolf: Alter Glaube und moderne Welt. Europäisches Christentum im Umbruch 1750–1850, Frankfurt a. M. 2013.

Schmidt, Jeremy J., Brown, Peter G., Orr, Christopher J.: Ethics in the Anthropocene. A research agenda, in: *The Anthropocene Review* Vol. 3 (3), S. 188–200, 2016.

Schmidt-Salomon, Michael: Hoffnung Mensch. Eine bessere Welt ist möglich, München 2014.

Schmidt-Salomon, Michael: Manifest des evolutionären Humanismus. Plädoyer für eine zeitgemäße Leitkultur, Aschaffenburg 2006.

Seed, John, Macy, Joanna, Fleming, Pat, Naess, Arne: Denken wie ein Berg. Ganzheitliche Ökologie: Die Konferenz des Lebens, Freiburg 1988.

Sen, Amartya: Die Identitätsfalle. Warum es keinen Krieg der Kulturen gibt, München 2010.

Sen, Amartya: Die Idee der Gerechtigkeit, München 2013.

Sen, Amartya: Ökonomie für den Menschen. Wege zu Gerechtigkeit und Solidarität in der Marktwirtschaft, München 2011.

Sennett, Richard: Zusammenarbeit. Was unsere Gesellschaft zusammenhält, München 2012.

Shaules, Joseph: The Intercultural Mind. Connecting Culture, Cognition, and Global Living, Boston, London 2015.

Skidelsky, Robert und Edward: Wie viel ist genug? Vom Wachstumswahn zu einer Ökonomie des guten Lebens, München 2014.

Sloterdijk, Peter: Was geschah im 20. Jahrhundert? Berlin 2016.

Steffens, Andreas: Die Philosophie des 20. Jahrhunderts, Leipzig 1999.

Van den Akker, Robin, Vermeulen, Timotheus: Anmerkungen zur Metamoderne, Hamburg 2015.

Voltaire: Gedanken regieren die Welt, Zürich 1987.

Wagner, Gernot, Weitzman, Martin L.: Klimaschock. Die extremen wirtschaftlichen Konsequenzen des Klimawandels, Wien 2016.

Walper, Sabine, Pekrun, Reinhard (Hg.): Familie und Entwicklung. Aktuelle Perspektiven der Familienpsychologie, Göttingen 2001.

Wehling, Elisabeth: Politisches Framing. Wie eine Nation sich ihr Denken einredet – und daraus Politik macht, Köln 2016.

Welsch, Wolfgang: Immer nur Mensch? Entwürfe zu einer anderen Anthropologie, Berlin 2011.

Welzer, Harald: Alles könnte anders sein, Frankfurt a. M. 2018.

Whorf, Benjamin Lee: Sprache – Denken – Wirklichkeit. Beiträge zur Metalinguistik und Sprachphilosophie, Reinbek bei Hamburg 2008.

Wirsching, Andreas: Der Preis der Freiheit. Geschichte Europas in unserer Zeit, München 2012.

Zeldin, Theodore: Der Rede Wert. Wie ein gutes Gespräch Ihr Leben bereichert, München 1999.

Zizek, Slavoj: Ärger im Paradies. Vom Ende der Geschichte zum Ende des Kapitalismus, Frankfurt a. M. 2015.

Zons, Raimar: Die Zeit des Menschen. Zur Kritik des Posthumanismus, Frankfurt a. M. 2001.

Dank

In den Jahren, in denen ich an diesem Buch geschrieben habe, haben mich viele Menschen unterstützt und inspiriert.

Da sind zunächst meine Klienten sowie die Coachs, die ich gemeinsam mit meinen Kolleginnen und Kollegen an meiner Akademie ausbilden durfte. Ihr Vertrauen hat mir einen unschätzbar wertvollen Einblick in die faszinierenden Denkwelten von Menschen in unserer Zeit ermöglicht.

In meinem engsten Umfeld danke ich meinem fantastischen Team. Vielen Dank, liebe Kara Pientka, für so viele Jahre der Inspiration, der Zusammenarbeit, des intensiven Sparrings und der Freundschaft. Ebenso danke ich Stefan Keulen, Michael Lehner und Andrea Köhn für die menschlich wie fachlich bereichernde Zusammenarbeit. Meinem Assistenten Simon Bücker gebührt Dank, er ließ nicht locker, forderte mich immer wieder mit kritischen Fragen heraus und hat mir in den Jahren der Arbeit an diesem Buch den Rücken freigehalten.

Viel gelernt habe ich, vor allem was Erziehung und Bildung betrifft, von meiner alten Freundin und wunderbaren Kollegin Ilona Blatt. Für ihren über viele Jahre hinweg außerordentlichen persönlichen Einsatz danke ich auch Sandra Günner, die mir durch ihre Arbeit ermöglicht hat, mich immer wieder auf dieses Buch zu konzentrieren.

Für ein wichtiges Gespräch zu den Möglichkeiten, die Entfaltung von Kindern frühzeitig zu fördern, danke ich der beeindruckenden und leidenschaftlichen Pädagogin Luitgard Richter-Eisenberg und meiner geschätzten Kollegin Julia Weiss.

Madeleine Schwinge ist eine außergewöhnliche Künstlerin, die meinen geistigen Kosmos über viele Jahre geteilt und mitgeprägt hat. Liebe Madeleine, danke für alles. Studio 21 lebt! Meine Kollegin Dagmar Döhring hat mir bereits 2016 die wertvolle Möglichkeit gegeben, erste Thesen zu diesem Buch auf dem Rheingauer Wirtschaftsforum, dem »kleinen Davos« der mittelständischen Unternehmen, vorzustellen. In meiner neuen Wahlheimat in der Nähe von Basel habe ich Ruhe, Konzentration, Inspiration und Freundschaft gefunden. Danke an Konrad Winzer und die ganze Familie Geitlinger.

Bei einem mit diesem Buch verbundenen Fotoprojekt aus dem Jahr 2018 habe ich entstört und mit Freude überaus produktiv mit Markus Ruf und Claudia Peters zusammenarbeiten dürfen. Gleiches gilt für Constanze Wild, der ich die Autorenporträts verdanke.

Am meisten aber verdanke ich den Menschen, die mir in anspruchsvollen Monaten und Jahren nicht nur beruflich, sondern auch privat zur Seite standen: Madeleine, Kara, Daniela, Ilona, Monika, Ulrich, Edith und in den letzten Monaten ganz besonders Andrea Bock.

Last, but not least danke ich Margit Schönberger und Margit Ketterle sowie meinen beiden Lektorinnen, Antje Nissen und Nadine Lipp, die die verschiedenen Versionen dieses Buches ebenso professionell wie beherzt begleitet haben.

Die Autorin

Petra Bock ist promovierte Politikwissen-
schaftlerin. Sie lebt in Berlin und in der
Nähe von Basel. Nach ihrem Studium der
Geschichte und Politikwissenschaften hat
sie viele Jahre in der wissenschaftlichen
Forschung zu Diktaturen und System-
transformationen in Politik und Wirtschaft
gearbeitet, als Analystin Studien zum
Wandel moderner Informationstechnolo-
gien geschrieben und später Unternehmen in komplexen Verän-
derungsprozessen begleitet. Heute gehört sie zu den erfolgreichsten und bekanntesten Coachs und Managementberaterinnen in
Deutschland. Ihre Ausbildungsakademie in Berlin und Zürich
gilt als Eliteschmiede im Coaching und versteht sich als Pionier-
institution in der Entwicklung sowie in der Aus- und Fortbil-
dung zeitgemäßer Denk-, Kommunikations- und Arbeitsstile für
Menschen und deren Organisationen im 21. Jahrhundert.

Dr. Petra Bock wurde mehrfach für ihre Arbeit ausgezeichnet.
Ihre Bücher zum Phänomen der mentalen Selbstblockade und
ihrer Überwindung, die unter dem provokanten Titel »Mindfuck« erschienen sind, sind Bestseller und wurden in zahlreiche
Sprachen der Welt übersetzt. Dr. Petra Bock ist Founding Fellow
des Institute of Coaching Professional Association mit Sitz in Bos-
ton/USA und Mitglied der von Amartya Sen und Martha C. Nussbaum gegründeten Human Development Association.

Mehr über Dr. Petra Bock, ihre Arbeit und weiterführende Materialien zu diesem Buch finden Sie auf den Webseiten
www.petrabock.de
und
www.dr-bock-coaching-akademie.de.

PETRA BOCK

MINDFUCK
Warum wir uns selbst sabotieren und was wir dagegen tun können

Wir werden täglich zum Opfer von Mindfuck: wenn wir versuchen, es anderen recht zu machen, und darüber unsere eigenen Bedürfnisse vergessen. Wenn wir uns selbst kritisieren und abwerten. Wenn wir uns an starre Regeln halten, anstatt selbstbewusst unseren Weg zu gehen. Wenn wir dauerhaft unter unseren Möglichkeiten bleiben.

Petra Bock ist eine der erfolgreichsten Coachs in Deutschland und hat das Phänomen der mentalen Selbstsabotage analysiert. Sie erklärt, welche Denkmuster Mindfuck erzeugen, woher sie kommen und wie wir sie überwinden – um endlich unser wahres Potenzial auszuschöpfen und unser Leben zu verbessern.

MINDFUCK – DAS COACHING
Wie Sie mentale Selbstsabotage überwinden

»Die Gehaltserhöhung bekomme ich nie«, »Ich bin doch zu alt, um noch mal neu anzufangen«, »Ich schaffe das nicht, besser, ich lasse es gleich« sind typische Mindfuck-Sätze. Sie hindern uns daran, frei und selbstbewusst zu handeln und ein Leben entsprechend unseren Möglichkeiten zu führen.

Petra Bock verrät in diesem Praxisbuch die wirkungsvollsten Strategien, um sich von alten Denkmustern zu befreien und das eigene Potenzial auszuschöpfen.

Preisgekrönter Ansatz zur Überwindung mentaler Selbstsabotage
Die bahnbrechende Drei-Schritte-Methode für ein Mindfuck-freies Leben
Mit zahlreichen wirksamen Coaching-Einheiten und spannenden Übungen

Ein Buch, das Ihr Leben verändern wird.

PETRA BOCK

MINDFUCK JOB

So beenden Sie Selbstblockaden und
entfalten Ihr volles berufliches Potenzial

Viel zu oft blockieren wir uns im Job mit Ängsten, Selbstzweifeln und fehlendem Mut. Wir ärgern uns über andere, setzen uns unter Druck, verspielen Chancen und führen ein Berufsleben, das ungeheuer stresst. Immer ist Selbstsabotage im Spiel, wenn wir nicht das bekommen, was wir wirklich haben wollen. Bestsellerautorin und Top-Coach Petra Bock zeigt, wie wir unseren Blockade-Code knacken und unser berufliches Potenzial voll entfalten können – für mehr Erfolg, Sinn und Lebensqualität im Beruf. Höchste Zeit, zu entdecken, wer wir wirklich sind und was wir machen können aus unserem einzigartigen Leben!

MINDFUCK LIEBE

Die Grenzen der Liebe bestimmen Sie selbst

Es gibt wohl keinen Bereich im Leben, in dem wir mehr Potenzial verschenken als in der Liebe. Kein Wunder! Selbstsabotage ist im Spiel, wenn wir uns und andere mit entmutigenden Gedanken blockieren. Zu oft machen wir uns klein, halten still, setzen uns unter Druck und machen uns Illusionen, obwohl wir längst ahnen oder wissen, was eigentlich richtig wäre. Petra Bock wendet ihre MINDFUCK®-Methode erstmals auf Liebe und Partnerschaft an und zeigt, wie wir uns bei Gefühlen und Beziehungen selbst aus der Negativspirale befreien können.

PETRA BOCK

100 FRAGEN IHR LEBEN BETREFFEND

Erkennen Sie Ihre wahren Ziele und Wünsche

In ihrem Ausfüllbuch geht die mit dem Coaching-Award ausgezeichnete Autorin ans Eingemachte: Was hat wirklich Bestand im Leben? Was muss sich ändern? Was möchte man am Ende erreichen? Welche Lebensziele kommen wirklich von Herzen? Nach ihrer langjährigen Coaching-Erfahrung ist Petra Bock überzeugt: Jeder Mensch ist der Experte seines Lebens, und in Orientierungsphasen braucht er lediglich Anstöße von außen, um sein volles Potenzial und seine Lebensziele selbst zu erkennen.

Ein einzigartiges Ausfüllbuch, das genau die Fragen stellt, die jeden Leser weiterbringen.

TIM LEBERECHT

GEGEN DIE DIKTATUR DER GEWINNER

Wie wir verlieren können, ohne Verlierer zu sein

Tim Leberecht, scharfsinniger Vordenker für einen neuen Humanismus in Wirtschaft und Gesellschaft, prophezeit: In Zeiten der Digitalisierung und ständigen Optimierung müssen wir neu lernen, mit Niederlagen umzugehen. Welche Arten des Verlierens es gibt und wie wir sie kreativ bewältigen, verrät er in dieser Brandrede für eine radikale Neudefinition von Stärke und Erfolg.

»In diesen digitalen Zeiten werden wir alle verlieren: geradlinige Karrieren, materielle Sicherheit, soziale Stabilität, Kontrolle und auch ein Stück Identität. Deshalb wird das Verlieren zur unerlässlichen Kernkompetenz.«
Tim Leberecht